増補版

密行

最後の伴天連《ばてれん》シドッティ

古居智子

敬文舎

二〇一四年夏、
東京文京区の住宅街の一画で、
三体の遺骨が発掘された。
そして、そのなかの一体は三百年前に埋葬された
イタリア人男性のものであることが判明した。

密行・目次

編集協力　ザ・ライトスタッフオフィス

プロローグ　屋久島

日本列島の南西、東シナ海を上空から俯瞰《ふかん》すると、台湾の東から九州南端にかけて、大小の島々が飛び石のように並び、洋上に美しい弧《こ》を描いているのが見える。この「海上の道」に沿うように、巨大な黒潮の本流が南から北へ流れ、たくさんの海の幸を運び続けてきた。

南西諸島と呼ばれるこの弧のいちばん北の端、九州最南端の佐多《さた》岬から南南西約六〇キロメートルのところにひときわ大きな円形の島がある。

船に乗ってこの島に海上から近づくと、その思いもかけない標高に驚く。まるで海面から空を突き刺す勢いで黒々と隆起する三角錐の島影は、深い神秘の森に覆われ、雲を集めて聳《そび》える頂《いただき》は天空の彼方《かなた》へと姿を隠している。

今からおよそ一四〇〇万年前のこと、地下の活発なマグマの活動により、海底の地層が

【屋久島全島図】

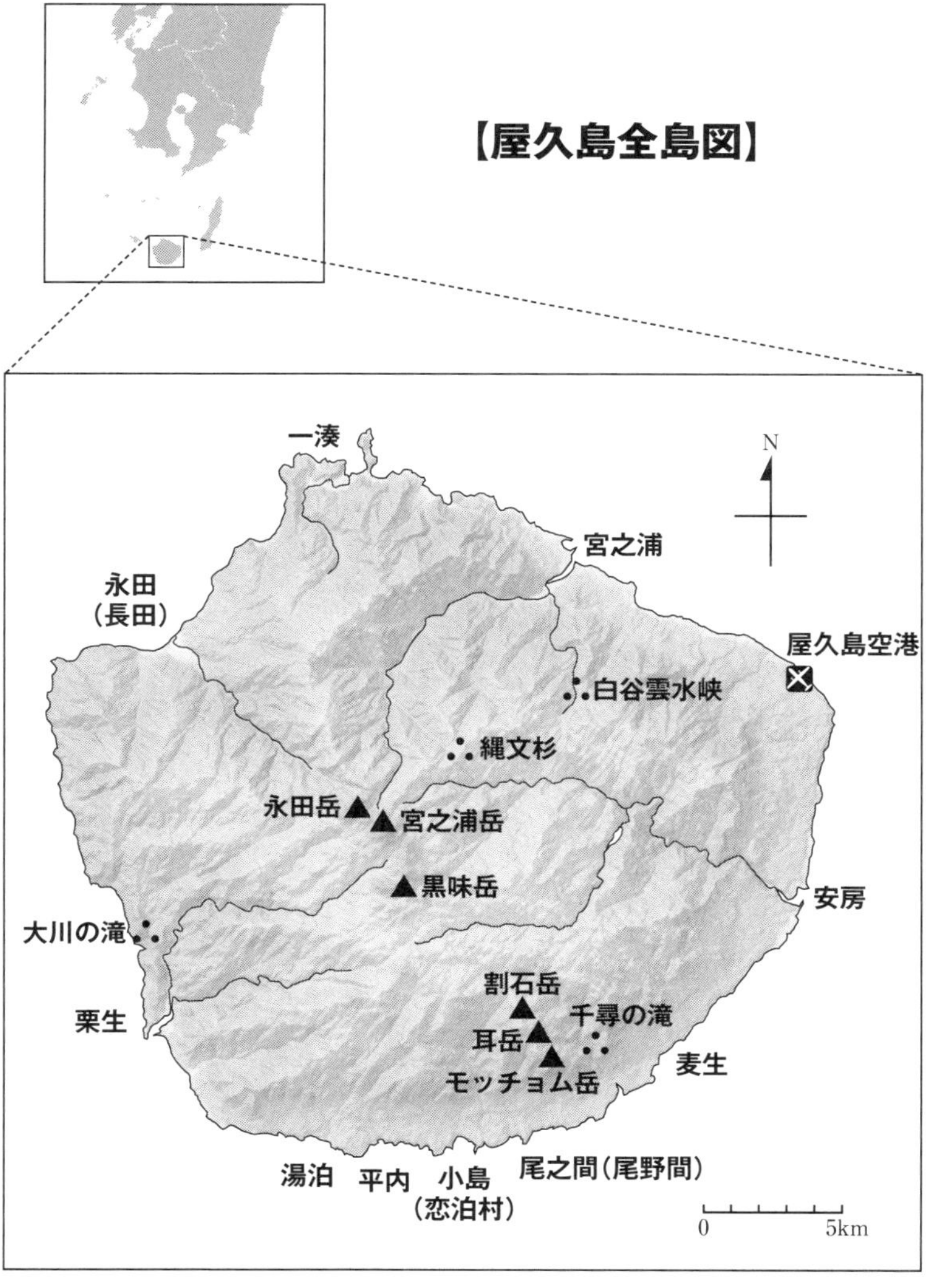
一湊
宮之浦
N
永田
(長田)
屋久島空港
白谷雲水峡
縄文杉
永田岳
宮之浦岳
黒味岳
安房
大川の滝
割石岳
千尋の滝
栗生
耳岳
麦生
モッチョム岳
湯泊
平内
小島
(恋泊村)
尾之間(尾野間)
0
5km

押し上げられて誕生したという。

周囲約一三〇キロメートル、面積約五〇四平方キロメートル。島嶼《とうしょ》としては日本では七番目の大きさを誇るその面積の九〇パーセントは森林地帯である。島の海岸沿いに人が住み始めたのは縄文時代前期といわれている。奥山から流れ下る急流が海に注ぐところに生まれたわずかな平地に、漁労を営む人々が細々と暮らしを営み始め、やがて島の周縁に点々と小さな集落がいくつも形成されていった。

古くは「やく」の音に掖玖、夜久、夷邪久あるいは益救といった漢字があてがわれ、何世紀に一回の割合でわずか数行、古文書に記されることもあった。しかし、この島が歴史の舞台に華々しく登場することはまず、なかった。

大和朝廷、種子島氏、島津氏と外からの支配者は常に入れ替わり立ち替わりしたが、集落ごとのつながりが希薄だったせいか、島の内部から全体を統括する領主のような存在はついぞ現れることはなかった。

この島が「屋久島」と正式に表記が固定され、支配者の熱い視線を注がれるようになったのは、十六世紀に島の森の深部に林立する樹齢数千年の巨大な杉の存在が認識されてからだ。

しかし、それは島の人々にとっては多少やっかいな出来事でもあった。杉の巨木は「カミの化身」であり、決して手を触れてはいけない畏怖《いふ》の対象であったからだ。

プロローグ　屋久島

為政者とは、いつの世にも容赦のないものだ。江戸中期から昭和前期にかけて屋久杉は為政者の財政を潤すために伐採され続け、島民は労働力として駆り出され、「カミの森」はいつしか経済資源へと変わり果てた。

やがて、一九六六年に樹齢七二〇〇年と推定される「縄文杉」が発見されたのを契機に、森の保護運動が広がり、国立公園としての整備が進んだ。人々の目が再び巨大杉の稀少さに向けられるようになった。

こうして、屋久島の山は一九九三年十二月、ユネスコの世界自然遺産地に登録され、人類共通の遺産となった。

皮肉なことに、かつてない世界的な脚光を浴びることになってからというもの、島を訪れる観光客の数はうなぎ上りに増え続けた。人口一万三千人足らずのこの島に、今や年間三十万人を超える人が訪れる。第一次産業から手を引き、観光業へ転身する島民もひとり、ふたりと増えていった。

観光客のお目当ては、縄文杉である。五月の連休や夏場には、登山道は数珠つなぎになって登り下りする人でごった返し、我れ先に一歩でも近く、一瞬でも早く、聖なる木に近づこうとする人の喧騒と歓声の渦に呑み込まれるようになった。

登山道では山岳トイレに収容しきれない屎尿《しにょう》があふれかえり、希少な植物の根が踏みつけられていく。カミが宿る森が本来の威厳と静謐《せいひつ》さを取り戻すのは、山が雪に覆われる短い冬の間だけとなってしまった。

巨大杉によって常に翻弄され続けてきた島の歴史の中で、昔ながらの趣《おもむき》を保ちながら、俗界の狂乱からはまったく無縁ともいえる静けさでひっそりと存在する集落の姿もある。

そのひとつが、島の最南端に位置する小島《こしま》という名の集落である。人口は二〇四人、世帯数は九十五戸、住民の三人に一人は六十五歳以上で十五歳以下の子どもは二十六人という絵に描いたような超高齢化村である。(二〇一八年四月現在)

幸いにも登山口から離れ、これといって観光客の目を引くようなものもないおかげで、バックパックにトレッキングシューズといった典型的な屋久島観光のいでたちの外来者をここではあまり見かけることはない。テレビの画面や地元新聞の紙面で、山の上の混雑ぶりを伝えるニュースを目にしても、それはまるでどこか遠い国の話であるかのようだ。

住民の多くが農業を営むこの地域では、時代の流れや世間の状況とは関係なく季節ごとの収穫に勤しむ姿と、その合間に挿入される月々の祭りや催事が、ただ淡々と変わりなく環《わ》を描くように毎年、繰り返されている。


今から三百十年前のことだった。この平凡な集落の海岸に、黒潮が南の海からひとりの男を運んできた。それが、日本の歴史に大きな影響を与えた大事件の始まりであったことを知る人は、少ない。

第一章　発端

レンゾ・コンタリーニ神父

教会の車寄せから玄関にかけて、こんもりと群生する薄紫色の花の固まりが、海から吹き寄せる七月の風に揺れていた。ランターナと呼ばれるこの香りのいい外来種を取り囲むように、島に自生するシマアザミがぽつんぽつんと紅《あか》い顔を覗《のぞ》かせている。

一九九七年初夏。私は江戸時代中期に屋久島南端の地に上陸した男の足跡を尋ねて、杉の香りのする小さなカトリック教会に足繁く通っていた。

　男が上陸したとされる浦崎《うらさき》の岬から東にひとつ入り江を越えた所に、山の瀬と呼ばれる急峻な岬がある。白い波が荒々しく打ち砕ける岸壁は、足がすくみそうな急傾斜で海に落ちている。岩場にできた釣り人の崖道だけが、人の気配をかろうじて感じさせる淋しい高所である。

　島を巡る県道からはずれ、この山の瀬に向かって二〇〇メートルほど入った田園の中に、赤い屋根の教会が立っている。

　少し傾いた重厚な木の扉を開けると、そこには無造作に白髪を後ろにかき上げたイタリア人神父の笑顔があった。大きな鼻の左右で、くるくると忙しく動く碧《あお》い眼が特徴的だ。

　この教会の初代にして、最後の在任神父であったレンゾ・コンタリーニ神父である。

　神父は予告もなしに突然、三歳の息子の手を引いて訪れる私をいつも、大きな胸にかき抱いて温かく迎えてくれた。そして、この地でしばらくの間、島人《びと》と時をともにしたという男にまつわる話をひとつひとつ噛みしめるかのように、また時には深い感慨を込めて、熱心に語るのが常だった。

「長い時間をかけて調べてみた結果、ようやく見つけたのがこれです」

　ある日、神父は大きな体をゆったりと横に傾《かし》げて、机の上に山と積まれた書類の中から

第一章　発　端

一枚の絵を抜き出した。

鉛筆画に彩色をほどこしたとみられる絵の中には、二本のマストに大小の四角い帆が並んだ全長二〇メートルほどのブリガンティンと呼ばれる小型の木造船が描かれていた。船の中には、突風に対処するためだろうか慌てた様子で舵柄を握る人影が二人、舳先のロープに手をかける人影が五人ほどと上陸用の小さな小舟も見える。緑の濃淡で色分けされた海は、いくつもの大きな三角の波に囲まれ、ところどころに白い波濤《はとう》が立ち上がっている。気まぐれな自然と戦いながらも、自らに課した目的に向かって果断に走り続ける帆船の勇姿がそこにあった。

このタイプの船が建造され始めたのは十七世紀末である。続く一世紀ほど盛んに造られ、世界各地の珍しい貿易品を載せて大洋上を旅した船であることから、神父の目に留まったようだ。

フィリピンはマニラを出発して五十日目。屋久島の南の沖合に姿を見せたサンタ・トリニダード（聖三位一体）号は、「帆数多き船」と長崎奉行の報告書の中で描写されている。

「ちょうどあのあたり、あそこに一艘の黒い異国船が忽然《こつぜん》と現れたのです」

教会の窓の外に広がる雑木林に目を移したコンタリーニ神父は、人差し指を左右に振りながらそこに差し伸べた。指の先にある雑木林の向こうには、空の青をそのまま写しとったような海が広がっていた。

そして、その船上には日本へのキリスト教布教の情熱を固く胸に刻んだイタリア人宣教師、ジョバンニ・バッティスタ・シドッティ（Giovanni Battista Sidotti）が乗っていた。

時は今からさかのぼること三百十年前の一七〇八年（宝永五）、犬公方として知られる徳川五代将軍綱吉《つなよし》の治世。長く続いた戦乱の時代が終わり、徳川幕府が中央政権の地固めをすませ、太平の世を迎えていた。都市にも農村にも貨幣経済が浸透し、生活の落ち着きとともに、いわゆる元禄風の華美な風俗が花を咲かせた。

南蛮貿易と緊密に結びついたキリスト教は受容の後に一転、禁教令と迫害の洗礼を受けた。そして殉教の熱意に燃えた宣教師たちの潜入、処刑という疾風怒濤の時代を経て、日本が鎖国を徹底させてから七十年近くの歳月が経っていた。人々の記憶の中から、切支丹《きりしたん》という言葉さえすでに失われかけようとしていた頃のことだった。

いささか時代錯誤的ともいえる、意表をついた宣教師の登場であった。

屋久島カトリック教会

コンタリーニ神父は、北イタリアはベネチアの北六〇キロメートル、ヴェネト州トレヴィーゾ県のレヴィーネ・ラーゴという小さなコムーネ（共同体）で生まれた。一九二一年、ムッソリーニがローマに進軍、ファシズム独裁政治体制が形成される前年のことだった。

イタリアには日本で言う市町村の行政単位はなく、ローマやミラノやナポリといった大都市もすべてコムーネと一括して呼ばれている。中世のギルド単位で営まれていた自治組織の伝統が残っているからである。

レヴィーネ・ラーゴは、面積はたったの一八平方キロメートル、人口も二千人ちょっとであるから、村と呼んでいい小集落であった。アルプスの麓《ふもと》の緑豊かな牧歌的な風景の中で、神父は少年時代を送った。

十七歳の時、カトリック聖ザベリオ宣教会の誓願を立てる。同じカトリック教会の中でも修道会とは異なり、宣教会は海外での布教を主な使命としている。コンタリーニ青年が十六世紀半ばに来日した聖人フランシスコ・ザビエルの活動を見本とする聖ザベリオ宣教会を選んだのは、遠い異国の地で自ら信ずる教えを広めたいという強い志《こころざし》があったからであった。

ドイツ軍のポーランド侵攻に端を発した戦況は、ヨーロッパを二分する勢いで日に日に激しさを増していった。ムッソリーニが率いるイタリアもドイツ、日本と三国軍事同盟を結んで宣戦を布告、アジア、北アフリカにまたがる世界規模の大戦争へと広がりつつあった。

ベネチアの神学校に進んだ青年は、血なまぐさい世の中に背を向けるかのように、図書館に閉じこもり、司祭になるべく勉強に励んでいた。そんなある日のこと、書庫の奥深くに埋もれていたフランス語の論文がふと目に入った。そこには極東の島国、ニッポンで殉教した一人の宣教師についての記述が残されていた。

「まったくの偶然でした。埃《ほこり》をかぶった文献のページをめくった時に、彼の名前が飛び込んできたのです」

ジョバンニ・バッティスタ・シドッティ——。初めて目にする名前だった。その宣教師は命がけで海を渡り、日本の南の島へひとり潜入を果たした。

運命的な出逢いに青年の胸が騒いだ。その瞬間、その宣教師が上陸したという屋久島で研究と布教をすることが、彼のライフワークとして定められた。

イタリア本土を舞台とした連合軍による戦線がだんだんと北に広がり、青年が起居する神学校の近くにまで軍靴の音が響き始めていた。砲撃が激しくなると、兵隊のトラックに乗って山の中に逃げることもたびたびあったという。

ローマ陥落により六年にわたる戦争がようやく終結を迎えた翌々年、一九四六年に青年は叙階《じょかい》を受けて司祭となった。叙階とは、カトリック教会の秘跡のひとつで、聖職者を任命する儀式のことである。この儀式によって、神父として生涯をまっとうする消えない印《しるし》が青年の魂に刻印された。

そして五年後、祖国を旅立った。

『深處《ふかみ》に乘《の》りいだし、網《あみ》を下《おろ》して漁《すなど》れ』（舊新約聖書〈文語訳〉ルカ5・4）

屋久島最南端、山の瀬にある「シドッティ記念教会」（カトリック屋久島教会）

沖への船出を促す声に従い、青年を乗せた船はアドリア海を出て極東の国に向かった。三十歳の時のことだった。

家族から離れ、慣れ親しんだ環境を棄てて、ひとり異国に骨を埋める覚悟で旅立つ思いは、今も昔も大変な決意を伴うことには違いない。

「シドッティは、三十五歳でローマ教皇の命《めい》を受けて日本に向かって船出した。私の方が五歳若いですね。つまり、シドッティは熟考の果て、私の場合は若気の至りです」

コンタリーニ神父は大きな眼を思いきりウインクしてみせると、ふくよかな喉を震わせて豪快に笑った。

しかし、シドッティのように屋久島に直行したわけではない。宮崎、東京、大阪、南宮崎と聖ザベリオ宣教会が受け持っていた教会の主任として、戦後の日本を舞台に三十年間にわたり奉仕と宣教の仕事に従事した後、六十歳になって初めて憧れの南の島へ足を踏み入れた。多少は我儘《わがまま》が許される年齢に達したということであろうか。

そして、島の人と親しく交わりながら、シドッティに関する第一級史料である新井白石の『西洋紀聞』のイタリア語訳に全力を傾けることになる。

通常、神父は管区長の指名により二、三年ごとに各地を転々とするいわば転勤族なのであるが、七年に一度、サバティカルと呼ばれる一年間の休暇をとることができた。コンタリーニ神父は、そのサバティカルを利用して屋久島にやってきたのだ。ところが一年が終わり、三年が過ぎ、五年経っても、島の岩盤深くに根を下ろしてしまったかのように頑として動こうとしなかった。

母国を出てから神の教えを伝える旅人《たびびと》として歩み続けた神父にとって、この地で一生を終えることがいつしか悲願のようになっていたのだ。

ある日、業を煮やした管区長が自ら島を訪れた。叱られると覚悟した神父は、大きな体を小さくして、当時住んでいたバラックの借家の中で首をすくめていた。ところが、今にも倒れそうな粗末な建物の中に散乱していたシドッティ関連の資料を見た管区長は、深い吐息とともにひと言、こう呟《つぶや》いた。

「教会を建てましょう」

こうして、シドッティ上陸三百八十年目にして、記念教会が屋久島南端に建てられた。一九八八年二月十四日、聖バレンタインの日のことだった。

以来、コンタリーニ神父はこの通称「シドッティ記念教会」（正式名は屋久島カトリック教会）で大好きなパスタとエスプレッソコーヒーと書籍に囲まれて暮らした。

歴史、文学、音楽、美術とさまざまな分野に造詣が深いコンタリーニ神父を慕って、信者でない島人も多く教会を訪れるようになった。島で唯一のカトリック教会は一種の文化サロンのような雰囲気に包まれていた。

話が江戸時代の出来事に及ぶと、神父の声は一オクターブも意気が揚がって止まることを知らなかった。私は、そんなコンタリーニ神父の話に耳を傾けることが大好きな聴講生のひとりであった。

身体の奥から絞り出されるような神父のバリトンの声音は、耳に心地よかった。気がつけば、いつしか私は語り部の調べに導かれるように、シドッティの足取りを追う旅に出ていた。

第二章　旅　立

シチリア島パレルモ

シドッティは一六六八年、イタリアの南の海に浮かぶシチリア島の北岸の都市、パレルモに生まれた。島の東部に位置するヨーロッパ最大の活火山、エトナ山が大噴火を起こす前年のことだった。

日本では寛文八年、後に江戸で奇跡的な会遇を得る新井白石はまだ十二歳、ようやく剣術の稽古を始めたばかりの頃であった。

シチリア島はヨーロッパの母なる海、地中海の真ん中に位置し、長靴の形をしたイタリア半島の靴先にあたる三角形の島である。面積は屋久島の約五十倍、ヨーロッパ史的にも古代ギリシャの昔から続く長い時間軸の中で、時代を象徴する大きな存在感を放ってきた。

ギリシャの学者として有名なエンペドクレスやアルキメデスもこの島の出身である。ちなみに、哲学者エンペドクレスは紀元前三世紀に神々の列に加わることを望んでエトナ山の火口に身を投げた。数学者アルキメデスは共和国ローマとカルタゴが戦った第二次ポエニ戦争のときに、軍船を吊り上げるクレーンや、鏡とレンズで船を炎上させる仕掛けを考案してローマ軍を悩ませた。

一七八七年春にこの島を旅した文豪ゲーテは、『イタリア紀行』の中で「シチリアなしのイタリアというものは、われわれの心中に何らの表象をも作らない。シチリアにこそすべてに対する鍵があるのだ」とまで言いきっている。

アジア、ヨーロッパ、アフリカの三大陸の交易ルートが交差する場所にあるこの島は、まさに東西文化の接点とも言える文明の十字路であった。

紀元前八世紀にギリシャ人による植民が開始され、フェニキア、カルタゴに続いてローマ帝国の属州となり、やがて九世紀にアラブ人、十一世紀にはノルマン人の手に落ちノルマン・シチリア王国となった。

創建当初からシチリアの歴史の舞台となったパレルモ大聖堂

その後も統一イタリア王国に併合される十九世紀まで、東ローマ帝国、フランス、スペインと実に目まぐるしく支配者が入れ替わり、島は度重なる侵略にさらされてきた。そして、それぞれの民族が固有の文明の痕跡をいたるところに残していった。結果、ラテン、ギリシャ、アラブの三大文化が重層的に融合した独自の風土がそこに築かれた。

島の中核として栄えたパレルモは、ギリシャ語で「すべての港」を意味する。その名のとおり、何世紀にもわたり外の世界と盛んに接触、交流を続けた地中海貿易の中心都市としての役割を担ってきた街である。

十二世紀にシチリア王となり、その広い学識、合理性、科学的好奇心から「世界の驚異」と畏怖され、「世界の最初の近代人」と評価されたフリードリッヒ二世は、このパレルモに王国の首都を置いた。

王宮には医者や占星術師を始め、哲学者、地理学者、数学者などが集い、パレルモをヨーロッパ随一の文化都市に押し上げた。

ナポリから船でパレルモに入港したゲーテが、いちばん心を奪われたのは南国の太陽だった。

「町は高い山の麓に北むきに横たわっていて、あたかも日ざかり時とて町の上には太陽が照り渡っていた。建物という建物のくっきりした影の部分が、てり返しをうけながらわれわれの方を向いていていた」

ゲーテが「それを見たことのある人は一生涯忘れることができない」と絶賛したパレルモ港の北には巡礼の聖地、ペッレグリーノ山が優雅な姿をのぞかせ、街の背後にはコンカ・ドーロ（金の盆地）と呼ばれる田園が広がり、麦やオレンジやレモンがたわわに実っていた。

そして、街中にはギリシャ神殿やアラブ風の庭園、ノルマン期の教会やバロック様式の邸宅が渾然と共存し、さまざまな言語、習慣、顔つきや装いをまとった人々が行き交っていた。

色彩豊かな光のなかで、すべてが眩《まばゆ》いばかりの華やかさで輝いていたことだろう。庭園や街路のあちこちの噴水から水が吹きあがり、まさに緑と水と建物がひとつになった「地上の楽園」のような情景が繰り広げられていたという。

この国際色豊かな街で、シドッティは育った。複雑な歴史的背景を肌で感じながら、少年は満艦飾の船で埋まる港を眺め、いつの日か未知なる世界へ船出する夢を育ませたに違いない。

少年の血には、シチリア仕込みともいえる信念を変えぬ強情さと、広く海の彼方《かなた》に向かう冒険家の気質が流れていた。

「私は大地から生まれたもの、
だから私はどこにいても居心地が良い
何しろすべての人間が私の兄弟だし、世界が私の国なのだから」

アラブ系亡命シチリア詩人アブ・アル・アラブが謳《うた》ったこの地球市民の賛歌が、何よりも如実にシチリア人気質を表現しているような気がする。

シドッティの少年期については、江戸における調書とパレルモに残されているわずかな資料しか手掛かりが残されていない。貴族の家の次男に生まれ、父の名はジョバンニでシドッティが三十歳の時に死亡、母の名はエレオノーラ。姉のヒリウスは夭折、弟（名前不明）は十一歳で病死、三歳年上の兄フィリッポは島で生涯を終えた。

パレルモの中心は、西の内陸部から東の海岸部にかけて長さ一キロメートル、幅〇・五キロメートルほどの小高い丘の上にある。丘の尾根にあたるところに一筋の大通りが作られ、その左右に幾本もの道が並行して延び、規則的な街路構造をなしている。

この旧市街の目抜き通りヴィットリオ・エマヌエーレ大通りを港側の門、ポルタ・フェリーチェからまっすぐに一キロメートルほど行くと、丘を下った右手にレンガ色の壮大なパレルモ大聖堂が目に飛び込んでくる。ヤシの木に囲まれるように立つこの聖堂は、モスク風のドームの周りに四本の鐘楼が聳《そび》える典型的なシチリア・ノルマン様式で建てられている。

広場に面した柱廊の浮彫はゴシック風、壁面のモザイク装飾はアラブ風の趣向が凝らされている一方、内部は静謐《せいひつ》で落ち着いた新古典主義の風合いにまとめられている。まさにイスラムとキリスト教文化が融合したパレルモの歴史をそのまま映し出したような趣《おもむき》をもつ。併設されている小神学校（セミナリオ・ミノーレ）の入学名簿に兄フィリッポと弟ジョバンニの二人のシドッティの名前が残されていた。これが、彼らがこの街に存在していた現存する唯一の証《あか》しである。

学問を身につけ、世に出るための手段として聖職者の道に進むことは、貴族の子弟の身の処し方としては別段、珍しいことではなかった時代だった。教会権力をバックに一家の繁栄をはかる貴族もいたほどだ。通常、長男は財産を継がせるべく家に置かれる。シドッティ家の場合は、長男も次男もともに神に捧《ささ》げたわけだから、教会と関係の深い家系だっ

シドッティが通ったパレルモの小神学校（セミナリオ・ミノーレ）

たのかもしれない。

　一四一二年以来、シチリアはスペイン勢力下にあった。反スペインを掲げた民衆暴動、貴族間の抗争などが途切れなく続いていた。この長く続く動乱の時代のなかで、衰退した貴族の一門であった可能性もある。

　二人は地元の大神学校（セミナリオ・マジョーレ）に進み、二十二歳で卒業した後はそれぞれの道を歩んだ。

　兄はそのまま故郷にとどまり、パレルモ教区の司教総代理となった。後に同じシチリア島のカターニャという町の司教に推薦されたが、政治不安定のため実現しなかったという。

　弟は、さらに大きな世界に飛翔すべく船に乗り、カトリック教会の中枢であり教皇が鎮座する「永遠の都ローマ」を目指した。

教皇クレメンテ十一世の逡巡

ローマに上ったシドッティはさらに専門的な勉学を修めたが、どこの学校に籍を置いたのか詳しくはわからない。ヴァティカンに直結した学校であったと思われることから、現在のテルミニ駅前にあったローマ・セミナリオではないかと想像する。宗教改革の嵐がヨーロッパ中に広まった後、教会の再生を図って開かれたトリエント公会議の決議と教皇の裁可によって一五六五年に設立されたこの神学校は、ローマ教区の学生や学業修了者などが多数、勉学に励んでいた。

シドッティはここで神学だけではなく、文法、算術、修辞学、哲学、論理学、物理学、数学、形而上学、倫理学など十六科目にわたる正課を学び、当時のヨーロッパ最高水準の学問を習得した。

やがて、司祭の叙階を受けた後、ローマ教皇の次席にあたる枢機《すうき》卿《きょう》の一人、トンマゾ・マリア・フェッラーリの目に留まり、ウディトーレ（裁判審問官）に抜擢された。教皇庁法律顧問ともいうべきウディトーレは、裁判官の任命を受けて裁判を行うまでの調査や聴聞を担当する役職である。この頃、教会は世俗の権力から独立した固有の裁判権を保有していた。

教会法、市民法、教理に関する法律など、扱う事案には豊富な専門知識が求められた。また、枢機卿代理として会議に出席して内容を記述、後に枢機卿に報告する秘書および書記としての働きもその仕事の範疇にあった。

シドッティ自身は、「教皇以下第三位に当たる陪席判事で司教の次位」と自らの地位を述べている。教皇に次ぐ高位聖職者第一位の枢機卿、第二位の司教の後にくる第三位の司祭で、さらに専門職に就いていたということだ。若くして、このような責任ある地位にいたところからして、かなり優秀な人であったのは間違いなさそうだ。

ここローマにおいて、シドッティの前には聖職位階を上りつめる輝かしい前途が約束されていたといっていい。

しかし、彼には名誉や地位よりも、心を惹かれてやまないことがあった。はるか遠く、極東の国への旅立ちだった。そして、その遠い国は海の中のムール貝のように固くその口を閉ざして以来、潜入を試みた者は生きては帰れない危険な場所でもあった。

一七〇〇年、ヴァティカン。枢機卿会議（コンキストーロ）の場で、三十二歳のシドッティは突然日本への布教を教皇クレメンテ十一世に願い出た。

十年前に弟を、二年前に父親を亡くし、故郷シチリアに残るのは五十六歳になる母と兄だけであった。同じく聖職者となった兄がその母のそばにいるということであれば、もはや心残りはなかった。否、むしろパレルモの港を後にした時から、青年シドッティの生涯をかけた旅は始まっていたのかもしれない。

神大学や教皇庁の図書館の中には、大洋に飛び出し、異国での布教に身を投じた宣教師たちが書き送った通信文や報告書がたくさん残されていた。イエズス会の宣教師で日本に初めてキリスト教をもたらしたフランシスコ・ザビエルの膨大な書簡に接する機会は、当然あった。

ザビエルが日本にいたのは、一五四九年から二年余りのこと。「私たちが今まで交わった人々のなかで最も優秀な国民」「大変善良な人々で、社交性があり、また知識欲は極めて旺盛」と日本人を絶賛したザビエルは、日本に布教する宣教師の心得として以下のような注意事項を後継者に書き残している。

「熱心に燃えているだけではだめです。知的にも準備され、自然科学など合理的な学問の面でも準備されている人が必要です。また、日本へ派遣する人物をよく観察してください。年配の人は体力がありませんし、非常に若い人は経験がありませんから日本へ派遣できません。あちらへ派遣される者は、精神力の優れた人物であるとともにきわめて優秀な健康状態と逞《たくま》しい体が必要です」

つまり、知的にも精神的にも肉体的にも秀で、忍耐強く、気力に満ちあふれた壮年の人間でなければならないと忠告している。

この頃ザビエルは、布教に苦心したインドやマラッカとは比較にならない手ごたえを日本の地に感じていた。

シドッティはこれらの資質を充分に満たした人格者であったことは間違いなく、またそのことに対する大いなる自負と自信が日本潜入への決心に結びついたのだろう。

また、ザビエルに続いて日本に来たアレッサンドロ・ヴァリニャーノ巡察師も『東インド巡察記』の中で、

「シナ人は別として、(日本人は)かの東洋全域の中で、最も有能で立派に教育を施されているので、我々の聖なる法に関する諸事を正しく理解し、東洋全域の中で最良のキリスト教徒になるには、最適な国民なのである」と書いている。

当時、イエズス会から送られた宣教師は、さまざまな学問を修めた教育レベルの高い人が多かった。彼ら第一級の知識人が手放しで褒《ほ》め称えた日本人とは、いったいどういう民族なのだろうか。

その日本人が、はるばる年月をかけて海を越えてローマにやってきた足跡もあった。

ザビエルの忠実な伴侶であった鹿児島生まれの留学生ベルナルドは一五五四年に教皇パウロ四世に拝謁し、現グレゴリアン大学の前身であるローマ学院で倫理神学を学んだ。そして、一五八五年には九州の大名が送ったとされる四人の天正遣欧少年使節団が訪れローマの市民権を授与された。さらには、伊達《だて》政宗《まさむね》が派遣した支倉常長《はせくらつねなが》一行はメキシコ経由の太平洋の旅を経て一六一五年に教皇パウロ五世に謁見し、その五年後には豊後生まれのペ

トロ岐部《きべ》が日本人で初めてエルサレム巡礼を終えて、ここローマで叙階されイエズス会の司祭となっている。

彼らはこの古都を行進して市民の拍手喝采を浴び、あるいはペトロ岐部のようにひとりこっそりと市の北に立つポポロ門をくぐった。

特に少年使節団の訪問は、イタリアの都市伝説ともいえる話であった。当時の教皇グレゴリウス十三世が異例な厚遇で彼らと謁見したこともあり、ローマの民衆は少年たちを熱狂的な興奮と歓喜で迎えた。

三色のビロードと黄金の馬具で飾られた馬にまたがり、ローマの街を使節団一行が行進する様子は、ヴァティカン図書館シスト大広間の正面の壁画に描かれていた。

また、シドッティ自身が後に語ったように、秀吉の命令により長崎で処刑された「二十六聖人の殉教」の様子を示す版画も目にしていた。

ローマに残る記録の数々を目にするにつけ、そこから垣間見える極東の国に、若き司祭の心は大きく揺さぶられた。はるか遠くの小国であるにもかかわらず、その国民性のなかに何か底知れぬエネルギーと躍動する好奇心が感じられた。

しかしカトリック教会と日本の蜜月期ともいえる期間は短く、布教の道は、数々の宣教師たちの挫折と殉教の歴史であったことは間違いない。そして、今や日本は固くその門戸を閉ざし、神秘のベールの向こうに完全に身を隠してしまっていた。

教皇クレメンテ十一世は、シドッティの申し出を前にして答えに窮した。そのような迫害の地に、将来ある司祭を送り込むのは果たして許されることなのか。

カトリック教会が日本に送り込んだ最後の宣教師の死亡が伝えられて、もう二十年近くが経つ。また、シナ（中国）でもシャム（タイ）でも禁教が解かれたという情報が教皇庁に届いていた。時は、確かに流れている。日本国内の状況にも変化の兆《きざ》しがまったくないとは、誰が言いきれるだろうか。いつか誰かが第一歩を踏み出さなければならないとしたら、それは自分でありたい。

確固とした説得力のある口調で決意を述べる青年の眼には、一切の迷いがなかった。聖ザビエルの手で一度、種が蒔《ま》かれ芽吹いた地であるならば、必ずやその土には養分がいまだ眠っているはずである。その固い思いを目にした枢機卿たちは、とうとう彼の願いを聞き入れる決議を下した。

教皇クレメンテ十一世はしばし逡巡したあげく、最後には枢機卿会議の決定に従い、シドッティを日本への使徒とすることを宣言した。

ヴァティカン布教聖省

シドッティは同じ教皇庁の布教聖省に移り、それから三年間ウルバニアナ大学で日本の

布教聖省直属の教育機関であるウルバニアナ大学

言語と文化を学んだ。ウルバニアナ大学は一六二七年に設立された布教聖省直属の教育機関で、志《こころざし》のある青年に無料で教育をほどこす宣教師養成のための大学だった。そこには、世界中の伝道区から定期的に報告が送られてきていた。世界情勢の変化をどこよりも正確に把握していた場所であったとも言える。

　学校の窓から遠くに、壮大なサン・ピエトロ大聖堂のクーポラ（円蓋）が見えた。そこで、シドッティはザビエルに続いて日本で活躍した宣教師たちの記録の詳細にじっくりと目を通すことができた。

　さらに、大学内には数カ国語に対応した印刷所が設置されていて、日本語の学習に必要な書籍も保存されていた。

　ローマ字日本文で書かれた『ヴィタサン

トール（サントスの御作業の内抜書）』という聖人伝、そして日本語、ラテン語とポルトガル語の対訳辞書『デキショナアリヨム（拉葡日対訳辞書）』と思われる二冊の本が、日本語の教材となった。（『新訂　西洋紀聞』宮崎道生校注）

一五九〇年、ヴァリニャーノが持ち込んだ日本最初の活版印刷機で刷られたものである。ともに長さ五寸程（一五センチ）、幅四寸程（一二センチ）、厚さ一寸（三センチ）程と厚めの文庫本程の大きさで、一方の端を糸で綴じた大和綴じの体裁をしていた。シドッティは、日本に着いてからもこの二冊をいつも小脇に抱えて持ち歩いていたという。

そして一七〇三年、改めて宣教師に任ぜられ日本に向かう使命がシドッティに与えられた。ただし、マニラで教会の仕事に従事しながら、状況を見て日本が宣教師を受け入れるようであれば最初の交渉役として派遣する、という条件付きではあった。

つまり、何の方策もなく無謀に日本潜入を試みることは禁じられた。

この時点で、教皇使節として遣わされるのか、あるいは民衆に神の教えを伝える宣教師として派遣されるのか明確にはされていない。純粋に使節であるならば、教皇の印章が押された権威を象徴する封書なり、物品なりが持たされてしかるべきなのだか、それもない。

あえていうならば、宣教師の資格をもった準使節というあたりが適切かもしれない。つまり、正式な使節派遣の露払い的な役目を自らかってでたのであった。このシドッティの立場のあいまいさが、後に日本での取り調べにおいて最後までつきまとう大きな疑問となった。

おそらく、教皇庁では入手した数々の情報の分析から、日本が宣教師を受け入れる可能性は極めて低いと見ていたと思われる。とりあえず、シドッティをマニラに行かせ、万が一の可能性が見いだせたら、その時にはしかるべき資格を付与しようという判断であったのだろう。実際にこの時期、教皇庁は明らかに宣教活動を抑えることを目指していた。

シドッティに関する文献の中で、彼の姿勢、使命感の強さがザビエルを彷彿《ほうふつ》とさせるためか、イエズス会から派遣された宣教師とするものが多いがそれは正しくない。彼はいずれの修道会にも属さないローマ教区の司祭であり、教皇の命《めい》を受けた布教聖省直属の宣教師であったのだ。

十六世紀から始まったアジア、南アメリカへの宣教師の派遣は、イエズス会、フランシスコ会、ドミニコ会といった修道会の名によってなされ、スペイン、ポルトガルの二大カトリック国の独占的な植民地政策と密接な関係を持ちながら展開された。

スペイン、ポルトガル国家君主は布教保護権という宗教的な義務を負いながら、同時にそれを自由に活用できる聖職推挙権をもっていた。つまり君主はすべての領土に聖職者を派遣し、教会の建設、補修、維持費などを負担する一方、自由自在に聖職者を選出、除外でき、宗教的な行事や施設運営も独断で決めることができた。

教会側は国家権力の助けを借りることで、遠隔の地での教化がより確実で効果的なものになると判断していた。国家側は「聖なる事業」を後押しするという大義名分を掲げて、胸を張って領土の拡大を推し進めることができた。この時代、教会と国家は互いの思惑の綱引きのなかで持ちつ持たれつの関係にあった。

やがてイギリス、オランダといったプロテスタント系の新興国が植民地争奪戦に乗り出してくるにつれ、さまざまな問題が噴出してくるようになった。領地を新興国に奪われたスペイン、ポルトガルの国王が旧植民地の推挙権を主張して、それを否認する教会と対立するようになったからだ。

そこで、教皇庁は福音活動については自らが裁断できる体制を整えるため、グレゴリウス十五世の手によって、一六二二年に宣教師を派遣する布教聖省を誕生させた。

遠方への宣教希望者は、修道会に属しているか否かにかかわらず聖省に申請し、試験を受けて、任務と必要な権利を授けられ任地に赴く。そして、活動経過を定期的に報告することを義務づけられるとともに、布教先で神学校を開設して現地司祭を育成することを任務のひとつとして負わされた。

それはまた、植民地政策の一躍を担っていた宣教活動を国家権力から切り離して、純粋な宗教的活動に戻そうという試みでもあった。

シドッティも、聖省においてのこうした任命の手続きを経て、日本宣教の任務を与えられたと思われる。初期キリスト教の時代に復帰しようする教皇庁側の姿勢と、難攻不落の

とも言える。極東の地にあえて布教に向かうシドッティの純粋な想いがタイミングよく結びついた結果

シドッティが宣教師に任ぜられた年、一七〇三年にトーマス・メイヤード・トゥールノン総司教がインド、中国に特派使節として派遣されることになった。この機会を逸しては志を遂げる日はないと決したシドッティは、教皇に強く願い出て、同行の許可を得た。

一行はローマを去った。サン・ピエトロ大聖堂の横を右折して、アンジェロ門を通り、一路西北西へ。おそらく、ローマの外港、ティレニア海に面した港町チヴィタヴェッキアから船に乗り、海路で外洋の窓口ジェノヴァに向かったと思われる。

シドッティ、三十五歳の夏だった。

第三章　呂　宋

灼熱のインド航路

地形が複雑で風向きが不安定な内海を自由に航行するには、帆船ではなく人力で動かす船の方が小回りがきく。古代から、地中海はガレー船と呼ばれる大型の手漕ぎ船が往来する世界だった。

ガレー船の寄港地であるイタリア半島の付け根にあるジェノヴァは、アメリカ大陸を発見したクリストファー・コロンブスの故郷である。コロンブスはマルコ・ポーロが謳《うた》った

ジェノヴァからインド航路でマニラを経て屋久島へ
シドッティがたどった道
江戸
屋久島
1708年10月11日
1703年11月6日
～1704年7月21日
ゴア
ポンディシェリ
マニラ
1704年9月19日
～1708年8月23日
太平洋
インド洋

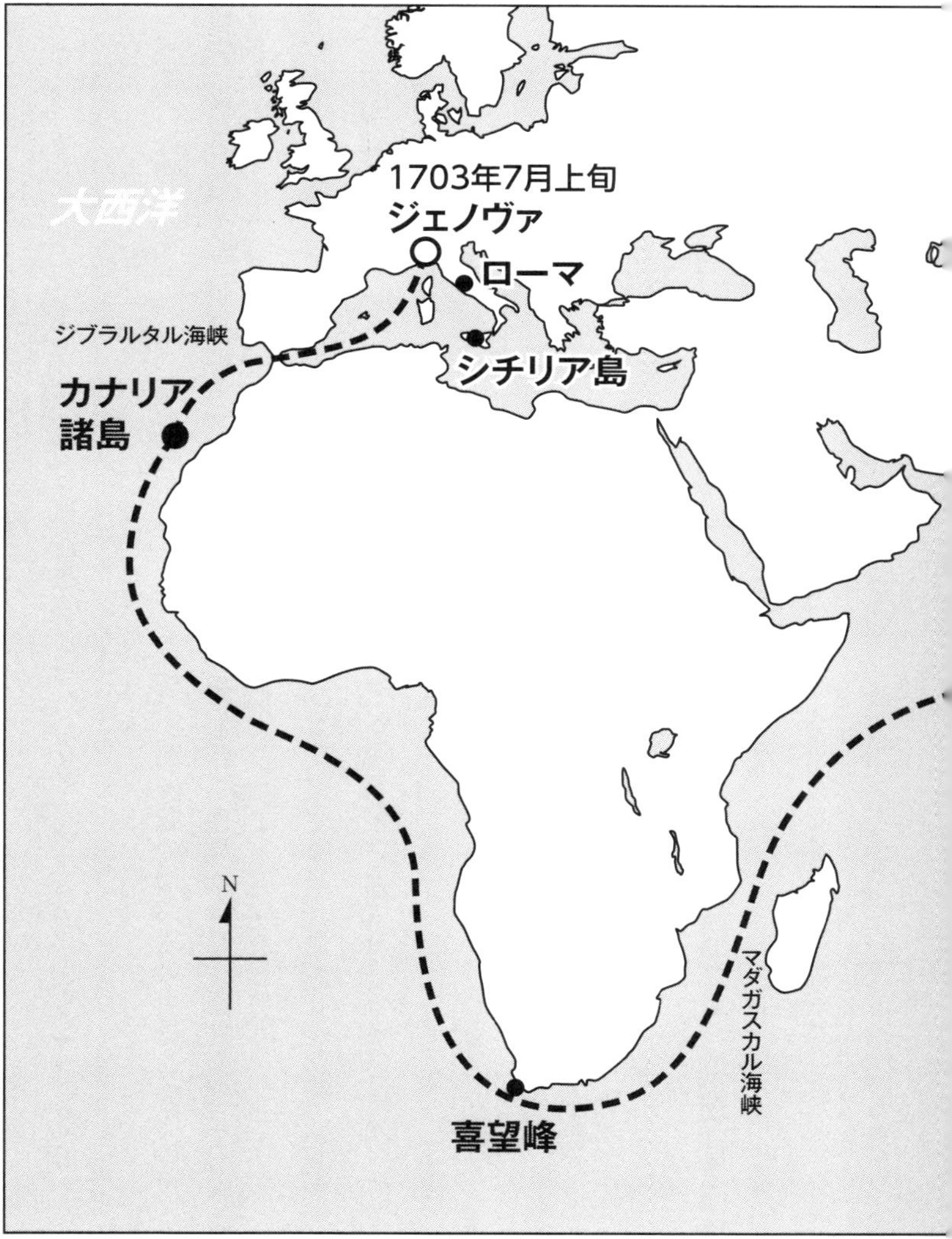
大西洋
1703年7月上旬
ジェノヴァ
ローマ
シチリア島
ジブラルタル海峡
カナリア
諸島
N
喜望峰
マダガスカル海峡

「黄金の国」を求めて冒険の旅に出た。

一七〇三年七月上旬、コロンブスが到達できなかった「黄金の国」、すなわち日本を目指してシドッティはこのジェノヴァの港に立った。

出帆の合図とともに、両舷に並んだ櫂《かい》をこぐ百五十名ほどの漕ぎ手の勇ましい掛け声が湾内に響き渡った。真夏にもかかわらず乾燥した風が吹く典型的な地中海性気候に恵まれた日だった。

ガレー船は西に舵をきって、スペインと北アフリカが接するジブラルタル海峡に向かった。海峡にはイギリス、オランダなどの兵馬二十万、軍艦百八十隻があふれていた。(『西洋紀聞』)

時は近代最初の世界戦争と言われる十三年間におよぶ長いスペイン王位継承戦争が始まったばかりで、地中海周辺にも戦争の嵐が吹き荒れていたのだ。

スペイン王座をめぐり、イギリス、オランダ、オーストリアの同盟三国とフランスがヨーロッパ全土に戦況を広げつつあった。その背景にはもちろん、スペインが所有する広大な海外植民地をめぐる各国の争奪戦があったのは言うまでもない。

海峡にあふれる軍艦のため船をなかなか進めることができず、神聖ローマ帝国の軍人に話をつけてもらい、かろうじて地中海を抜け出し大西洋に出た。南スペインのカディスに一旦立ち寄り、それからガレー船はモロッコの西、カナリア諸島で航海を終えた。

ここで、一行は大洋を航海するフランス東インド会社の船に乗り換えた。船名はモールパス号、船長の名前はフォーターネといった。

モールパス号はアフリカ大陸の左岸沿いを南下し、喜望峰を迂回するインド航路を進み、モザンビーク海峡を通り過ぎたあたりから、この時期特有の東に向けて吹くモンスーンを利用してアラビア海を横断した。

暴風雨、大凪《なぎ》、猛暑による食糧や飲料水の欠乏と腐敗、そしてマラリア、赤痢、コレラなどの伝染病の蔓延と、赤道を二回も通過するインド航路は危険に満ちた過酷な四カ月の旅だった。途中で船が難破し、命《いのち》を落とすことも珍しくなかった。無事にインドにたどり着くだけでも、充分に神の恩寵を感謝しなくてはいけないような道程だった。

十一月六日に一行はインド半島東南部、フランス領のポンディシェリにひとまず腰を落ち着けた。インドといえばゴアが長い間、アジア貿易の拠点とされていた。ザビエルが日本人アンジローと出逢い日本布教を思い立ったのも、ヴァリニャーノが四人の少年遣欧使節を見送ったのも、ペトロ岐部《きべ》がエルサレム巡礼の旅に出かけたのも、ゴアであった。

しかし、教皇庁派遣の神父たちは、ゴアを避けるかのように、インド半島を迂回している。この頃、組織的には喜望峰から日本まではポルトガル管轄のゴア司教区に従属していたことから、布教聖省としてはポルトガルの庇護を受けて活動する修道会との無用な衝突を避けるために、あえてゴアに上陸しなかったのではないかと思う。

このインドでの滞在期間に、シドッティは同行のトゥールノン総司教の仕事を手伝うことになった。

その仕事の内容は、いわゆる「典礼《てんれい》問題」と呼ばれるもので、この時代キリスト教界を大きく揺さぶり、一世紀にわたる論争が展開された大問題であった。イエズス会は中国やインドで、布教地の伝統文化を評価、尊重し、多くの知識階級の知己を得て信徒数の拡大を図る適応政策をとってきた。しかし、それでは真にキリスト教の教えを伝えたとはいえないのではないか、適応は妥協そのものではないかという疑問がイエズス会に反感を抱く他の修道会から上がってきたのである。

特に礼拝儀式、つまり典礼に関して祖先への礼拝を容認し、服装や様式など伝統を残した形を取り入れたことから大きな問題となった。

例えば、インドではロベルト・デ・ノビリがヒンドゥー教のグルと同じ生き方をし、現地の社会慣習に沿って教会の席をカースト別に分離して設けた。また、中国ではマッテオ・リッチが中国式の服装をして儀式化した先祖崇拝の慣習に従った。

カトリック信仰を現地の住民の文化、風習にどの程度まで適応させることが許されるかは、布教聖省が解決しなければならない難しい問題だった。教皇庁は議論を重ねた結果、例外のない統一を重視して、こうしたイエズス会の柔軟な布教方法を否認するに至った。

そこで、現地の実情を調べた上でローマの結論を伝える使者を送ることが決定され、その役目を果たすべく選ばれたのがトゥールノンであったのだ。トゥールノンは強靭な非妥協論者であったといわれる。おそらく、現地で厳しい取り調べを行ったものと思われる。

ザビエルは、日本の文化に敬意を払い、自ら日本語を学ぼうと努力した。たった二年で道半ばにして日本を去ったのも、政治的に不安定な状況下の日本で布教を敢行することを避けたからであった。

第二のザビエルを目指して日本に足を踏み入れることを願ったシドッティは、このインドでの任務に手を貸しながら、内心、複雑な思いを抱いていたのではないだろうか。

十六世紀から十七世紀の大航海時代のキリスト教宣教は、スペイン、ポルトガルの二大国の植民地支配と表裏一体の形で進められた。現地住民からすれば、それは侵略、略奪、支配と宗教が同時に押し寄せたようなものである。実際に、宣教師たちは両大国の国王から庇護を受ける形で、アジアの国々に渡った。

一四九八年にポルトガルの航海者バスコ・ダ・ガマが喜望峰を回って初めてインドに到着した時、「何のためにここに来たのか」と原住民に聞かれて、「霊魂と胡椒のため」と答えたという逸話はまさに、すべてを物語っている。

その過程で、尊重されるべき固有の文化が失われていったのは否定できない。適応主義をとったイエズス会の宣教師たちの試みはせめてもの救いであったと評価されてもいいのではないか。シドッティの心の中には、教皇庁の決定に素直に従うことができない自分がいた。

植民地支配の脅威をいち早く察した日本にいたっては、自国を閉ざすことによって自衛する道を選び、結果、多くのキリスト教司祭や信者の迫害につながった。

本来のキリストの教えは、植民地獲得に狂奔するヨーロッパ諸国の行動と関係がないものだ。だからこそカトリック教会も反省をし、方向転換をはかったのである。そのことを何とか日本に伝えて、かつてのような交流をもちたい。シドッティにとって、それこそが命《いのち》を懸けてでも達成しなくてはならない自分に課した唯一最大の使命《ミッション》であった。

インドの状況を肌で感じることによって、シドッティの日本渡航への思いはさらに意義あるものへと深みを増したに違いない。

東洋の真珠、マニラ

一七〇四年七月二十一日、インドの調査を済ませた二人は八カ月ぶりに再び船に乗り、九月十九日マニラ湾南岸の外港カビデに到着した。

マニラは、日本人が呂宋という漢字を当てて、ルソンと呼んでいる地だった。

「トゥールノン総司教（のちに枢機卿《すうききょう》に任命された）とシドッティ司祭は仲違いをし、マニラでは行動を別にして……」

インド副王エリゼイラが一七一九年にポルトガルに送った手紙にはそう記されている。

おそらく、トゥールノンはシドッティを伴って中国入りをしたかったが、シドッティは彼の仕事を手伝うことに疑問を抱き、当初の目的通りマニラに残って日本渡航の機会を待つことに固執したということだったのではないかと思う。

マニラの繁華な通りから一歩はずれたところでは、救いの手を必要としている人々の姿がたくさんあった。ここで、やるべきことをこなしながら時機を待つ。シドッティの決意に揺らぎはなかった。

まもなく、トゥールノンはひとりで次なる調査地の北京に向かった。

マニラに残ったシドッティは念願の日本行きを果たすまでの四年間、まるで堰《せき》を切ったかのような勢いで、勢力的に動き回った。

一五二一年、マゼランによって発見されたフィリピンはスペインの植民地となり、アジアと西洋をむすぶ貿易の中継地として栄え、同時にアジアにおけるカトリック教会の拠点となった都市だ。特に、首都マニラは「東洋の真珠」と呼ばれるほど美しく繁栄した街だった。

「工場は我々ヨーロッパ人の趣味で作られているし、町には多くのヨーロッパ人が行き交っており、まるでヨーロッパにいるような気がする」

シドッティがマニラを去って一年後に、入れ替わるようにやってきた布教聖省派遣の宣教師マッテオ・リーパは日誌『ジョルナーレ』にこう記している。リーパは、偶然にもシドッティが寝起きしていた病院の同じ部屋に身を落ちつけた。そして、そこで聞いた先輩の偉業について、感嘆の思いで筆を走らせた。

マニラ市は城壁都市である。市の中央を流れるパッシング川が湾に注ぎ込むあたりに、イントラムロスと呼ばれる長さ一五〇〇メートルの六角形の城壁が造られ、城壁内にはマニラ聖堂や修道院、教会が数多く建てられていた。

マニラ大聖堂の北側、アドゥアナ通りに面した所に王立修道院があり、併設の聖ヨハネ病院でシドッティは起居していた。病院の代表者で毎日のようにシドッティと顔を合わせていたフランシスコ修道会管区長のアゴスティノ・デ・マドリードの記録、『教皇クレメンテ十一世より派遣されたシドッティ師のマニラより日本への往復航海記』(以後『航海記』)によると、

「彼はすべての労力を病院にいる哀れな患者たちの救済に傾けた。そして、同市の市民が病人のために寄付するように心を配った」

シドッティはそこで、病人の世話などに力を注ぐと同時に、市民から寄付を集め、病院施設の修復、診療室の改装に積極的にあたった。その目的に必要な寄付以外はいっさい、受け取ろうとはしなかった。また、時には数百メートル東にあるフランシスコ会修道院内

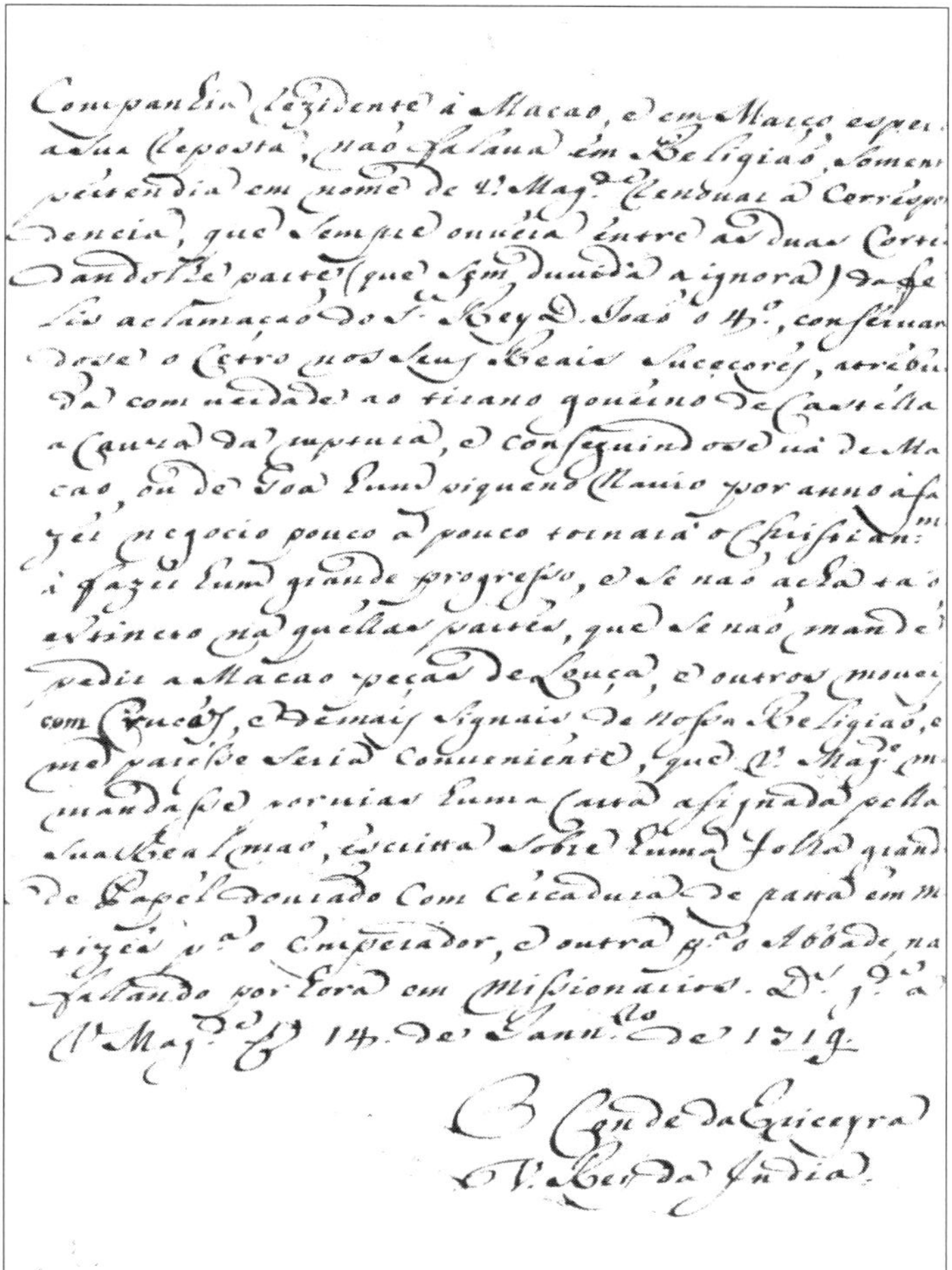
Companhia rezidente à Macao, e em Março espe-
rava sua reposta, não falava em Religião, somen-
te pretendia em nome de V. Mag.de renovar a Correspo-
dencia, que sempre ouvera entre as duas Cortes
dandolhe parte (que sem duvida a ignora) da fe-
lis aclamação do S. Rey D. João o 4.o, confirman-
dose o Cetro nos seus Reais Succesores, restitui-
da com verdade ao tirano governo de Castella
a Causa da injuria, e conseguindose ua de Ma-
cao, ou de Goa hum pequeno Navio por anno a fa-
zer negocio pouco a pouco tornaria o Christian.mo
a fazer hum grande progresso, e se não acha tão
extincto naquellas partes, que se não mande
pedir a Macao peças de Louça, e outros moveis
com Cruzes, e demais signais de nossa Religião, e
me parece seria conveniente, que V. Mag.de m-
mandasse servir-se huma Carta assignada pella
sua Real mão, escritta sobre huma folha gran-
de Papel dourado com cercadura de pano em m-
tiza p.a o Emperador, e outra p.a o Abbade, na
faltando por fora com Missionarios. D.s g.de a
V. Mag.de Goa 14. de Jan.ro de 1719.

O Conde da Ericeyra
V. Rey da India.

「インド副王エリゼイラがポルトガルに送った手紙（控え）」1719年1月14日付
ヴァティカン図書館　Archivo Segreto, Archivo Vaticano, Settore Clemente XI, Fonda Albani vol.263, fol.356

のサン・ファン・デ・ディオス病院にも赴いた。この病院は、フィリピン現地人、黒人、奴隷として連れて来られたムーア人用の病院だった。

「思慮深く、修練を積んだ徳を具え、厳しい生活に慣れ、浮き世を捨てて自ら進んで清貧に甘んじ、絶えず祈りと人々の霊魂の救済に専念した」(『ジョルナーレ』)

その姿に、人々は魅せられていった。

そして、彼が何よりも情熱を注いだのは子どもたちのための神学校、セミナリオの建設であった。

もともと学校建設は、すべての教区に神学校の建設を義務づけたトリエント公会議の決議に従って、スペイン王フィリップ五世の布告を皮切りにローマ教皇庁とマニラ大司教ディエゴ・カマチョの意見に沿って計画されていた。目的は現地人の聖職者を養成することにあった。シドッティがマニラに着いた時には、各修道会の修道士の反対に合い計画が行き詰まり、建設は一向に進行していなかった。

当時、フィリピンではアウグスティヌス会、イエズス会、フランシスコ会、ドミニコ会の四大修道会がカトリックのヒエラルキーを支配し教会を構成していた。そこへ、教皇庁が横やりを入れてきたのだ。長年、この地で布教活動に励んできた修道会としては面白くないのは当然ある。

神学校建設を通して教皇庁の布教聖省が教区を管理し、さらにはそこで養成される人材は聖省の管轄下に入るとなると話はなおさら穏やかでない。宣教活動に関する旧勢力修道会と新勢力布教聖省の関係は複雑なものがあった。

一方、フィリピンの島々には病院での治療を受けることもままならない貧困層が拡大しつつあった。これらの人々を救い、島々の健全な発展を図るためには、現地司祭を養成する神学校の設立は欠かせない。そう信じたシドッティは、学校建設を一手に引き受けた。

教皇庁の干渉を好ましく思っていなかったところに、今度はその布教聖省から派遣された司祭が、何やら尋常ならぬ情熱で動きだしたのである。修道会所属の司祭たちの抗議の声は日増しに大きくなり、シドッティにミサに必要なものまで与えることも拒み始めた。フィリピン総督ドン・ドミンゴ・ザバルブルも反対派の意見に耳に貸して、用材伐採の許可を取り消すに至った。

この抵抗の嵐の中、シドッティは寄付金集めに走り回り費用を捻出すると、自ら率先して山に入り汗水を流し、地域住民を組織しての木の伐り出し作業に先陣を切って乗り出した。毅然とした態度を崩すことなく、計画推進に邁進するシドッティの行動力を目にした人々の心は次第に動かされた。

一七〇五年九月初旬、学校建設はようやく着工にこぎつけた。

一カ月後、カマチョ大司教からフィリップ五世にあてた十月十一日付の報告書にその経過が述べられている。

「アバーデ（シドッティのこと）自身がかの地方の土民たちの仲間になって、これを実行に移しました。彼は強力な援助をし、極めて困難な骨の折れる伐採作業にあたって、土民たちに心身ともに慰めを与えました。これはすべて、この島々の嶮岨《けんそ》な、辺鄙《へんぴ》な、樹木の鬱蒼とした山岳の地でささげられた彼自身の苦しい犠牲によって行われました」

地元民の手による地元民のための学校をシドッティは、まさに体当たりの行動力で推し進めたのであった。

なんと、反対派の中心であったはずのザバルブル総督がこの時、シドッティの情熱に感服し神学校設立に協力するようになっていた。

シドッティはさらに、より多くの子どもたちが学べるよう規模の拡大さえも企画した。当初は八人の生徒を収容する教区的なものであったのを、全極東の司祭の養成所となるよう八十人規模の宿泊施設をもつ大きな学校を建てようと試みていた。

神学校は、一年八カ月後の一七〇七年六月に完成した。教皇の名前をとって「聖クレメンテ神学校」と命名された。途中で、突然のカマチョ大司教のメキシコ赴任のため、残念ながら規模の拡大は成功せず、当初の八人の宿泊施設に戻された。が、マニラ到着からわずか一年で大司教の信任を得、反対派だった総督もいつの間にか味方につけてしまったシドッティの熱意がなければ達成できなかったプロジェクトであった。

シドッティが建設に力を注いだマニラの神学校「聖クレメンテ神学校」
San Carlos Seminary（聖カルロス神学校）提供

次なる課題として残されたのは、病院や学校の維持費の問題であった。ここで、シドッティは独創的な布教基金「オペラ・ピア」の設立を提唱した。「オペラ・ピア」は、直訳すれば「敬虔なる慈善事業」という意味である。

一七〇七年九月十五日にこの基金を発足させたシドッティは同時に、その効果的な運用法を模索した。それは、人々から集めた善意の寄付金をメキシコに貸し付けては利息を生み出し、より大きな基金に発展させる金融資産増殖の仕掛けの考案であった。

これらの記録を読むにつけ、行動的であるだけでなく、計画を実行に移すための政治的手腕を併せ持ち、かつ実際的な経済観念にも長けた若き聖職者の生き生きとした様子が伝わってくる。

シドッティは、まさにマニラの貧しい人々にとっては大きな恵みだった。

「彼は逞《たくま》しく、天に向かってまっすぐに高く聳《そび》え立つレバノン杉のような存在であった」と現地の人々は表現した。身長一八〇センチメートル余りのシドッティは、粗食と激務と厳しい禁欲的な生活ゆえに非常にやせていて、その風貌のせいで実際よりも背が高く見えたという。

レバノン杉は、人類最古の文明の地エジプトとメソポタミアに挟まれた「太古の杉の森」の中に生息する樹齢数千年の大木である。

「磁石が鉄にくっつくように彼の高潔さに人々は魅了され心を虜《とりこ》にされた」と、シドッティの噂で持ちきりだったマニラに足を踏み入れたリーパは驚きを隠しきれない様子だ。

しかし、シドッティは自分に課した本来の目的を決して忘れてはいなかった。病気の人々、貧しい人々、子どもたちに献身的な奉仕を捧げながら、暇をみつけては日本への渡航の機会を探っていた。

彼にとって、マニラはあくまでもひとつの中継地でしかなかったのだ。

サンタ・トリニダード号

マニラには、ディラオとサン・ミゲルというふたつの日本人町が城壁の東側にあった。

一六一四年、徳川家康の切支丹《きりしたん》禁教令で日本を追放された切支丹武将の高山右近《たかやまうこん》、内藤如安《ないとうじょあん》ら一行の子孫を始め、漂流日本人たちなどが固まって住居を成していた。シドッティはたびたびそこを訪れ、日本語の勉強を重ねると同時に、衣類、日本刀、日本の貨幣など渡航に必要なものを順次手に入れていった。

また、偶然にも一七〇六年に日本人十余名が、漂流してマニラに流れ着いた。彼らから新しい日本の銅銭（寛永銭）と金貨を手に入れることができた。

念願のセミナリオが完成した翌年、いよいよ日本潜入の時が到来した。マニラは過去に殉教の栄誉を飾った数多くの宣教師を送り出した地である。日本は相変わらずの鎖国状態で、漂流民さえ帰国が許されてはいなかった。

日本行きがいかに危険に満ちたものか、マニラの人々は身をもって知っていた。そこにあるのは迫害であり、拷問であり、殉教つまり死しかなかった。そして今やそこに至る道は閉ざされ、潜入はほとんど不可能であるというのが現実的な認識であった。日本布教の中心的存在だったイエズス会も、宣教師の派遣を自粛するようになって八十年という月日が経っていた。今さら、あえて命《いのち》を捨てに向かう意味があるのだろうか。

マニラの人々にとって、なくてはならない存在になっていた司祭を何とか留まらせようとした大司教は、ローマ教皇宛に懇願の手紙を書いた。しかし、まるでその返事を見るのを恐れるかのように、シドッティは船出の準備を急いだ。

「マニラにそのまま滞在し、セミナリオの教師になるように」との指示が記された教皇の返書が届いたのは、シドッティを乗せた船がすでにマニラ港を出帆した後であった。

ローマから遠く離れていることをいいことに、彼は「日本が布教を許すようになったら」という教皇との約束も一方的に無視してしまっているのである。もし手紙が間に合っていれば、キリストの地上での代理人である教皇の命令は絶対であったから、いかにシドッティといえども日本行きを断念しなくてはならなかったであろう。

一六一九年にオランダ軍による攻撃でスペインの制海権が奪われ、関係を断絶したまま日本は鎖国状態に至り、渡航の機会は失われていた。日本に向けて船出する遠洋航海用の船さえマニラの港にはなかった。

シドッティの熱意が不動のものと悟ると、マニラの人々は彼のために動き始めた。

ザバルブル総督は私財を投じて新しく船を建造し、船を動かすのに不可欠な水夫、武器、食料などを用意して「聖なる旅」を援助した。命がけの航海の舵取りを無償でかってでたのは、ミゲル・デ・エロリアガ船長だった。

死を覚悟で日本へ臨む神父の誇り高い意志に、多くの人が感動と賛同の狼煙《のろし》を上げたのだった。

三本マストと大砲を装備した全長二〇メートルの立派な船が完成した時、人々は船の名をその使命にちなんで、「サンタ・トリニダード（聖三位一体）号」と名づけた。

サンタ・トリニダード号と同時代に太平洋を航海した帆船。コンタリーニ神父蔵

一七〇八年八月二十三日の午前十一時、シドッティは見送りの群衆に向かって、最後の挨拶をした。殉教を覚悟してローマへ船出をした使徒パウロの別れの言葉が述べられたという。

『我《われ》は人《ひと》の金銀《きんぎん》・衣服《いふく》を貪《むさぼ》りし事《こと》なし。この手《て》は我《わ》が必要《ひつえう》に供《そな》へ、また我《われ》と偕《とも》なる者《もの》に供《そな》へしことを汝等《なんぢら》みづから知《し》る。我《われ》すべての事《こと》に於《おい》て例《れい》を示《しめ》せり、即《すなは》ち汝《なんぢ》らも斯《か》く働《はたら》きて、弱《よわ》き者《もの》を助《たす》け、また主《しゅ》イエスの自《みづか》ら言《い》ひ給《たま》ひし、「與《あた》ふるは受《う》くるよりも幸《さい》福《はひ》なり」との御言《みことば》を記憶《きおく》すべきなり』（舊新約聖書〈文語訳〉使徒言行録20・33〜35）

国家の援助はいっさい受けず、後ろ盾ももたず、ただ自分の手と人々の好意にもとづく寄付金ですべてをやりとげた、とシドッティはマニラでの四年間を振り返った。かつてのような植民地国家の援助のもとの活動とは根本的に異なるということを強調し、それを誇りにして旅立ったのである。

また、基金のその後の運営方法について、遺言のような書類も書き残している。

「基金は一万二〇〇〇ペソでスタートするが、利息をつけたメキシコへの貸し付けで最終的には三万六〇〇〇ペソにすること。運営はフランシスコ会が中心となること。使い道は、フィリピンを中心に日本や中国を含めたアジアの布教活動に役立てること。うち毎年一万六〇〇〇ペソは日本、中国の宣教費用に充てるが、両地の宣教活動がまったく不可能となり撤退を余儀なくされた場合は聖地エルサレムのキリスト教学校の維持に充てること」

このように一方では緻密な計画を立てて実務的に行動する人が、他方ではまるで計画性のない無謀な行動に立ち向かう様子は一見、大きな矛盾を感じるところでもある。しかし、理性と感情が不可分のものとしてひとつの人格を形成しているところが、宣教師シドッティの偽りのない姿であった。理屈では抑えきれない、制御のきかない情念の嵐と強烈な使命感を身体の中に抱え込んでいた人であった。

船がマニラの港を離れた時、神父を慕う群衆は波のように埠頭《ふとう》に押し寄せ、はるか鎖国の国に向かう帆船を涙で見送り続けたという。

第四章

航　海

北北東へ、波濤を越えて

マニラから台湾右岸を経て九州南端まで、琉球諸島、奄美諸島、吐噶喇《とから》列島と点々と島々が連なっている。サンタ・トリニダード号は、それら大小の島々を目印に針路をとった。

難所続きに加えて、通常の貿易ルートではないので、正確な海図や情報もない航路であった。羅針盤を片手に、昼間は太陽観測で船の位置を定め、夜間は星を眺めて針路を決めていくといった時代の旅でもあった。風と潮に翻弄されて、通常なら十四、五日ほどの行程を、その約三倍の時間をかけて北北東を目指した。

シドッティのよき友人であった前述のアゴスティノ・デ・マドリード神父は、船長から聞いた話をもとに航海の様子を日付を追って記録している。(『航海記』)

船上のシドッティは苦行ともいえる厳格な日課を自分に課し、献身と祈祷の日々を静かに送っていた。食事は餓死しない程度としか思えないほど、ほんの少ししかとらなかった。部屋にはベッドはなく、主に床の上で横になっていた。神父はいったい、いつ食べて、どこで寝ていたのか船員たちは首を傾げたという。実際、生きていることすら不思議であった。

シドッティは毎日、次のような細かいスケジュールを自らに課していた。

午前五時から六時、黙想。六時から六時四十五分、黙想の振り返りと十五分の祈祷。七時から八時、ミサ聖祭および感謝の祈り。朝食。八時から九時、信心書の読書と日本語の学習。九時から十時、告解《こっかい》を聞く。十時から十一時、病人の慰問。十一時から十二時、昼食。十二時から午後一時、休息。一時から二時、聖務日課。二時から三時、信心書の読書と日本語の学習。三時から四時、病人の慰問。四時から五時、聖務日課と霊的読書。五時から六時、日本語の学習または告解を聞く。六時から七時、聖母マリアのロザリオの祈り。七時から八時、黙想。八時から九時、黙想の振り返り。九時から十時、夕食と小休憩および人々との交わり。十時から十一時、一日の反省と祈り。十一時から十二時、就寝。加え

サンタ・トリニダード号のマニラー屋久島間の航海路推定図

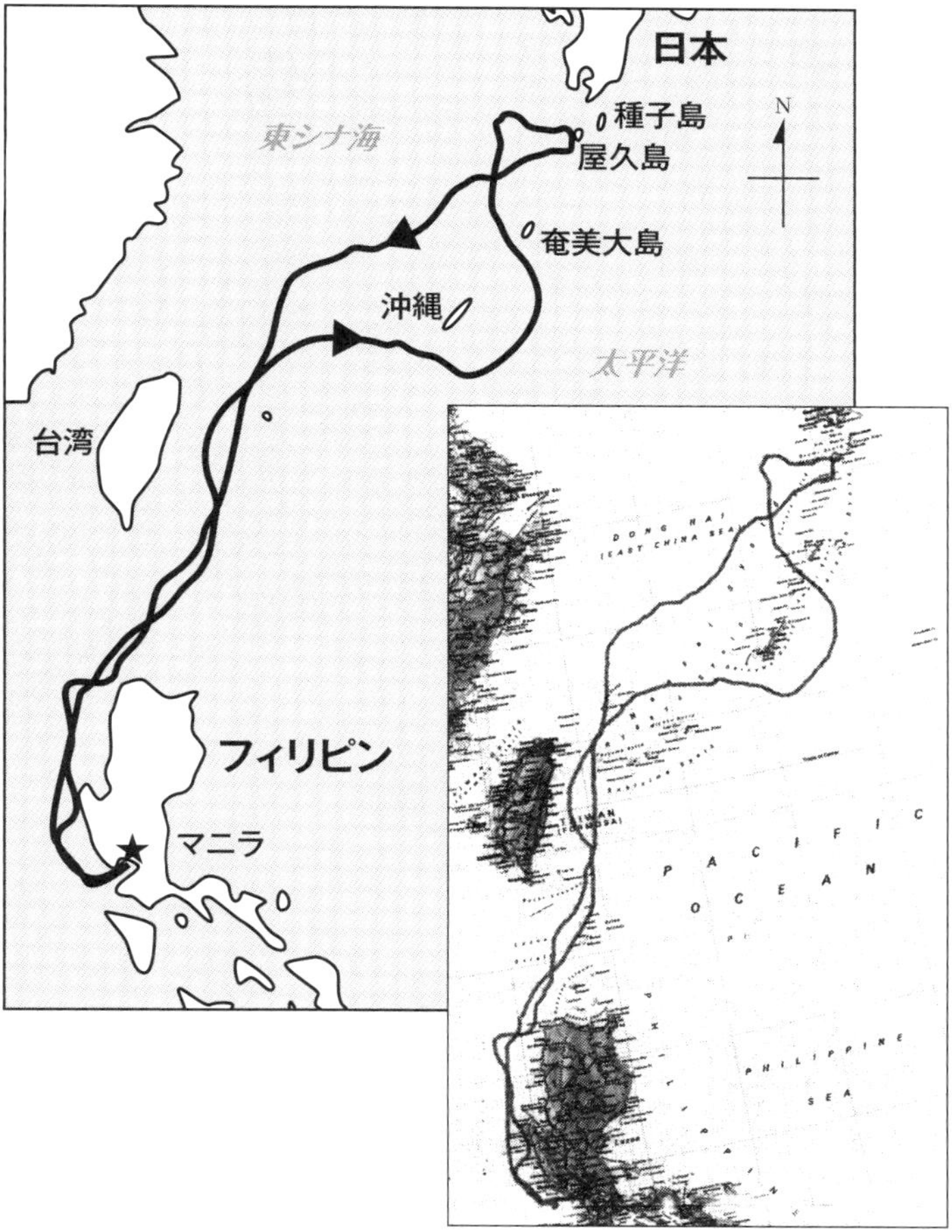

コンタリーニ神父蔵

て毎時、砂時計が鳴るたびに煉獄にいる霊魂のために祈りを唱える。

まるで、船を修道院にしてしまったようだ、と船員たちは思った。

この日課は司祭としてのシドッティの日常の所作でもあった。おそらく、日本に上陸した後も、屋久島で、長崎で、そして江戸においても許される限り続けたのではないかと想像する。

時間といえども、個人的なことに使うような贅沢はいっさい排除した何ともストイックな神父の姿である。これだけの思いを託さなければ、死と背中合わせの日本への旅は難しいものであったともいえる。


「海上忽《たちまち》に風逆し、浪あらくして、船覆《くつがえ》らむとせし事、三たびに及び」（『西洋紀聞』）

強風と高波と豪雨にたびたび見舞われ、航海は困難を極めた。

当時は日付変更線の概念がなかったので、西回りで極東にやってきたスペイン航海者の記録では、日付が一日ずつ繰り上がる。以降、今の暦に合わせて考察してみる。

八月二十三日水曜日、朝八時頃、初日は新しい船の試航をする。翌日から、西方に向かうが風雨に出合い、マニラ湾を出るまでに五日間もかかった。

二十八日夕暮れになって、ようやく潮流に乗って港を出ることができ、一路北に舵をとった。そこから、ルソン島の西岸に沿って北上するが、潮流に流し戻されつつの微進状態で、出港二十日後の九月十一日になっても、まだルソン島の沿岸の中間、ボリナオ岬の辺りにいた。

三日後には、強風と高波のために、操縦不能に陥る。遭難しないように、できるだけ陸の近くを進み、嵐が収まるのを待つこと二日。十六日になって、ようやくルソン島を離れ、バシー海峡に抜けることができ、前方左にエルサモ島（台湾島）が望める位置にたどり着いた。

しかし、雲と霧で太陽観測ができず、思うような方向を定めることができないうちに、十八日になって再び、雷雨に合う。時々、竜巻のような風が起き、帆を巻いて下ろした。

二十日以降は、比較的順調に先に進めることができ、二十三日の朝方、五つの島が見えた。内二つは大きく、三つは小さい。たぶん、大きい島は石垣島と西表島《いりおもてじま》で、小さく見えたのはその間に点在する小浜島《こはまじま》、竹富島、黒島ではないかと思われる。

二十四日、船は石垣島と西表島の間を航行し、そこから東寄りに迂回して、二十八日に宮古島の南東に近づく。この時、船長は「ヤマ島（与那国島《よなぐにじま》）の近くにきた」と日誌に書きながら、同時に「海図に書いてあるとおりではない」と嘆いている。当時のこの辺りの海域がいかに不明瞭なものであったかが知れる。

明け方近く、船長がヤマ島と見誤った宮古島の岬から火が見えた。シドッティは近寄って島民に会いたがったが、潮の流れが速く島に近づくことができなかった。

この時代、琉球は薩摩藩の支配下にありながら、中国の冊封下にあるという二国両属の状態にあり、完全には日本の領土とはみなされていなかった。

二十九日から十月二日まで琉球諸島を迂回する形で、経度を変えることなく北進している。三日から四日にかけて、北東の風を受け船は北西に流され、その後、東北に向けて舵をとった。このまま、まっすぐ北緯三十度を維持していけば、日本の南に着くはずだ。

十月九日、フェゴ島（宝島）の近くに到着。翌日、「日本王国の最初の四島（吐噶喇列島）」の間を通過。岸から三キロメートルのところまで接近して様子を窺《うかが》ったが、人が住んでいる気配はない。そして十日、東に平らな島、西に非常に高い山がある島がふたつ見えた。種子島と屋久島である。

ここで、トリニダード号はとがった山がある島の方に舵をきった。

「周囲は二二ないし二四レグア、人家が見える」

一レグアは約五・五キロメートルであるから、ほぼ正確な測定がなされている。

「種子島に到着」と船長は日誌に記した。海図に屋久島がなかったのか。遠くに見える種子島を日本本土と見間違えたのか。あるいは、この二島を種子島と呼ばれる群島と見た可能性が高い。

こうして、五十日の長い船旅の果てに、ようやく上陸地点にふさわしい島を発見することになったのだ。

『航海記』に記されている緯度・経度と実際の地図を見比べながら、トリニダード号の足取りをたどってみると、嵐と黒潮の流れに翻弄されながらの大変な航海であったことが実感できる。

それにしてもマニラから日本に向けての最適な北上航期とされる初夏の時期を外して、なぜ台風が訪れることさら困難な季節を選んで出航したのか。

出航を急いだということも考えられるが、あえてその時期を選んだのではないだろうか。万が一、不審な船であるとして途中で捕らえられることがあっても、悪天候によって漂流して思わぬ所に来てしまったと言いつくろえるからである。

屋久島潜入

船の上には、出航の二年前にマニラ湾に流れ着いた日本人だと思われる漂流民が数人乗っていた。マニラでどういういきさつと交渉があったのか、シドッティの上陸を補助する案内役を担うかたわら帰国を果たすべく同船したらしい。

船はこの時、つまり十月十一日、屋久島南部の八キロメートル沖合を東向きに航行中、一隻の日本漁船に遭遇する。たまたま阿波国《あわのくに》（徳島県）からカツオ漁に来ていた漁船であった。

手を振って合図を送ったが、漁船は止まる様子がない。そこで、船長の命令により、トリニダード号の日本人漂流民の一人が顔深くフードのようなものを被ってスペイン人を装い、本船から小舟を出してこの漁船に近づいた。小舟には武器を携えた船員も数人、乗り込んだ。上陸の交渉を試みたのである。

これに気付いた漁船も帆を下ろし、ピストルの射程距離（日本資料では十間、約十八メートル）で両船は対峙した。

しかし漁船の船員と言葉を交わした後、漂流日本人は顔色を変えて興奮した様子で本船に引き返した。

「日本の将軍は残酷な人であり、上陸すれば死刑となる。本船はすでに見つけられていて危険である」と告げられたという。

そこで、かねての打ち合わせ通り、飲料水を求めたが断られた。

「何か必要なものがあるなら、長崎に行け。ここから日本に入ることは許されていない」

そのような会話を交わしたと報告した日本人は、不安と恐怖にとりつかれた様子で興奮がおさまらなかった。シドッティはしばらく彼を休息させることにした。

やがて落ち着いたところで再度、聞きなおしたところ、伴天連《ばてれん》（外国人神父）を潜入させる予定であることを漁師たちに伝えてしまったことを明らかにした。

本当はどのような会話がそこでなされたのかは、誰にもわからない。唯一の証人である漂流日本人は案内役を拒絶し、以後、『航海記』に記録されることはなかった。おそらく、帰国を断念し船と一緒にそのままマニラに戻ることを希望したのであろう。

上陸のための交渉は失敗した。

大きな港も人家の群れも見えない離島の隅までは役人の手は伸びてはいないだろう、という読みがシドッティ側にあった。しかし、ここで状況は切羽詰まる。思わず心臓が高まるような緊張感漂う船内の様子が、目に浮かぶようだ。

その後、トリニダード号は東に帆を向け尾之間《おのあいだ》の沖に姿を見せ、また引き返して船首を西に向けている。それはあたかもシドッティの心の迷いを映しているかのようだ。異国船のこの不審な動きは陸にいる多くの人の目についたことだろう。夜の帳《とばり》が海上に落ちるにつけ、岬ごとに灯された警戒の篝火《かがりび》が見えるようになった。

上陸直前にして早くも思わぬ苦境に陥ったシドッティは焦った。潜入決行か否か、決断に躊躇は許されない。今夜しかチャンスはないと見た彼は船長の反対を押し切って、単身で上陸することを決心する。

船長にロザリオの祈り（数珠を使う夕べの唱和）を捧げる時間になったら声をかけてほしい旨を頼むと、シドッティはひとり自室にこもった。落ち着いた様子で頭を侍《さむらい》風の月代《さかやき》に剃り、かねてから準備していた羽織袴を身につけ、腰にひと振りの日本刀を差した。そして、木綿の大袋に最小限の荷物をまとめ始めた。ミサ用の道具、書籍、若干の下着、少量の食料などに加え、この日に備えてローマから携えてきた特別の品も忘れずに入れた。

聖母マリアの油彩画とキリスト像の付いた十字架である。蒼いベールをかぶり、美しい横顔を見せる絵の中の聖母はいつもと変わらぬ憂いを浮かべて静かに視線を落としていた。十字架は、一六三七年（寛永十四）に迫害渦中の日本に密航し、殉教したナポリ出身の司祭マルセロ・フランシスコ・マストリッリの遺品だった。

船窓からは、黒々した山の連なりがはるか空高く雲間を突き抜けて聳《そび》え立っているのが見えた。あの猛々しい山々は、自分を受け入れてくれるであろうか。マリアの慈愛と殉教した神父の魂を抱いて、長年の夢であった日本に今、まさに上陸する瞬間が訪れようとしていた。

シドッティは、最後にローマ教皇やマニラ大司教などに宛てた手紙を数通認《したた》めた。その中の一通、スペイン語で書かれた原文をイタリア語に訳して清書された手紙がローマのカサナテンセ図書館写本文庫に保存されていた。

宛先は不明であるが、文面からシドッティの日本行きを可能にした人、つまりマニラの協力者に宛てて書いたものではないかとみられる。

「最も尊敬する（司教）閣下

我々の主イエスは、その無限の御憐れみによって、罪深いこの私に日本の王国に入

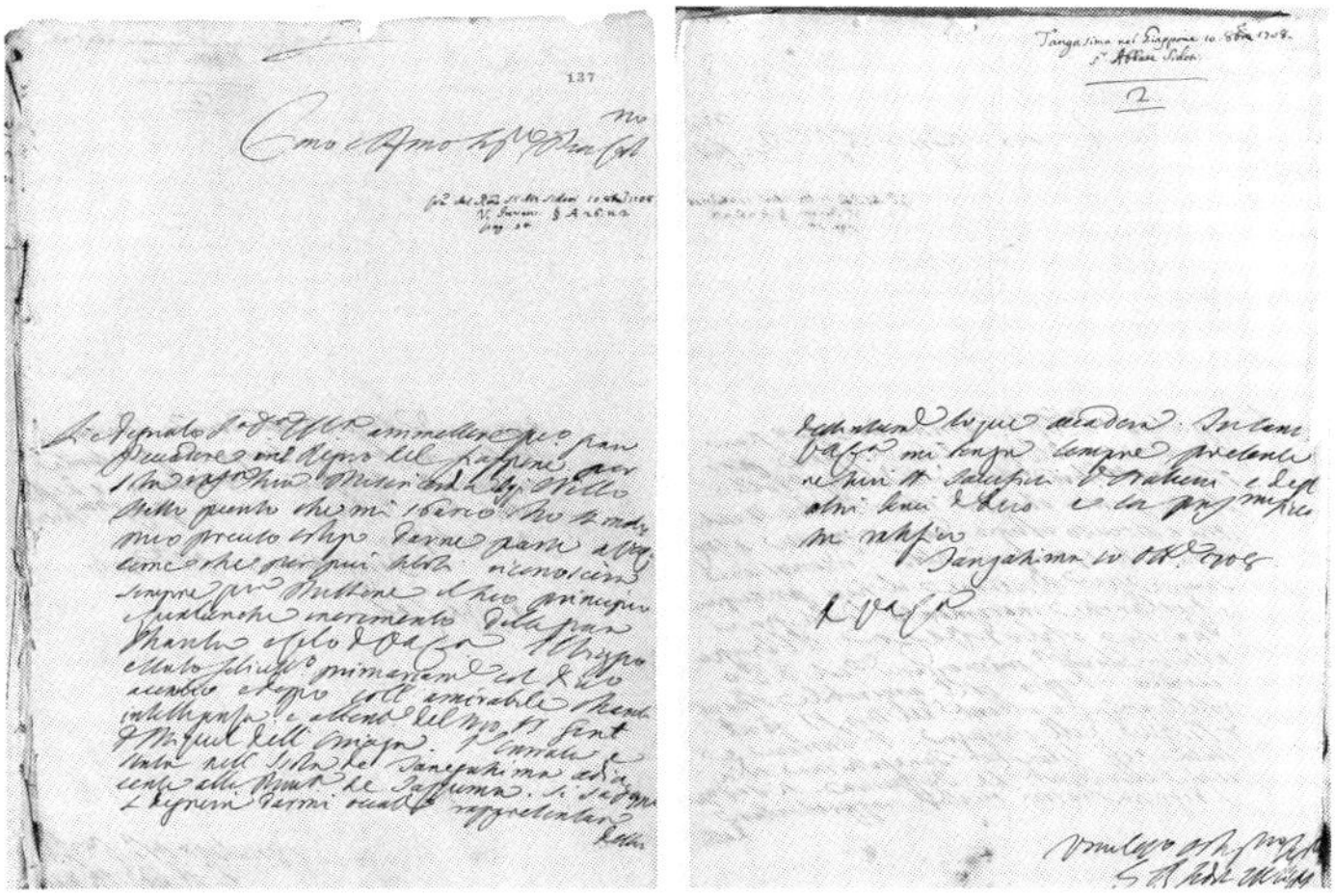

「シドッティ上陸前の手紙（イタリア語訳）」ローマ、カサナテンセ図書館写本文庫
Biblioteca Casanatense , Manoscritto 1635 Miscellanea: 137r-v
（イタリア文化庁の許可による）

る恵みを与えて下さいました。

今日、上陸するこの地から、尊敬する閣下にお知らせするのは当然の義務であると思います。この布教活動の始まりとこれからのいかなる発展も、閣下のご厚意と熱心なご支援のおかげだからです。

渡航は神のご加護、そしてドン・ミゲル・デ・エロリアガ将官の賞賛すべき思いやり、賢明さと配慮によって大変順調でした。

上陸するのは、薩摩州に近い種子島です。

我々の主イエスが機会を与えて下さるならば、この後に起こることを詳細にわたってお知らせしようと思います。

これからも、（司教）閣下は聖なる

ミサとお祈りのなかに、いつも私のことを心にとめておいてください。
そして（不明）名を記す。

種子島　一七〇八年十月十日
深い感謝を感じる閣下のいやしき僕
GB　シドッティ（不明）」
（訳／P・G・マンニ）

この手紙に見られるように、シドッティは目の前の島が種子島であると信じていた。日付は前述の日付変更線による調整がなかったため、一日繰り上がり、現在の十月十一日にあたる。

午後六時、「時間です」という船長の言葉がかかった。

船は上陸する島のすぐそばまで近づいていた。岬に焚かれた篝火の動きにあわせて伸び縮みする黒い人影が肉眼で確認できた。

シドッティは最後の別れの挨拶を友人のフランシスコ会管区長アゴスティノ・デ・マドリードに書いた。時間が差し迫っていたのであろう、スペイン語で走り書きされたペン字は乱れているが、その行間から上陸直前の緊張感と高揚感がまっすぐに伝わってくる。

「尊敬する神父様
神の限りない御憐れみにより、やっと、ところどころに人々の影と燃え上がる焚火を目で確認できるほど日本のすぐ近くにいます。今夜、神さまの御助けによってこの地に足を踏み入れることになるでしょう。
この島は薩摩国の七リーグ（一リーグは五・五キロメートル）南にある島です。
尊敬する神父様、
聖なる祈り、聖なるミサと（不明）をもって私を助けてください。
種子島　一七〇八年十月十日
尊敬する神父様の前にひれ伏して
卑しき（不明）
ＧＢ　シドッティ（不明）
尊敬するフランシスコ会の管区長様へ」
（訳／Ｐ・Ｇ・マンニ）

ちなみにこの手紙の原文、つまり現存する唯一のシドッティ自筆の手紙は行方がわからなくなっていたが、スペイン、マドリードのフランシスコ会図書館で見つけることができた。

『航海記』の執筆者であるアゴスティノ・デ・マドリードは、自分宛に残された友の最後の手紙を大切に保管していたのであろう。

ペンを置くと、シドッティは静かに立ち上がった。まるで祭りに参加するような晴れやかで楽しげな表情がそこにあった。

甲板には船員たちが全員、見送りに集まっていた。この若き情熱的な神父をここに運ぶ、ただその使命感ゆえに命がけで五十日にわたる旅を成し遂げた人たちであった。荒波を突いてここまで協力をしてくれた人々の心に感謝すべく、シドッティは跪《ひざまず》いて黒人や奴隷に至るまで船上のすべての人の足に口づけをした。そして、最後の祈りを捧げた。誰もがみんな、涙にむせいで言葉もなかったという。

「In viam pacis. Benedictus dominus Deus Israel.（平安の中に行かん。イスラエルの神なる主よ、祝せられ給え）」

シドッティはよく通る大声でラテン語の聖句を唱えると、小舟に飛び乗った。

夜の十一時少し前。暗い夜であった。上陸地点に選んだ岸壁の連なる入り江に向かって、小舟が出された。見送りのため一緒に乗ったのは、船長を含め総勢八名。シドッティは艫《とも》に座り、船長は船尾で舵をとった。羽織袴を身にまとい日本刀を腰に下げた侍姿のシドッティは、一群の中でひときわ異様な雰囲気を醸し出していたことだろう。

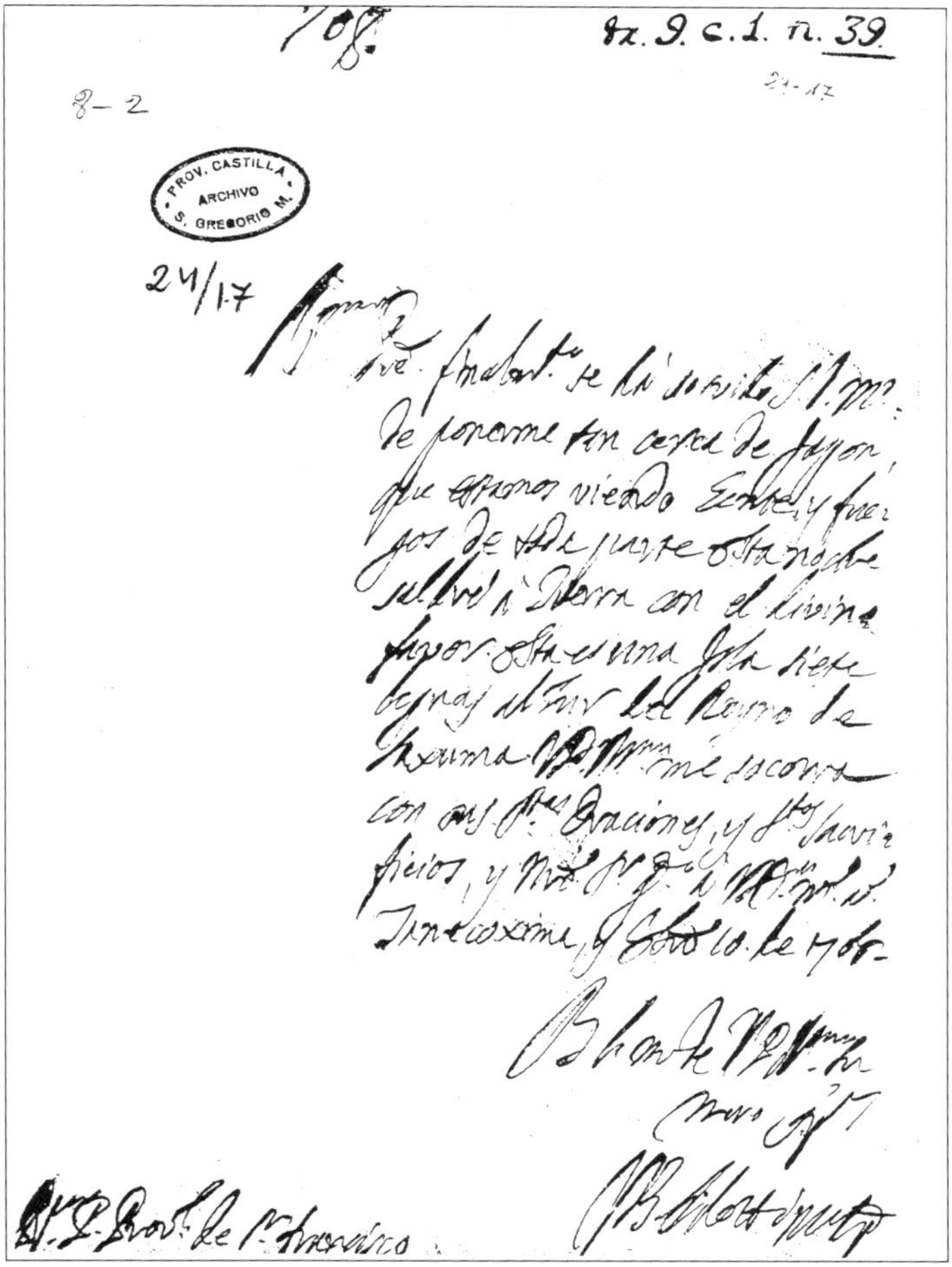

「シドッティ上陸直前の手紙（スペイン語・シドッティ自筆）」スペイン、マドリードフランシスコ会図書館　Archivio S. Gregorio M. 9.c.1.n.39.

オールが水をはねる音を残して、小舟がゆっくりと本船から離れていった。黒煙のように広がる夜の闇が、小舟の姿をまたたくまにかき消した。その暗闇の中で、神父の口から洩れる賛美歌の声色だけが波上を舞うように流れ、やがて遠のいていった。

こうして、シドッティは二度と帰らぬ旅路に出た。

アウグスチノ跣足会《せんそくかい》ジュセッペ・ソリトゥディネから教皇クレメンテ十一世に宛てたマドリード発一七一四年三月二日付の手紙には、一言、こう報告されている。

「ヨハン・バッティスタ・シドッティは一七〇八年、山嶽性の陸地に上った。以来、消息が絶えた」

第五章　上　陸

耳岳の聖母子像

「これを目にした時、シドッティは非常に感動したことでしょう」

コンタリーニ神父は教会の外に私を誘《いざな》って海を背に立ち、水田を突っ切った先に聳《そび》える山の頂《いただき》を指さした。

そこには、山の稜線に沿って右側から、悠然とそそり立つモッチョム岳（九四四メートル）、二つの巨石が交互に突き出て見える耳《みみ》岳（一二〇二メートル）、そして平たく伸びた割石岳《わりし》（一四一〇メートル）が並んでいる。この三つの峰は尾之間《おのあいだ》三山として親しまれ、古くから地域の山岳信仰の象徴とされてきた。

コンタリーニ神父の人差し指が照準を定めているのは、真ん中の耳岳である。名前の由来は、重なり合った二つの丸い石の様子が伏せた耳殻《じかく》のように見えるところからきているのだろうか。また、子どもをおぶったお坊さんの姿に例えられることもある。

しかし、神父の目にはキリストを抱いた聖母マリアの胸像に映る。

左の丸い岩が聖母マリアの横顔で、額に深く頭巾をかぶり、憂いをおびた様子でやや下向きに首を傾げている。そこからひとつ下がったあたりに見える一回り小さめの丸い岩が成人のキリストの頭で、聖母マリアの胸に抱かれるように顔を横に向けている。マリアの衣は襞《ひだ》うつ三角形を作って、山肌の谷に溶け込んでいる。

ミケランジェロが大理石に刻んだ、殉教後のキリストを胸に抱く母マリアの哀しみを表現した作品「ピエタ」の構図を左右逆にしたようだ。シドッティが足しげく通ったであろうサン・ピエトロ大聖堂の礼拝堂に、その「ピエタ」はある。

山頂の巨石は、ちょっとした光の具合や視点のずれによって、異なった印象を放って見えることもある。右の丸い岩を幼児の頭とすれば、愛しげに子どもを抱く母親の姿がだまし絵のように浮かび上がる。それはまた安らぎに満ちたラファエロの聖母子像を彷彿《ほうふつ》とさせる。

恋泊からのぞむ耳岳（別名マドンナ岳）二つの丸い巨石が寄り添うように立っている

「ピエタ」1497-1500 年
サン・ピエトロ大聖堂　ミケランジェロ作

「大公の聖母」1506 年
フィレンツェ　ピッチイ美術館蔵
ラファエロ作

十五、十六世紀のルネッサンス期に多くの芸術家の手によって、聖母子像は盛んに描かれ、刻み込まれた。当然、シドッティの意識の中にも深くイメージされていたはずである。「信仰を胸に抱いた人間であれば、必ずこの相似に気がつきます」と、コンタリーニ神父は断言した。

その日から、私はどうもこの耳岳が気になってしかたがない。信仰を胸に抱いた人間ではないが、山を見上げるたびにそこに目がいってしまい、知らず知らずに母子像を探しだそうとしている自分がいる。

人間の目の錯覚は不思議なもので、抽象的なものの中に、ある特定の具象を一度、認識してしまうと、その像が記憶に刻印されてしまうらしい。天を突き刺す男性的なモッチョム岳と比べて、耳岳のひっそりと慎ましく自らの身体を包み込むような女性的な姿態は、今や日常の風景となった。

この耳岳は現代の山岳ガイドたちの間では、マドンナ岳とも呼ばれている。

サンタ・トリニダード号を離れ、上陸地を目指して小舟の上で波に揺られているイタリア人宣教師シドッティに話を戻そう。一七〇八年十月十一日（宝永五年八月二十八日）午前零時頃、星明かりも見えない曇り空の向こうに下弦の三日月の仄《ほの》かな輝きが透かして見える夜。エロリアガ船長以下、七名の漕ぎ手にゆだねられた小舟はわずかな角燈《カンテラ》の明かりを頼りに接岸できる場所を探していた。

屋久島は、四万十《しまんと》層群のひとつである熊毛層の堆積岩にマグマが貫入して花崗岩を生成し、それが隆起してできたと言われる山塊の島だ。その時に残された黒っぽい堆積岩が島の周辺を環状に取り巻いている。

小舟が進入を試みようとしている島の最南端の海岸は、山の裾野がややなだらかになったあたりが段丘となり、そこから高さ数十メートルの険しい崖が一気に海に落ちている。海岸には堆積岩の連なりが幾重にも層を成し、切り立ったリアス式の岩場に激しく黒潮が砕け、白い波頭が絶えず姿を見せては消えていく。

闇夜を走る小舟は、どうにか舟を着けられる入り江を見つけるために苦労したに違いない。

「海岸のいたるところに篝火《かがりび》が焚かれ、警護の者が篝火の前を通ると人影が見えた」（『航海記』）

南の沖合に忽然と現れた不審な外国船に、島中が緊張している様子がうかがえる。最初に船が目撃されてから半日も経たないうちに、早くもこのような厳戒体制が布かれたのである。

シドッティの推測が及ばなかった特殊な理由が、実は屋久島にはあった。

当時、屋久島は薩摩藩の強固な支配下に置かれていた。ひとつには、幕府の目を盗んで行っていた密貿易のためであった。密貿易船が行き来する途上にある屋久島では、海上交通が規制され、外国船はもとより国内他藩の船の出入りも厳しく管理されていた。

そして、もうひとつは屋久島に太古から存在する巨大な屋久杉の存在である。山岳信仰を持つ島の人々は、昔から山の巨木はカミのものとして決して手を触れなかった。

この神木に初めて斧が振るわれたのは豊臣秀吉の時代のことだった。京都の方広寺建立に際し、島津氏が用材を調達したのに始まる。十七世紀半ばには、屋久島出身の儒者泊如《とまりじょ》竹《ちく》の提言をきっかけに、藩直営で屋久杉の本格的伐採が行われるようになり、やがて島は藩の完全統治の下に置かれるに至った。

つまり、薩摩藩の財源確保と財政維持のために、屋久島には他の離島にはない徹底した監視と管理のシステムが張り巡らされていたのだった。

そういう特殊事情を知る由もないシドッティは、島に上陸して里に潜入しさえすれば、必ずや道は開けるであろうというやや楽観的ともいえる希望を胸に、ひたすら祈りを捧げていた。

センバガウラの別れ

小舟は篝火の合間を縫って、闇に覆われた島の南端を目指した。

「そこは高い崖で、上陸できるような場所は見当たらなかった。そこで小舟を再び漕いで舳先を右に入江の反対側の大岩に沿って進んだ。山は非常に険しく、たとえ道があっても、それはひどい悪路であろうし、登るのに骨が折れるだろうが、誰にも発見されないだろうと見てとると、シドッティ師は上陸することに決めた」（『航海記』）

さて、シドッティが最初の一歩を印した上陸地点だが、島の伝承では現在の浦崎公園西側の入り江にあたるコバジガセトと呼ばれる辺りとされており、研究者の中には浦崎の岬を東に越えたトウノウラの入り江であろうという説を唱える人もいる。

しかし、何度かこの辺りを歩いてみて、ここここそが上陸地点であると私がほぼ確信を得たのは、トウノウラよりさらに東側に曲がり込んだセンバガウラと呼ばれる場所である。

登り口に適した細い一筋の岩の裂け目が岸壁にあり、それを登ると少し開けた平地にたどりつき、そこから村に通じる道が延びている。シドッティが村人に発見されるマツシタ（松下）と呼ばれる地である。『航海記』の記録にぴったりと符合する。

実際にそこに足を運んでみると、灌木の間にわずかに開けた道をたどって海岸まで伝い下りる斜面は困難を極める。直角に近い傾斜に体を寝かせるようにすべらし、時には岩間に突き出た樹木の枝に手を巻き付けて転落を防ぐといった難所が待ち受けていた。大変な急勾配の、しかも滑りやすい岩地である。

海岸に出て切り立った岩場に立つと、恐ろしいほどの勢いで荒波が迫ってきた。干潮時には、海面がぐっと後退し、黒々とした岩の起伏が延々と続く中、潮だまりに小さな魚たちが泳ぐ姿が見えた。ぐるりと周りを探索した後、灌木に埋もれてしまった道を探すのがまた容易でなく、奇怪な形の岩々に囲まれたまま帰り道を失い、思わず背筋に戦慄が走ったこともたびたびあった。

波による浸食はあるにしても、おそらくこのあたりの風景は三百十年前とたいして変わってはいないだろうと思われる。

満潮時を狙って、ちょうどいい入り江となったこの海岸に船を着け、無事、島に上陸したシドッティは足元に身を投げると感謝の祈りを捧げ、地面に接吻をしたとされる。この状況ではむしろ、足元の岩盤に接吻したという表現の方が現実的であろう。

岩を登る道があるかどうかを調べに行った水夫二名が十五分後に戻ってきて、人影はなく、道はあったが非常に険しく登りにくい道であることを告げた。道があるということは、必ずその先に人家があるはずである。もはやシドッティに迷いはなかった。

小舟の見張りに水夫二人を残して、シドッティ、船長と四名の船員は崖に挑んだ。力を入れると土が崩れ、後方を登る人の上に落ちた。闇の中、岩壁にしがみつくように生えて

屋久島恋泊の南、センバガウラの海岸。シドッティ上陸地点と推定される

いる短い草を両手でつかんで進んだ。

「非常に苦労して大きい岩を一つ一つ登って行き、ついに平地に出た。そこから村に通じる道があった」（『航海記』）

ここで、船長と別れの時をもつ。

「ありがとう。ここに私を残していってください」

感謝の祈り、そして言葉にならない惜別の思い。船長はその時に金塊（地金）を一六オンス（約五〇〇グラム）差し出している。

「これを渡せば誰か日本人があなたを匿《かくま》ってくれるかもしれません。運がよければ小さな教会が建てられるかもしれません」

一度は辞退したシドッティも、マニラを発ってから五十日の辛苦に満ちた船旅を提供してくれた船長の心遣いに感謝しながら、その金塊を懐《ふところ》に入れた。

船長たちは最後の挨拶をすますと崖を滑り落ちながら入り江にたどり着いて、待っていた小舟に乗り移り、海上の本船に向かった。

航海者が夜明けと呼ぶ航海白明の一時間ほど前、午前四時過ぎのことだった。北風に流されて四〇キロメートルほど移動していた本船を見つけるのにしばらく時間がかかったが、午前八時半頃になってようやく無事に小舟が帰還。任務を完了した異国船は、急ぎ帆綱を引くと帆いっぱいに風をはらませ、一路、南に向けて逃げるように立ち去っていった。

サンタ・トリニダード号の帰路は順調で、十八日後の十月三十日には無事にマニラに帰港している。

後に残されたのは、侍《さむらい》姿のシドッティと、彼の唯一の所持品である黒い木綿の袋がひとつだけであった。

ここで、『航海記』一七〇八年十月十二日の記述、つまり外国側の文献からシドッティの姿は消滅する。次に同じ日の昼、日本側の資料の中で宝永五年八月二十九日の出来事として登場するまでの空白の数時間。シドッティは何を思い、どんな行動をとったのだろうか。

長崎奉行所の調書の中では、「あなたこなたを歩き回った」との供述が残されているが、曇り空の下の屋久島の夜は底知れぬほど暗い。覆いかぶさるような闇の緞帳《どんちょう》に包まれると、一歩先にも足を踏み出せなくなるのは今も同じである。ましてや、海側は複雑に入り組んだ断崖絶壁が連なっている。果たさなくてはならない使命を抱いている人間が、ここであえて危険を冒すとは考えにくい。

シドッティは来《きた》る運命に身をゆだねる決意も新たに、深く瞑想の世界に浸っていたのではないだろうか。手にした袋の中には、ミサ聖祭用の道具一式があった。あるいは、ひとりでミサを捧げていたのかもしれない。

やがて、うっすらと東の空から黎明《れいめい》の明かりが差し込んで、朝を迎えた。曙《あけぼの》の光に導かれ、真っ先に目に飛び込んできたのは、耳岳の聖母子像であった。妙《たえ》なる自然の造形と運命の導きの不可思議さ、不可知さとでも言おうか。シドッティがもしその相似に気付いたとすれば、身も震えるような感動を抱いたことだろう。

コンタリーニ神父は、何度も何度もこの情景を熱っぽく語られたものだった。

ここでシドッティは少し辺りを歩き回ったと思われる。目の前には人が通い慣れた様子の道があり、島のなかに向かってまっすぐに延びていた。突然、村に顔を出し騒動を引き起こすよりも、村人《びと》を待つことをシドッティは選んだ。そして、灌木の中に身を隠して、そのときを待った。

中秋とはいえ、日が昇ると屋久島の陽差しは眩《まぶ》しく、あたりの樹木の色彩が艶やかに目に飛び込んでくる。午前もたっぷりと過ぎ、枝の合間から落ちる木洩れ日が地面にくっきりと影を落とす頃、村に通じる道の彼方《かなた》からすたすたと歩いてくる一人の男の姿が見えた。炭焼き用の薪を刈りにきた村人であった。

男は海を臨む雑木林にたどり着くと、腰に下げた鎌を取り出して、慣れた手さばきで小枝を刈り始めた。灌木の影には、男の一挙一動をじっと見つめ、頃合いを見計らっているシドッティがいた。

男はふと手を休めて、手拭いで額の汗をぬぐった。できるだけ脅かさないように気を配りながら、侍《さむらい》姿のイタリア人は乱れた着物の襟を正して、前へ一歩、足を踏みだした。そして、男の小柄な背中に向かって小さく声をかけた。

全身に一瞬、緊張が走った数秒後、男は手を止めたまま訝《いぶか》しげに、しかし慌てた様子もなくゆっくりと背後を振り返った。

潮風が松林を爽やかに鳴らしながら、駆け抜けていく。耳岳のマリア像は憂いの表情を漂わせたまま、口元にほんのりと微笑を見せて、この二人の劇的な出逢いを静かに山頂から見下ろしていた。

第六章　遭　遇

恋泊の百姓、藤兵衛

屋久島町小島。シドッティ記念教会の扉を開けると、まっすぐ目に飛び込む位置に縦八〇センチメートル横六〇センチメートルほどの一枚の油彩画が壁面を飾っている。

羽織袴に刀を下げた背の高い侍《さむらい》が左に、腰を屈めた百姓風の男が右に描かれている。侍は片足を一歩踏み出した姿勢で、右手を百姓のほうに差し伸べている。百姓は、飲み物が入った器を両手に乗せ、微笑みながら侍の顔を見やっている。足元の切り株には竹筒のような水筒が置かれ、後ろに薪の山が見える。背景は雲の立ち込める群青色の海で、男たちの周りには白い砂地が広がっている。シドッティと百姓藤兵衛の歴史的邂逅《かいこう》の場面である。

　実はこの絵、よく観察すると史実に合わないところがたくさんある。

屋久島のシドッティ記念教会所蔵の油絵

　まずは、侍姿のシドッティの服装である。新井白石著の『西洋紀聞・上巻付録』では、「月代《さかやき》、ここの人のごとくにして、身には、木綿の浅黄《あさぎ》色《いろ》なるを、碁盤の筋のごとく染なしたるに、四目結の紋あるに、茶色の裏つけたるを着て、刀の長さ二尺四寸余なるを、我が国の飾のごとくにしたる一腰をさしたるなり」と詳細に記述されている。

　ところが、この絵では、シドッティは浅黄色というよりは目の覚めるような原色の青に近い着物を着ているのだ。さらには、羽織はまるで今朝ほど糊づけしたばかりかのように皺《しわ》ひとつなく、肩山がぴんと立ち上がっている。とても、夜を徹して崖をよじ登った直後のようには見えない。

　その次に、どうしても興味を引かれるのはシドッティの顔立ちである。「眼窩《か》は深く落ち込み、鼻は高く薄く、大きな唇はしっかりと結ばれ」という新井白石の描写から心に浮かぶのは、宗教画に描かれているイエス・キリストのイメージである。マニラの人々がレバノン杉と表現したことからも、深い思索的な眼差しとそげ落としたような痩せた頬を持つ禁欲的な外貌を想像してしまう。

が、絵に描かれているシドッティは、丸く秀でた額《ひたい》に盛り上がった幅広の鼻、そして大きな愛嬌のある眼がふっくらとした頬から飛び出している。どこかで見た顔である。ふと、視線を横にずらすと、そこににたりと笑うコンタリーニ神父がいる。何のことはない、三十歳ほど若くした神父の顔がそこに描かれていたのだ。

「この絵を描いた人は、一度もイタリア人を見たことがなかった。それで、私をモデルにしたのでしょう」と、こともなげに説明する神父だが、逸らせた視線が悪戯《いたずら》っぽく光っていた。

後日、判明したのだが、この絵は日本在住のイタリア人画家でもあったマウロ・モラレッティ神父が、シチリアのパレルモ大聖堂に残るシドッティの兄、フィリッポ司教総代理の肖像画をもとに描いたという。が、その肖像画の顔は細面であった。やはり何度見ても、屋久島の教会の絵はコンタリーニ神父の面影以外の何ものでもない。

この絵についてさらにつけ加えると、シドッティは険しい断崖を経て、ようやく松の木の生えている平地に出た所で村の百姓と出逢っているわけだから、白砂の海岸であるのはおかしい。実際、屋久島の南端はどこもみな岸壁で覆われ、砂浜はない。

また、六尺（一八〇センチメートル）を超える長身のシドッティに対し、当時の平均的な日本人の身長から推して、この二人のわずかな背丈の差は適切なのかという疑問も起こる。また、異国人同士の初めての遭遇にしては、二人があまりにも近くに身を寄せ合い、実に親しげに見えるのも不自然だ。

ひとつひとつ検証してみると、納得のいかない箇所が多々目につく。そのことを口にした途端、コンタリーニ神父はエスプレッソの機械の音を目いっぱい大きくした。

異国人と見へ候

さて、話の舞台を教会から西に少し移動させ、三百十年前の松下に戻してみたい。

この日、恋泊村《こいどまり》に住む藤兵衛という初老の百姓は、昼過ぎにいつものように村はずれの海岸沿いに炭焼きの材料にする木を刈りに出かけた。今も字名《あざ》が残る恋泊は、現在の小島集落の中心部から西に位置する小高い台地の上にある。当時、恋泊村の戸数は四戸。村と呼ぶにはあまりに小さな民家の固まりがあったにすぎない。

藤兵衛は、村から海に向かう小道を歩いて松下に向かった。辺りは、屋久島南部では最も大きな水田が広がっていた。まだ早作が導入される前のことであったから、ようやく稲刈りもつつがなく過ぎ、すすきの穂が銀白色に輝き始めた頃であった。

南の島にしては、屋久島の冬は寒風が吹きすさぶことが多く、意外と寒い。冬に備えて、炭焼の準備のためにこの場所にやってくるのが彼の日課だったのだろうか。

いずれにしろ、藤兵衛は道の先に奇想天外な運命が待ち受けていようとはよもや思わぬまま、海の方角に足を進めたのである。

藤兵衛の背中には、村人がトイサンと呼ぶシュロのカイノ（背負い縄）がついた背負梯《せおいばしご》子が、腰には小枝を刈るための鎌がぶら下がっていた。それから、喉が渇いたときのための水筒がひとつ。これは、おそらく近くの孟宗竹を切って作った素朴なものであっただろう。いでたちは紺色の木綿か絣の着物で、後ろを腰にたくし上げ、足には踵《かかと》のない藁《わら》草履である足半《はんなか》を履き、頭の後ろから額に向かってよじった手拭いを巻きつけていた。

当時の屋久島の庶民の風俗、民俗について残されている文献はなく、古文書の類もほとんどが紛失、あるいは焼却されてしまっていて何も裏付けるものがない。シドッティを取り調べた奉行所の記録にも、藤兵衛の服装についてまでは、さすがに言及していない。

しかし屋久杉の森が全国レベルで知られるようになるまで、ほとんど日本の歴史から忘れられたようなこの僻地においては、人々の営みにはそれほど大きな変化はなかったと思われる。戦前までは、島の百姓はみんな前述のような格好をしていたと村の古老が語っていた。あながち的外れな想像でもないだろう。

さて、松林の中からかすかに聞こえる人声に、ふと振り向いた藤兵衛の目の前には、侍姿の長身の影があった。腰に差したひと振りの刀がいやがうえにも目に付く。藤兵衛は、驚愕と恐れのあまり、後ろに飛びのいて、その場に平伏した。

侍は柔和な笑顔で村人《びと》に穏やかに話しかけ、手招きをした。が、「その言葉、この国のものにあらず」。

おそらくシドッティはマニラの日本人から教わった言葉を発したのだろうが、島の方言しか耳にしたことのない百姓には、アクセントの強いヨーロッパなまりの日本語は奇怪な言葉にしか聞こえなかったと思われる。

全体の雰囲気から危険性は少ないと見た藤兵衛は、恐る恐る侍の顔を見上げて、さらに仰天する。あるいは、この地域の方言でびっくりしたときに飛び出す言葉が、その口から漏れ出たかもしれない。

「ボッ、ボッ！」

なぜなら、その侍の顔は「異国人と見へ候《そうろう》」だったからだ。

もちろん、藤兵衛はそれまで異国人を見たことがない。しかし、その尋常ではない様相は感じ取ったに違いない。

やがて、異形《いぎょう》の侍は喉が渇いた様子を身振りで表した。こういう異国人同士の接近遭遇においては、最も常套な手段である。少し落ち着きを取り戻しつつあった藤兵衛は、乞われるままに水筒の水を器に汲んで正体不明の大男に差し出した。

その時の構図が教会の絵である。絵では、かなり近くに接近して、器を差し出しているが、シドッティの腰に刀が差してあることを考えると生きた心地もしない藤兵衛は、極力、至近距離に身を置くことだけは避けたい心境だったのではないかと思う。

そこでシドッティの方から藤兵衛に一歩近づいて、差し出された水を飲み干した。藤兵衛はまた、少し後戻りして男から離れた。

この場面において忘れてはならないのは、日本の風俗や歴史や地理を学び、言葉さえもいくつか身につけていたシドッティは、この瞬間を幾度も心の中に描き、シミュレーションを重ねてきたに違いないということだ。片や、藤兵衛にとってはまったく予想もしなかった青天の霹靂《へきれき》のような事件であった。つまり二人の間には、心の余裕に相当の開きがあるとみていい。

今後の日本での成功の輝かしい第一歩にしたいと願うシドッティにとって、ここはまさに正念場である。びっくり仰天の形相を隠しきれない村人に向かって、再びゆっくりと手招きをした。村人の動揺をかんがみ、自分の方から近づいて驚かすのを恐れたのであろう。一方、藤兵衛は異国人の腰の刀が気になり、それ以上近づけずにいる。しばし、戸惑いと躊躇が渦巻く動きのない状態が続いた。

やがて、藤兵衛の恐れの理由を察したシドッティは刀を鞘《さや》ごと抜いて差し出した。ようやくのことで、藤兵衛はそろそろ近づいて刀を受け取った。すかさず、シドッティは懐《ふところ》から黄金の硬貨一枚を取り出して手渡そうとする。ところが、藤兵衛はとんでもないとばかりに、首を大きく振って受け取ろうとはしない。

この時、藤兵衛の脳裏に浮かんだのは、昨夜以来の異国船騒動であった。岬ごとに松明《たいまつ》が焚かれるほどの騒ぎのあげく、夜が明ける頃には異国船は何もなかったかのように沖に姿を消してしまった。

さては、あの船に乗っていた人であるのか。この時になってようやく、藤兵衛は状況分析ができるほどの平常心を取り戻しつつあった。そこで、刀を淮木の根元に置くと、海を見遣った。ところが、沖を望んでも船の姿は見えず、周りを見回しても他に人影は見えない。黒木綿の袋がひとつ、出来事の現実性を示す唯一の証拠品のように、そばにころがっているだけであった。

一人ではとてもこの事件に対処できないとみた藤兵衛は、ここで村にとって返して助けを呼ぶ決心をする。刀をそこに置いたまま、振り返り、振り返りつつ来た道を大急ぎで駆けていく百姓の慌てた後ろ姿を、シドッティはいかなる気持ちで見送ったのだろうか。

松下から恋泊の人家があったと思われる所まで、私が急ピッチで歩いてみたところ往復十五分ほどだ。役人をたくさん連れてきてすぐに捕縛されるかもしれないし、あるいは単に少人数の友人を伴ってくるかもしれない。また、帰ってこないという可能性もある。

しかし、待っているシドッティにはもはや引き返す道は残されていなかった。刀にも金貨にも興味を示さなかった純朴そうな村人を信じて、ひたすら待つのみである。この時の彼の心境は、まさに逮捕直前のイエスの祈りの言葉通り、神の本意にひたすら従順であろうとする心境であったのではないだろうか。

『されど我《わ》が意《こころ》の儘《まま》にとにはあらず、御意《みこころ》のままに爲《な》し給《たま》へ』（舊新約聖書〈文語訳〉マタイ26・39）

一方、藤兵衛は村に走って帰り、たまたま家にいた安兵衛という男をつかまえて、この事件を近隣の村に伝えるよう言いつけた。そして、途中で出会った隣村の平内《ひらうち》に住む五次右衛門と喜右衛門を引きずるように伴って、再び松下に現れたのである。

三人は思案げに謎の侍を取り囲んで、今後の対策を相談し合った。この時、異国人は彼らが戻ってきた方角、つまり村の方を指差して、あちらに行きたいと意思表示をした。

疲れた様子の異国人を気遣って、五次右衛門は刀を持ち、喜右衛門は異国人の所持品である袋を担ぎ、そして藤兵衛は肩を貸し、あるいは手を添えて恋泊村に向かうのである。

この情景は、感動的だ。食料、金貨を始め祈祷書やミサの道具など大切な一式が入った袋をためらいもなく預けるシドッティ。そのシドッティが疲れていると見るやそっと背中に手を回す村人。何とかこのまま村への潜入を果たしたいと願う心と、どうしたものかと先を案じる心と、とりあえず何か食わせてやりたいという心と。それぞれの複雑な思いを引きずりながら、触れ合った手や肩。

その後、孤独な幽閉の身を強いられたシドッティの日本での日々を考える時、この静かな情景が至福に満ちた美しさを伴って脳裏を過《よぎ》る。

シドッティの話をもとに新井白石が書いた『西洋紀聞』は、やがて黎明を迎える日本の開国への大きな布石となった。この本には、男たちの出逢いの情景をまるで目のあたりにしたかのように、和文叙事体のリズム感のある美しい文章で描写されている。

「此日彼島の恋泊といふ村の人、藤兵衛といふ百姓也。炭焼む料に、松下といふ所にゆきて木を伐るに、うしろのかたにして、人の声したりけるをかへり見るに、刀帯びたるものの、手して招く一人あり。其いふ所の言葉も聞きわかつべからず。水を請ふさまをしければ、器に水汲みてさし置く。近づき呑みて、又招きしかど、その人刀を帯びたれば、おそれて近づかず……」

秋の日の昼下がり、屋久島の南端にある小さな村へと続く小道を寄り添うように歩む四つの影。その影に木洩れ日が紙吹雪のように優しく降りかかる。それはまるで、能舞台の一場面のように、ゆっくりとした間合いをとって遠ざかっていく。

中央から遠く離れた薩摩の南の屋久島の、そのまた全戸数四戸の小さな村、恋泊はこうして歴史に名を残した。そして、そこでささやかな生計を立てていた平凡な一人の村人、藤兵衛の名前が後世に伝わることになったのである。

第七章　恋　泊

黒潮の置き土産

海面から唐突に空に向かって陸地が盛り上がったように見える屋久島は、そのほとんどが険しい山から成っている。山の裾野が海に落ちる直前のわずかな海岸丘に、人々が住みつき、荒れ地を開墾して生活してきた。それらの小さな集落は、ほぼ円形に近い島の周縁部に点在している。集落をつなぐ街道は、長い間なかった。山の頂《いただき》から花崗岩を砕く勢いで下り落ちる水が、百四十本を超える大小の川筋をつくり、行く手を寸断していたからだ。

村の人々にとって、船による海上の路《みち》だけが外界との接点であった。山や海や畑の収穫物がそこから外に運ばれ、さまざまな生活物資がそこにやってきた。

ときには、黒潮に乗って、とんでもない漂流物が流れ着くこともある。宝永五年（一七〇八）の秋、突如として現れたシドッティは、恋泊村《こいどまり》の人々にしてみれば、まさにそのような存在であったに違いない。

集落が孤立しているせいか、地域ごとに方言が大きく異なっているのも、この島のユニークなところだ。コイドマリの地名の謂《い》われはふたつある。ひとつは、地元の方言でケドマイと呼ばれていたことから、農繁期や開墾の際に臨時に建てられた仮泊まりからきたという説。もうひとつは、小さな温泉が湧き出ていたのでコユドマリと名づけられたのが発端であったという説である。

この音に漢字を当てると、ふた通りの表現が生まれる。明暦から万治年間（一六五五〜六〇）にかけて作成されたとする『屋久島大絵図』には、「小湯泊《こゆどまり》」と地名だけが記載され、まだひとつの村として明記されていない。が、それからおよそ五十年後に書かれたシドッティの調書では「恋泊村《こいどまり》」と記され、新井白石の『西洋紀聞』もそれに準じている。

藤兵衛、喜右衛門、五次右衛門の三人に抱かれるように恋泊村（あるいは小湯泊村）に着いたシドッティが最初に目にしたのは、防風林がわりの雑木林に囲まれた素朴な木造の家屋であった。藤兵衛の住宅である。

平らな丸い据え石を基礎にして、その上に柱を立てたつましい住まいは、屋根も壁も床も杉の板で覆われていた。釘打ちされていない平木を押さえる石が屋根の上に点々と乗せられている。台風から守るためか、全体に凹凸のない田の字型に部屋を区切っただけの小箱のような民家である。土間には、山仕事に使う道具が置いてあった。

この小さな村には入り江はあるが、良港がない。従って、海の幸を生活の糧《かて》にすることができない。当時、島の漁業の中心だったカツオ漁の船もなかった。人口も少ないので、農業だけでは賄《まかな》えない。おそらく、藤兵衛もまた、他の多くの村人《びと》のように山稼ぎで生計を立てていたのではないかと思われる。

当時の山稼ぎといえば、屋久杉の平木の生産である。平木とは、樹脂分に富み腐敗しにくい屋久杉を割って作る板瓦のことで、米に替わる年貢として薩摩藩に納める仕組みになっていた。十五歳以上の男子は一人六束、上納しなければならなかった。一束は平木百枚を束ねたものである。樹齢千年を超える屋久杉の大木から取られた平木は、寺社建築などに使用される高級材として、国内だけでなく遠く中国、朝鮮までも搬出されていた。

村人は四人から八人のグループを組んで奥山に入り、四、五日ほど山小屋に泊まって平木割りをして、火で乾燥させて軽くしてから三束ずつ背負って下山したという。こうして里に持ち帰られた平木は港に集められ、船で藩に納められた。余剰の平木は奉行所がすべて引き取り、米や麦などの食料品や生活に必要な日用品と交換された。その他の貢納物もすべて平木に換算して上納された。平木は屋久島における貨幣、今でいう地域通貨のようなものであったらしい。

島であることから、つい農作を主体とした自給自足的な暮らしを描きがちだが、耕地が狭く農業に適さない屋久島では、人々はこうして森の資源に助けられて生活をしてきたのだった。

藤兵衛も普段は畑で働き、季節になると山に入って平木を納めては、生活に必要な物資を手に入れていたのであろう。そんな彼がシドッティと遭遇したのは、平木の搬入も終了し、大地の収穫の祝いを目前に控えた、村人がほっと一息を入れる農閑期のことだった。

村中の人間が見守る中、シドッティは藤兵衛宅に導かれ、囲炉裏《いろり》端のシタン座と呼ばれる客座に腰を降ろした。おそらく藤兵衛の縁者だろうか、五右衛門という男がやってきて、食べ物の準備を手伝い、侍《さむらい》姿の異人の前に並べた。

さて、そこでシドッティが最初に口にした日本食は何であったろう。当時、米は正月か節句の時ぐらいにしか口にできない贅沢品であっただろうから、たぶん、アワとかキビの雑穀に、村の畑で収穫された芋や大根の煮物といったものが常食だったと思われる。貧しい百姓家にとっては、それが客人への精一杯のもてなしであった。

シドッティは、村人の心遣いに感謝しながら食事をいただくと、礼にと思ったのか「黄金の丸き二つと方なる一つ」を懐《ふところ》から取り出した。丸きものは金貨で、方なるものは金塊だった。ところが、藤兵衛をはじめ村人は誰ひとりとして、それに手を触れようとさえしなかった。

シドッティは習い覚えた日本語で藤兵衛たちにしきりに話しかけるが、村人たちは当惑げに互いに顔を見合わせるばかりであった。

「その言語《ものいひ》きゝわきまふべからず」

シドッティの日本語は、屋久島の村人にはまったくといっていいほど通じなかったのだ。

「まず日本語を学び、日本人と深く交わり、日本の風習を習得し、日本人から愛され尊敬されるようにならなければ、宣教は不可能である」と明言したのは、シドッティに先んじること百三十年余り前、織田信長の時代に来日して、上方で活躍したイタリア出身のオルガンティノ神父であった。彼は日本の着物をまとい、食事も和食に切り替えて、大いに日本に順応しようと心がけた。そして、「主は、恩寵によって私を変化せしめ給い、私はイタリア人というより、むしろ日本人である」とまで言ったという。

確かに、宣教という仕事には言葉によるコミュニケーションは欠かせない。

片やシドッティのほうは、羽織袴に月代《さかやき》まではよかったが、語学力となるとやや分が悪い。マニラで彼が接触した日本人は、百年ほども前に祖国を追われた切支丹《きりしたん》信者に、漂流民や朱印船貿易時代の商人たちの末裔で、続く鎖国政策により帰るすべを失った日本人の子孫であった。移民二世、三世となれば、だんだんと日本語も危うくなり、現地人との混婚も進んでいたことだろう。また今と違い、情報が行き渡っていない時代である。出身地によって方言も異なり、伝えられた日本語もさまざまだったに違いない。

村の祭り

やがて、先に藤兵衛の言いつけにより、知らせに走った安兵衛がその付近でいちばんの権威者だった人物を伴って村に戻ってきた。当時、屋久島南部の九村を統括する力を持ち、集落の規模も大きく、カツオ漁で栄えていたのは島の最西端にある栗生《くりお》村であった。おそらく、この栗生村の庄屋あたりが事件の事実確認をするために、異国人を見に来たのであろう。

「異国人と見へ候《そうろう》」のニュースは近隣の村々にも同時に伝わったはずだ。時間が経つにつれて、藤兵衛の家の周りには他集落からも村人が駆けつけ、物見高い人が取り囲んだ。第一発見者である藤兵衛は一躍、時の人となり、シドッティの世話を焼きながら、得意げな様子で異人発見の顛末を人々に語ったのではないだろうか。

謙虚で礼儀正しいシドッティは、好印象で屋久島の村人たちに迎えられたに違いない。

また、シドッティも金銭で動かない村人の誇り高さと優しさに強く心を打たれたことだろう。

言葉が通じないことが幸いしたのか、この時点で、シドッティが日本に潜入した意図を村人は気付いていなかったと思われる。よもや、死罪を伴う禁教になって久しい切支丹の教えを伝えに来たとは思いも及ばなかったことだろう。薩摩藩の調書でも、一貫して異国人とは記されているが、伴天連《ばてれん》という言葉は見当たらない。

伴天連というのは、ポルトガル語で神父または司祭を意味する「パードレ」が転じ、当て字されたものだ。歴史的にキリスト教徒の足跡がまったく見られない屋久島では、その言葉を知っている村人も少なかったのではないだろうか。

屋久島の人々にとっては、不本意に島に流れ着き、何があったのかひとり本船に置き忘れられてしまい、帰る手段を失ってしまった気の毒な漂流人くらいの認識であったと思われる。

江戸時代の文書記録を見ると、屋久島へ漂着船がたどり着くことは、さして珍しい事件ではなかったことがわかる。元禄十一年（一六九八）からの十年間で、中国船四隻、朝鮮船四隻、国籍不明船一隻が漂着している。実際のところ、漂着船を装った密輸船がほとんどだったともいわれている。

漂着船を見つけた場合は、すみやかに藩役人に通告し、長崎に連行されるのを待つのが通例だった。

恋泊の百姓たちは、まずはその通例に従って庄屋に報告した。いずれ藩の役人がやってきて、それなりの処置を施すであろう。それまでは、この物静かでおとなしい漂流人の面倒をみてやろう。そんな暗黙の了解が、村の衆の中に広がった。

もの珍しさも手伝って、村人はシドッティに好意的な態度で接した。背が高く不自然に鼻が高い異形ではあったが、黒い髪と黒い目をした穏やかなその姿は、初めて異国人に接する村人にとっては親しみの持てる雰囲気をもっていた。


果たして、シドッティはどれくらいの期間、恋泊村に滞在したのだろう。

薩摩藩の文献には、そのあたりが明確に記されていない。しかし、藩統治により厳重に管理されていた時代のことである。島内での事件は逐一、藩に報告され処置を仰いでいたと思われる。

栗生村の庄屋の報告が海路、藩の出先機関がある宮之浦《みやのうら》村に送られ、そこからまた飛船《とびふね》で藩邸まで届けられ、その返事が同ルートをたどって恋泊村まで帰ってくるまで、おそらくかなりの日数を要したことだろう。そして、藩の命《めい》により役人がやって来て、漂流人の護送の手配や準備をするにも時間が必要だ。

宮之浦村で行われたと思われる最初の取り調べの模様を聞いた薩摩藩家老が、長崎奉行に連絡した日付が九月十三日。恋泊村、宮之浦村の間は当時、漁船で二泊三日の距離であった。宮之浦港から薩摩までは、飛船で二日の道のりだ。宮之浦の役人が恋泊に異人を見に来て、すぐに宮之浦に引き返し、薩摩に飛船で連絡したとして最短で六日。それから薩摩藩の命《めい》で再び恋泊村へ行き、異人を宮之浦村まで連行するまでさらに五日。宮之浦で牢に収容した旨、薩摩に伝えるのに二日と考えると、シドッティと藤兵衛が出逢った八月二十九日より計算して、恋泊村滞在は大体十日余りほどだったのではないかと私は思う。

十日余りというのは、決して長くはないが、村人と親しく交わるには充分な時間はある。役人が警固していたとはいえ、特に危険視されるような認識はこの時点ではまだなかったと思われるので、シドッティはかなり自由に村の暮らしに馴染んでいったのではないだろうか。

旧暦のこの頃は、島では集落ごとに十三夜の祭りが行われていた。村人と同じように月に祈りを捧げ、稲縄で作った綱引きに加わり、芋焼酎を酌み交わし、夜を徹しての宴に興じる異国人の姿を想像してみるのも楽しい。

ちなみに、このシドッティ事件がきっかけとなり、その翌年の宝永六年（一七〇九）に藩の命令により、コイドマリ村は正式に「恋泊村」と定められることになった。

第八章

拘　留

宮之浦手形所

ここで、今から三百十年前の屋久島に想像の翼を広げてみたい。

島の総人口は、口永良部島《くちえらぶ》を含めておよそ四五〇〇人から五千人ほど。最も住民が多いのは島の北部に位置する長田村（現・永田）で、次いで南西の栗生《くりお》村、南東の安房《あんぼう》村であった。島いちばんの港があった宮之浦《みやのうら》村は島の行政管理と外部との交渉の窓口だった。

最南端にある小さな集落の恋泊《こいどまり》村から北東にあたる宮之浦村まで、約四〇キロメートルある。当時の人々の現実的、心理的な距離感はいかほどのものであったろうか。円形の島の周辺部に点在している大小の村々を結ぶ街道ができたのは明治に入ってからである。当時の唯一の交通路は海上だ。南の入り江を出て、手漕ぎ船で時計と反対方向に岸壁に沿ってぐるりと回ること約一四〇度。ようやく、大型船が出入りする宮之浦村の港が見えてくる。その行程は、二泊三日ぐらいであったといわれている。

現在はどうだろう。私は恋泊のバス停から山側に二〇〇メートルほど登ったところに住居を構えている。もちろん、今は海岸の段丘に沿って県道がつながっているので、くねくねと右に左に蛇行する道を車で走って小一時間ほどで宮之浦に着く。

小一時間といえば、屋久島に移住する前の感覚では、日常の用足しや通勤範囲内であった。ところが今や、宮之浦まで私が足を延ばすのは、せいぜい月に一回程度である。それもフェリーに乗って本土に行く、あるいは来客を迎えに行く、または病院に行く、といったのっぴきならぬ用事を抱えている時に限られている。この小一時間の行程が不思議なほど果てしなく感じてしまうのは何故だろうか。つまり、現実的な距離感よりも心理的な距離感が圧倒的に強いのである。

理由は、島の真ん中に屏風のように聳え立つ山の連なりのせいではないかと考える。仰ぎ見る角度で空を貫く前岳連峰、そのまた深い奥岳の秘境の向こうにある世界はおぼろげで遠い。鳥のように上空から俯瞰《ふかん》しない限り、明らかな存在の証《あか》しも覗《のぞ》けない。

確かに、道をたどればそこに行き着くのではあるが、果たしてあの山の果ての世界と、それは同一であるのだろうか、そんな幻惑にも似た思いにいつもとらわれてしまうのだ。

現に、島の南側と北側とでは、同一時間帯における気候もまったく異なる。特に冬は、南が表日本で、北が裏日本といわれるほど、温度差や風の強さが違っていて、同じ島の中なのか疑いたくなるほどである。

また、島民の気風もどことなく異なる。これを南は農業を営む人が多く協調性が高く情緒的、北は漁師が多いので独立心が強く理論的、と生業《なりわい》の違いから論じた人があったが、歴史的にみるとそうでもないらしい。シドッティ上陸事件からしばらくして薩摩藩が行った享保の内検の記録によると、当時の屋久島の全田地・畑・屋敷地の内、南部は四二町歩、北部は一三一町歩。カツオ網の数は南部が一七帖で、北部は一湊《いっそう》の四帖のみとなっている。つまり、少なくともシドッティ上陸の頃は、今とは逆で南部では漁業が盛んに行われ、北部は農業地帯であったということになる。

自家用車や路線バスといった便利な移動手段を持ち合わせている現代に住む人間が、島の南と北で非現実的な距離感を感じるのであるから、江戸時代の恋泊村の住民にとっては、宮之浦村はまったく遠隔の地、といったところだったのではないだろうか。

その宮之浦村からまず、連絡を受けた薩摩藩屋久島奉行付きの役人、肝付《きもつき》三右衛門兼近が様子を見にやってきた。九月三日頃と思われる。異国人発見の前日から見慣れぬ船が目撃されていたこと、その船が姿を消した直後に村人《びと》が異国人に遭遇していることから、単なる漂流民とは異なると肝付は推測した。取りあえず藤兵衛宅に番人を付け、宮之浦に引き返すとただちに薩摩藩に事件を知らせる飛船《とびふね》を放ったとみられる。

連絡を受けた薩摩藩は、人家が四軒しかない恋泊村は警備に不便なことから、異国人を宮之浦に護送し小屋と囲いを作って軟禁すること、同時に他に不審な者が潜んでいないか、島中を入念に調べ、山調べもするように指示を送った。

それから一週間ほど後に、肝付と警固の役人を乗せた船が再び、恋泊村にやってきた。異国人を宮之浦村へ強制連行するためであった。

身柄を拘束されたのは、シドッティひとりではなかった。第一発見者の藤兵衛、急を知らせた安兵衛、それにシドッティを助けて恋泊村まで連れ添った平内村の五次右衛門と喜右衛門、さらに最初に食事を給した五右衛門までもが一緒に船に乗せられる。つまり、シドッティ上陸事件の関係者が全員連れ去られてしまうのである。

この瞬間から、シドッティ並びに屋久島の村人たちの名前が藩の調書に登場するのだが、それは同時に国と国、儒教とキリスト教、東洋と西洋といった、思いもよらない大きな渦の中に彼らの運命が委《ゆだ》ねられることを意味していた。

それから三カ月もの間、藤兵衛たちは家に戻れないばかりか、シドッティと一緒にはるばる長崎まで連れて行かれるのである。村人はただ漂流者を助けて保護してやった。シドッティはそんな村人に受け入れてもらいたかった。双方の思いが、人間同士の心の触れ合いを生んでいた矢先のことであった。残された妻や子どもたち、そして恋泊村や周辺の村人にとっては予想もつかない出来事であったに違いない。

時は封建時代。お上の命令は絶対である。ここにいたって、個は大勢の中に埋没してしまい、シドッティはいとも怪しき異国人、そして藤兵衛たちはその異国人に接触した、いかがわしくも不用心な村人たちとなり、罪人のように軟禁されてしまったのである。

その背景となった当時の政治体制について考察してみたい。

元来、屋久島には強力な勢力を持った豪族や領主も存在せず、きわだった政争もなかった。村人が半農半漁を営みながら、自然から糧《かて》を得て暮らすひっそりとした平和な島であった。その島が、屋久杉の発見により一躍、脚光を浴びた。

十七世紀初め、薩摩藩は屋久島を直轄地にすると、代官を置き、屋久杉の管理伐採を始めた。元禄八年（一六九五）には、代官に代わって屋久島奉行を配置して、屋久杉の生産、運搬、売買の一切を藩で独占統制するようになり、島民は藩の植民地的支配に隷属していった。

当時、屋久島奉行は在番ではなく、鹿児島城下に執務していた。屋久島には「抑《おさえ》」と呼ばれる役人が派遣され、主な村々の番所や問屋で平木の収納管理や搬出を担うとともに島民の監視を行っていた。前述の肝付三右衛門がその「抑」である。経済だけではなく、司法にまで至る行政支配権を藩が握っていたと思われる。

異国人の情報がこの管理網を伝って飛船で薩摩へ、そして長崎まで届き、そこで連行の決断が下されるまでに費やされた時間は十六日間。当時としてはきわめて迅速な判断と手続きであったのは、このような上位下達の命令システムが存在したからである。

こうして、捕縛されたシドッティと藤兵衛以下五人の村人を乗せた船は恋泊の入江から、宮之浦を目指した。

断崖絶壁の連なりを左手に東に進んだ船は、モッチョム岳を迂回すると今度は船首を北に向けた。熱帯の常緑樹と亜熱帯系の草木が混生する海岸線の合間に、民家の屋根が見え隠れする。やがて、やや大きめの集落を成している安房川の河口を越えると、右手に平たく海に浮かぶ種子島が見えてきた。

ここで、シドッティは屋久島の全貌を目にし、改めて種子島と誤認して上陸した事実をはっきりと確認したことだろう。

正式な記録はないが、行程から考えて船は途中で麦生《むぎお》村と安房村に一泊ずつしたと考えられる。おそらく、村の権力者である庄屋宅を宿としたのであろう。『屋久町郷土史』によると、以下のような麦生村の言い伝えがある。

「唐人《からびと》は旧家の座敷に通されるとき、神を祀る床間にいきなり腰をかけたので、唐人を生き神と仰いだ」

当時の島の人々は、異国人を総称して唐人と呼んでいた。

シドッティたちが去った恋泊村には、早々立て札が立てられ、藤兵衛宅は家宅捜査を受け家財は封印された。家族は役人から飯米を与えられたという。また、一村から二名ずつ駆り出され、周辺の山狩りが一斉に行われた。島全体も戒厳令の下に島外への移動が禁じられ、完全に封鎖されたらしい。旅人《たびびと》を島に留め置くための非常米が給付されたとの記録が薩摩藩に残されている。

宮之浦村は、古くから屋久島随一の港町であり、多くの船が出入りする玄関口だった。北の海上には藩主島津氏の居城がある薩摩、東は種子島氏の私領、そして南には南西諸島、さらには琉球を越えて中国、南蛮といった異国へと続く海の道の中継地であった。島の外の世界はここから始まり、ここに終わった。

宮之浦村に着いたシドッティと藤兵衛たち村人は、まるで罪人のように小屋に軟禁され、二名の見張りが置かれ、周りを厳重に監視された。村人との接触ももちろん、禁じられた。小屋は大急ぎで用意された急場凌ぎのものだった。異国人の出現がいかに前代未聞の異常事態であったかがわかる。

『鹿児島県史料旧記雑録・追録二』をひもとき、屋久島と薩摩藩、長崎奉行との間で盛んに取り交わされたこの時の往復書簡を追ってみよう。

最初の書状の日付は九月十三日。差出人は種子島久時（蔵人）、新納《にいろ》久珍（市正）、島津久當（将監）、島津久明（大蔵）の薩摩藩の家老四名、宛先は長崎奉行の永井讃岐守と別所播磨守になっている。この時、薩摩藩主の島津吉貴《よしたか》はあいにく江戸に参勤交代中で、主な実力者も上ってしまい、国元が手薄になっていた。

以後、長崎との連絡はすべて留守を預かった家老たちが連名で対処することになるのだが、予期せぬ珍事の発生に、必要以上に神経質になっている様子が文面から漂ってくる。

「一筆啓上　仕　候《つかまつりそうろう》」で始まるその内容は、薩摩守領内の大隅国にある屋久嶋（現・屋久島）は尾野間《おのあいだ》（現・尾之間）の沖合で、通常の唐船とは異なる帆数の多い船が一艘発見されたこと。次の日に恋泊村の百姓藤兵衛が異国人に出会い、五次右衛門、喜右衛門と共に村に連れ帰ったこと。その後、軟禁するまでの様子が簡単に記述され、護送の船の準備が整い次第、長崎奉行まで送り届けたい旨が書かれている。

続いて、異国人の様子は以下の通り。

一、年四拾歳程大男色白鼻高ク有之候《そうろう》（年齢は四十歳程で、大男で色は白く鼻は高い）

一、さかやき日本人之様子ニ仕居候（日本人のように月代《さかやき》にしている）

一、上衣日本仕立もめん袷染あさぎごばん嶋ニテ茶色紋所四ツ目（上衣は日本仕立ての

木綿の袷で、浅黄《あさぎ》色で碁盤縞に染めたものを着ていて、茶色四つ目の紋がついている）

次いで所持品は、
一、刀貳尺三四寸程（二尺三、四寸程の刀）
一、黒木綿大袋壹ツ（黒木綿の大袋ひとつ）
この手紙に対する長崎奉行の承諾の返答は、五日後の九月十八日の日付で長崎から出ているが、その指示を待たずに、九月十七日になって家老たちは独自の調査団を結成して屋久島に送りこむ決定を下した。

高橋調査団の報告

調査団は団長の高橋武右衛門、補佐の副団長として町田八右衛門、島民の調査のために口事奉行（裁判を行う役職、後の糺明《きゅうめい》奉行）の笹原喜右衛門、肝付の交代要員として屋久島奉行より吉井為次郎、以上計四名が派遣された。それぞれ家来を少なくとも二名は連れていたと思われるのでこれだけで計十二名の増員となる。

高橋への書状では、島民や旅人は調査が終わるまで一人も島から出してはいけないこと、異国船がまた現れるかもしれないので島中、昼夜入念に調べ、万が一、異国船を発見したらただちに申し出るよう島民に申し付けること、などが指示されている。

さらに別に、異国人を藩内の港の山川《やまがわ》まで移送する命《めい》を上村権兵衛に与え、細かな指示が与えられている。異国人が食あたりしないように注意し、病気になったら治療をしっかりすること、万が一に病死するようなことがあったら死骸を塩詰めにすること、そのための塩は持たせる。異国人が望んでも酒は与えるな、異国人と無駄な雑談はするなに始まり、船中は火の用心に努めろ、警固にあたった者は互いに喧嘩や口論をするなに至るまで微に入り細にわたる注意書きが延々と続く。

すべてにおいて、「万端入念堅固に相勤め候」とくどいほど命じるその文面から、藩主の不在中に間違いがあってはならないと緊張する家老たちの痛ましいほどの思いが伝わってくる。この上村が率いる異国人の移送部隊の人員は、合計二十名ほどになる。

そしてまた立て続けに送られた翌日の高橋宛ての書状で、第一発見者藤兵衛ならびに異国人に接近した百姓移送のための船二艘と籠《かご》を六人分送ったとしている。ひとりずつ籠に入れ、船一艘に籠を三つ乗せること。移送には警固人二名、徒士《かち》六名、足軽二十名の計二十八名送り込むという内容だ。ここで、何かの連絡ミスがあったのか、実際に輸送された村人は五名だが、籠がひとつ多く準備されている。

どうやら、藤兵衛たちも長崎に送り、取り調べを行うことを正式に決定したようだ。この時点では、まだ長崎奉行所から返答が来ていないので、村人まで移送することはまったくの薩摩藩家老の独自の判断であったと見られる。

さらには、他にも疑わしき者がいないか徹底的に調べ、もしいたらその者たちも移送の手続きをするので、知らせるようにと念を押している。島の五カ所の津口番所には足軽二人ずつ補充する。さらには、百姓たちの残された家族に配る米、山狩りに狩り出した者たちへの日当用の米など、必要な費用は屋久島奉行付きの吉井為次郎に持たせてあるとも書かれているあたりが何とも臨場感が満ち溢れている。

手紙の最後は、この度の一件は「重き御届の儀に候」、つまり重大事件であるから、しっかりと調査して報告するようにと結ばれている。シドッティのことを終始、異国人と称していながら、実は幕府の大禁である切支丹《きりしたん》に関する者であることは察していたに違いない。

徳川家による三度にわたる鎖国令が発令され、切支丹根絶の嵐が吹き荒れたのは、もう七十年近くも遠い過去の話だった。信者数の激減とともに、切支丹という言葉すら耳にすることも絶えて久しくなったという時に至って、一体、何を目論《もくろ》んで日本に単身、上陸してきたのか。人騒がせにも唐突に出現したこの得体の知れない異国人の扱いをめぐって、周章狼狽する薩摩藩の様子が窺《うかが》われる。

幕府に隠れて琉球経由で密貿易に励んでいる薩摩藩としては、妙な勘ぐりを誘いたくはない。とにもかくにも無事に藩を通過させて長崎に送り込みたい一心さが、文脈のすみずみに表れている。

九月二十七日付の薩摩藩家老から長崎奉行への第二信では、高橋調査団の報告が詳しく伝えられ、事件の顛末が次々と詳細を帯びていく様子が綴られている。

村人への尋問は順調に展開していき、より詳しい遭遇の模様が明らかにされていった。尾之間村沖合に帆数六、七枚の大きな船が橋船を引きながら東の方へ向かっているのを村人が確認したのが八月二十八日。村人が番所役人に伝えたことから、遠見をつけておいたところ夜に入って見えなくなった。翌日、尾之間村より西へ二里ほど、湯泊《ゆどまり》村沖に再び同じ船が見えたが、北風が強かったので南の沖の方へ流され、昼頃には帆影も消えてしまった。そして、藤兵衛が異国人と遭遇した話に続く。

が、問題はその異国人である。如何《いかん》せん、「言語通じ難く、文字通ぜず」。正体不明の異国人の名前すら聞き出すことができなかった。

シドッティはというと、この調査団相手に何とか意思を伝えたいと四苦八苦していたようだ。

宮之浦村に着いて、船から降りた時に何か身振りをしたけれども、「何分にも相分り申し無く候」。所持品であった黒袋の中には「名も付け難き物」が入っていた。通訳のいない状況で調査団も困惑している様子が見える。しかたなく、黒袋はそのまま異国人の囲いの中に入れて置いたとある。

とすれば、シドッティは袋の中から、辞書を取り出して会話を試みたり、あるいはミサを捧げて見せたり、自分が何者かを知らしめるための最大限の努力をしたはずだ。

異国人は絵図とも文字ともつかないものを紙に書いて、「ろうま」「なんばん」「ろくそん」「かすていら」「きりしたん」などと言い、特に「ろうま」と言った時に自分を指さしたという。おそらく簡単な地図を書いて、自分はローマという所から来たこと、そのローマはどれほど遠くにあるかということ、そしてまたその遠い地から何のためにはるばる海を越えてやってきたのかということを伝えたかったのだろう。

異国人が描いた絵図と文字が各一枚、そして異国人が発した言葉を調査団が書きとめたもの一枚、さらに絵心のある役人が描いたのだろう金属製の数珠のようなものを首に三重にかけている異国人の絵姿一枚が薩摩に送られてきた。

この四枚の書付けは早々、長崎に送られた。

十月七日付の長崎奉行から江戸に宛てた覚書きで、九名の阿蘭陀《オランダ》通詞《つうじ》（通訳）の連名のもと、次のような解読結果が記されている。
一、ろうまと申すことは、南蛮国いたりやの内、伴天連《ばてれん》の惣頭が居り候ところと申し候
一、なんばんと申すことは、日本の言葉を聞き伝え申したるものにて有るべく候
一、ろくそん、かすていら、の二語については如何《いか》ようの儀とも推量し難き候
一、きりしたんと申すことは、宗旨の名に候

一、絵図にある十文字の形は、邪宗門の者が持つ印と見え候。その他の図は如何ようにも推量し難き候
一、横文字の書付けは、文字の正体が見えかね申し候につき、読み申せず候
長崎は出島に居住するオランダ人も交えて検討した結果であるとしている。

オランダ商館長《カピタン》は、この横文字の書付けを見せられて「走り書きでローマ、ナガサキのほかは判読不明。たぶんイタリア語と判断する」と日誌に書き残している。

後に新井白石は、不明の二語について補足説明をした。

「ろくそんはルソン島のことで広くフィリピンのこと、かすていらはスペインの中心部を指すが南蛮の菓子の名前でもある」(『西洋紀聞』)

さて、九月二十七日の第二信に戻るが、この頃になって、屋久島住民の調査で出てきたのであろう、阿波国《あわのくに》の漁師たち七名が取り調べを受けている。

この漁師たちは、シドッティが島に上陸する日の昼、最初にサンタ・トリニダード号と接触した者たちである。

船長市兵衛、水主《かこ》の実兵衛、清左衛門、喜兵衛、市十郎、藤兵衛、休助の七人の漁師たちは、栗生港を拠点に湯泊沖でカツオ漁をしていた。カツオは黒潮に乗って春から秋にかけて日本沿岸を北上する。その途上にある屋久島近海では、当時カツオ漁が盛んに行われていた。

陸揚げされたカツオは、乾燥して製品化された。これは薩摩節と呼ばれ、土佐節に次いで大坂で高値が付いたという。

この日の昼過ぎ、いつものように二枚帆の自船に乗り組み網を広げていた漁師たちの目の前、陸から三里ほどのところに帆数の多い異国船が突然、現れたのである。

船長の市兵衛は役人の質問に答えて、

「異国船に近づくのは御法度《はっと》であったので、漁をやめて村の方へ引き返そうとしたところ、異国船は橋船を出して追いかけてきた」

と供述している。

橋船には十人ばかりの人間が乗っていて、十間（一八メートル）ばかりの距離までやってきた。水を飲みたいという身振りをしたので、水はやれないとこれも身振りで断り、そのまま栗生村に帰ったという。全員、被り物をしていて、どのような様子の人間か見分けられなかった。髭はなかったように思われた。

これをサンタ・トリニダード号の『航海記』の記述と読み比べてみると、微妙な食い違いがある。

『航海記』では、マニラから同乗してきた漂流日本人が小舟に乗り込み、漁師たちと何やら会話を交わした後、大慌てで本船に戻っている。そこには、水だけではなく、何か真剣なやり取りがあったと推測される。

実際のところ、サンタ・トリニダード号の日本人と阿波国の漁師の間でどのようなやり取りがあったのか。

トリニダード号の船長が日誌に嘘を記す理由は思いつかない。嘘をついているのは、阿波国の漁師に違いない。異国人と話をしたことを追及されれば、大変なことになりかねない。いらぬ嫌疑をかけられないよう話を端折って説明したのであろう。

マニラからの漂流日本人は、不用意にシドッティの存在を知らせてしまった。対し、阿波国の漁師たちは、未だ日本では切支丹の存在のみならず漂流民の帰国も許されず、死罪に値する重罪であることを告げた。そこで漂流民たちは恐れをなして、シドッティの日本潜入を手助けすることはおろか、自身の帰国さえも断念したに違いない。

ではなぜ、長崎で尋問された時、この矛盾点が追及されなかったのか。長崎奉行の取調べでは、阿波国の漁師たちの供述はすべて真実であると証明されて、その後、無事に家路に着いているのである。

もちろん、シドッティは漁師たちが嘘をついていることに気がついたはずだ。そして嘘をつかざるを得ない、彼らの境遇を察したのだろう。異国の宣教師は、漁師たちの証言に口裏を合わせたのだった。

とはいえ、この時点では異国人と最初に接した日本人であることには変わりはない。こうして阿波国の漁師たちもまた、藤兵衛たちと同じように長崎に送られることになった。

ただ、七人の内、水主の藤兵衛だけはのぞかれている。死亡したのか、病で旅に耐えられなかったのか、あるいはもともと名前が同じことから恋泊村の藤兵衛と混同されて記録されていたのかもしれない。彼らの移送の方法も恋泊村の百姓たちと同様であったと思われるので、護衛の数はおそらく同じく二十八名ほど準備されたと考えられる。

これで、調査団一行の十二名とシドッティ移送団一行二十名、藤兵衛たち移送団二十八名、阿波国漁師たち移送団二十八名、足軽の補充十名として、都合百名ほどの人間と十艘ほどの船が屋久島に送られたことになる。人口五千人ほどの離島にとっては、それはまさに、前代未聞の歴史的な出来事であったともいえるだろう。

十月十五日の薩摩藩から長崎奉行への第三信によると、島中の調査も済み、他に不審な者も船もいないことが確かめられ、移送の準備も万端に整えられた。しかし、まだこの時点では「屋久島は海が困難で、薩摩への順風がない季節ゆえ、異国人は未だ着かず」と家老たちは愚痴をこぼしている。

今の暦でいえば、十一月下旬になっていた。屋久島では、この時期は数分単位で天候が激しく変わり、予告なしに雷雨と晴天が慌ただしく交代し、今でも飛行機やフェリーの欠航が相次ぐ時季である。

天候に左右され、なかなか思い通りに事が運ばないことへの苛立ちは、昔も今もさして変わらないようだ。

そしてようやく、この手紙の二日後に順風に恵まれ、大勢の人間を伴って船は宮之浦港出航を果たし、島は再び、元の静けさを取り戻すことになった。

シドッティは四十七日間、屋久島に滞在したことになる。

直後、屋久島では大きな政治機構の変革がなされた。

まず、奉行は島に勤務する現地奉行、つまり在番奉行に変更され、三名の奉行が一名ずつ一年交代で宮之浦村の手形所に在任するようになった。筆者三名、下代三名、検者、横目五名の計十一名の奉行付きの城下士も島にやってきた。

加えて、外国船の監視を厳しくするため、「異国船番所並びに異国船遠見番所」が宮之浦村、長田村、栗生村に、船の運航を取りしまるための「船改所」が宮之浦村、一湊村、長田村、栗生村、安房村に設けられ、それぞれ藩士が役務についた。

そして、この統治制度は明治四年（一八七一）に廃藩置県が実施されるまで続いた。

第九章　護　送

唐の湊、坊津

「かくて、冬も末に至りぬれば、北風吹つゞき、海の上波あらければ、彼ものを送り致す船、二たびまで風に吹もどされぬ。これをむかふる薩州のもの、つとめて風波を凌《しの》ぎ、からうじて大隅の国に至り」（『西洋紀聞』）

屋久島の冬は海が荒れることが多い。山の頂《いただき》が白くなると、里にも霜が降り、小雪が散らつくことさえある。海は一度、時化《しけ》ると容易には静まらない。

この年はことのほか北からの逆風が吹きつのり、出帆が難しかった。二度も吹き戻されたあげく、ようやくのことでシドッティ、藤兵衛ら恋泊《こいどまり》、平内の百姓五名、そして阿波国《あわのくに》の漁師六名の総勢十二名の捕らわれ人を乗せた大船団が薩州に向けて帆を張ったのは宝永五年十月十七日（一七〇八年十一月二十八日）のことだった。

薩摩藩家老から警固責任者上村権兵衛に異国人護送計画が渡された。船中では、船囲いに入れた異国人を足軽が寝ずの番をして見張ることが命じられ、警固人の吉田六兵衛、川西仁右衛門が同じ船に乗り込んだ。さらに、医者馬場長軒は異国人の健康管理を厳しく申し渡された。

異国人の食事を作る賄方《まかないかた》として付けられた足軽二名には、医者の馬場と相談しながら食料や着る物に気を配ることなどもしっかり付け加えられている。

警備だけでなく健康管理や食事にも配慮したこの重装備の護送は、実に物々しくも用意周到なものであった。

そして、もし風の具合で薩摩藩ではなく他領の港に着いてしまったら、船に近寄らないように港に申し付けること、そこで馳走は受け取らないことまで言及している。

屋久島宮之浦《みやのうら》港から薩摩国山川《やまがわ》港までは約八〇キロメートルの距離であるが、手漕ぎ兼用の小さな当時の帆船ではいかに難しい船旅であったのかが知れる。

宮之浦を出た船は左手に竹島、硫黄島を見ながら、北の海上に聳え立つ薩摩富士と呼ばれる美しい三角錐の開聞岳《かいもんだけ》に舳先を向けた。目指すは、薩摩半島の先端の山川港。しかし折からの凪に流され、山川から西に十三里（約五一キロメートル）、開聞岳と野間岳に挟まれた入り江にある坊津《ぼうのつ》の泊《とまり》港に到着した。屋久島を出て二日目のことだった。

港に降り立ったシドッティは、屋久島上陸時に着ていた浅黄《あさぎ》色の羽織袴の上に、新たに紬《つむぎ》の綿入れを羽織っていた。南国とはいえ、冬の寒波を思いやった薩摩藩主島津吉貴《よしたか》からの心尽くしであったという。

私はシドッティとは逆方向から坊津に潜入してみた。屋久島から飛行機で鹿児島空港に入り、車で九州自動車道を南下、谷山インターチェンジから国道二二〇号線、二七〇号線をたどった。金峰町、加世田市、大浦町といった町々を通るたびに幾度か登り下りを繰り返すこと二時間余り。前方に海が見えてきたあたりで、道は一気に急傾斜し、あっという間に港町に着いた。山と海のまさに接点、坊津は海岸沿いに細長く開けた狭い土地にあった。

これを海側から見れば、山並みが海にぶつかる所でいきなり入り江が迫ってきたという感じになるに違いない。初めての屋久島の外の風景は、シドッティの目にはどう映っただろうか。

屋久島の村との共通点といえば、ここ坊津の集落の周りにも、ほとんど耕地というものが見つからないところだ。鋸《のこぎり》の歯のようにぎざぎざと入り組んだ総長五二キロメートルに及ぶリアス式の海岸線を険しく切り立った岸壁が囲み、その間を縫うように小さな漁村の軒並みが見える。屋久島の北部の集落、一湊《いっそう》、永田あたりを彷彿《ほうふつ》とさせる風景である。が、集落の中を歩いてみると、修練した技術を感じさせる石橋や石垣の跡、威風堂々とした瓦屋根の商家や蔵などが目につく。一風、殺風景な鄙《ひな》びた漁村だか、さりげない佇《たたず》まいの中にも何か尋常ではない気配をそここに漂わせている。それは、身体に深く染み付いた繁栄の影、過去のどこかで栄華を極めた時の記憶を封印したような雰囲気とでもいおうか。唐人墓、唐人町跡、密貿易屋敷など、異国の香りの漂う史跡の看板も県道沿いに多数見られる。

それもそのはず、古代の遣唐使の時代から坊津は「唐の湊」と呼ばれ、東シナ海に接する海上交通の要衝として栄えた国際港であったのだ。日本本土の最南端に位置し、港口、水深ともに船舶にとって絶好の良港であったという自然条件が、坊津の歴史を作ったともいえる。

坊津には、南から坊《ぼう》浦、泊浦、久《く》志《し》浦、秋目《あきめ》浦と呼ばれる四つの港がある。久志浦と泊浦の間のひときわ高い崖の上に、薩摩藩が番所を置いた荒所《あらところ》と呼ばれる地点があった。そのすぐ横に、現代的な建物の歴史資料センター「輝《き》津《しん》館」が立っている。そこには、坊津の過去がわかりやすく展示されている。

七世紀から八世紀、奈良仏教の最盛期に坊津を帰着港とする南東路が遣唐船の主航路となった。さまざまな日中の文化人がこの坊津に行き交い、大陸の文物が大量に上陸した。「入唐道《にっとうどう》」という異名を放った坊津は、まさに大陸文化の摂取口であり、内外にその存在を知られていた。

天平勝宝五年（七五三）、唐の高僧で奈良に唐招提寺を開いた鑑真大和上を乗せた船が碇を下ろしたのも、この坊津の秋目浦だった。ちなみに、鑑真大和上は屋久島で十六日間にわたり風待ちした後に、シドッティと同じように右に開聞岳、左に野間岳を望みながら風波を縫ってたどり着いている。足掛け十一年、六回目にしてようやく成功した渡航だった。

九世紀に遣唐船が廃止されてからも、近衛家の荘園として保護されながら、坊津は貿易港として繁栄の一途をたどった。唐が滅び、宋、元、明と中国の政治勢力が変遷し、また国内で鎌倉、南北朝、足利、戦国時代と目まぐるしく支配体制が変わろうとも、日本最大の貿易港のひとつとしての地位は揺らぐことはなかった。那の津《なのつ》（博多）、安濃津《あのつ》（伊勢）と並ぶ日本三津《しん》と呼ばれるほどの存在であったという。

明の時代に遣明船の南方路となり、また中国大陸や朝鮮半島を震撼させた倭寇の拠点となる。この頃、中世文化の華である禅宗、水墨画、朱子学といった文化がここ坊津から上陸し、全国に広がっていった。

やがて、島津氏が勢力を固めるとともに、さらに貿易港としての重要性が増した。島津氏にとって、対外貿易こそ中央に対抗する経済的基盤であったといえる。その要《かなめ》としての役目を坊津は担っていたのである。四つの浦は、それぞれ小さいながらも独立した外城であった。唐船奉行を設置して中国からの商人を優遇したことで、唐人町ができるほどたくさんの中国商人が居を構え、港は国際色豊かに彩られたという。

続く南蛮貿易の時代には西洋との接点も生まれ、ポルトガル、スペインからの商人や宣教師もここに立ち寄った。また、坊津の港から外洋に飛び出す薩摩商人の姿もあった。九州諸領主が次々に自国の港を南蛮貿易に開くなか、坊津はその重要な寄港地となる。

秀吉の九州平定後に発せられた宣教禁止令に続く徳川家による切支丹《きりしたん》宗徒の迫害の時代も、外国人宣教師の潜入経路として坊津の港は利用された。中には、商人や武士に化けて上陸する宣教師もいたという。侍《さむらい》姿に月代《さかやき》というシドッティ上陸時の変装は、この頃の教訓からヒントを得たのであろうか。

そして、長崎の出島に貿易を限定した鎖国時代に至っては、「抜け荷」と呼ばれる密貿易の拠点となった。薩摩藩は幕府に忠実な姿勢をとりながらも、片や公然の秘密として幕府の禁令の網を潜り抜けては、日常的に貿易の自由を商人に許していたのである。

シドッティが連行された宝永五年の頃は、まさに密貿易の増発時代だった。漂流船を装った船が波風を避ける口実で多数、坊津の港に入港し、幕府の目をごまかしながらも、平然と大陸の珍しい文物が持ち込まれた。大商船を擁する巨商がひしめく一方、海の無法者もはびこる一種の治外法権地ともなっていた。

シドッティが目にした坊津の港町は、あだ花ともいえる賑わいと彩りに満ちた華麗な世界であったろうと想像される。

歴史資料センターを出て通りを渡ったところに、番所跡地があった。

岬に立つと、久志浦と泊浦の港が一望できる。藩はここに、異国船監視の機能を兼ねた津口番所を置き、城下士が二十四時間体制で任務についていた。港に出入りする船舶、旅客、貨物を常時検査、管理していたのだ。

鏡のように丸く張りつめた水面に、奇怪な形をした岩々の姿が映って見える。休日の午後、繋留された漁船が所在無げに肩を寄せている。松の枝越しに見える湾内の景色は、静かでおぼろで、まるで山水画のようだ。

泊浦の中ほどにある中島と呼ばれる旧船着場あたりは、そこだけが広く開けた空間を描いているだけに、港口に目を向けるとまっすぐに視野に入る。シドッティは、この船着場の平地に収容されていた。

坊津に残る『坊津拾遺史』には、「この時、讃良某に命じて、鶴崎中島《つるさきなかじま》に虎落《もがり》廻し置つつ云々、長崎に護送し」とだけ簡単な記録が残されている。讃良某は薩摩の惣主取、相良《さがら》権太夫長規のことで、藩家老の命令で長崎までシドッティを護送した用人であった。虎落は竹や木で作った柵のことである。

つまり、シドッティはこの中島と呼ばれる船着場で、竹木の柵囲いの中に収容され、高みにある番所の監視哨から常に見下ろされていたのだ。

その間、おそらく他者と言葉を交わす機会は得られなかっただろうが、異国情緒あふれる賑やかな港の風景に、屋久島よりは一歩、目指す江戸の都に近づいた思いを持ったことだろう。

一緒にここまで連行された屋久島の百姓や阿波国の漁師が、同じく中島の竹囲いの中に収容されたのか、あるいは近くの寺にでも隔離されたのか、それを記した記録はない。しかし、遠方に旅することのない彼らにとっては、「千軒瓦の町も出船千艘の帆に隠る」と表現され、浦々に豪商がひしめきあう繁栄の港の情景は目を見張るものがあったに違いない。

シドッティが滞在した七年後の正徳五年（一七一五）のこと、この「唐の湊」に幕府の手が入った。

取り締まりを命じたのは、将軍家の政治顧問、今でいう政策ブレーンとして実権を握っていた儒者、新井白石であった。幕府の財政立て直しに力を注いでいた白石は疲弊していた長崎貿易の改革を図るため貿易高や船数、船載量を制限し、貿易管理を強化する「正徳新令」という一連の法令を将軍に提言した。

坊津において、それは自由貿易の禁止、抜け荷の検挙として現れた。そこにはまた、この機会に琉球貿易の独占体制を固めようとする薩摩藩自身の思惑も絡んでいたらしい。

尋問という形でシドッティと歴史的な出逢いをした直後に、白石はこの法令の草案に着手している。博識な知識人であったシドッティから得た西洋事情が、白石をしてこの一大決心をさせた可能性は否定できない。言葉を換えれば、ひとりの異国人の存在が、ひとつの町の命運に大きく関わったということになる。歴史の符合は、実に稀なるものである。

白石の政策を引き継いだ八代将軍吉宗《よしむね》は、さらに取り締まりを強化し、享保二年に、坊津が寂れた寒村へ一気に転落する「唐物崩れ」と呼ばれる大事件につながった。強靭な幕府の要請に応じて藩が密貿易の一斉検挙に乗り出し、一晩のうちに商人や水夫といった男たちが忽然と行方をくらませてしまったのである。役人に検挙された者や、他国に逃亡した者も多数いた。翌日の朝、港には女子どもの姿だけが残っていたという。以後、島津氏の密貿易の拠点は城下に近い山川港に移されるようになった。

坊津はその後、カツオ漁で生活基盤を立て直すことで活路を開いた。この地で生産された薩摩節は一級品として京や江戸の都でもてはやされるようになり、今に至っている。商船から漁船に乗り換えて、再び海に飛び出した坊津の男たちの逞《たくま》しさを物語る一幕である。

相良護送団

話をシドッティ一行に戻す。

屋久島を出た船が坊津にたどり着くのに合わせて、護送団は新たに再編成された。行程は、薩摩半島の西を陸路で北上し、阿久根の先の脇元（現・脇本）港へ向かい、そこから先は海路で長崎に入る予定であった。

十月二十一日、坊津滞在二日後に異国人とその所持品は再び牢乗物に乗せられた。ここで上村権兵衛から引き継ぎ、長崎までの異国人の護送の指揮を藩から厳重に命じられていたのは相良権太夫だった。相良は当初の着船地であった山川港で待機していたと思われるので、船の動きに合わせて大急ぎで坊津まで駆けつけたのであろう。

異国人の周りを目付の別府式部左衛門、物頭《ものがしら》の相良四郎兵衛、馬廻《うままわり》の肥後長左衛門の三人の武士が取り囲んだ。警固人は、屋久島から付き添った川西、吉田に加え、新たに有馬勘介、松沢八右衛門の二名が加わって合計四名となっていた。

東斎庵、市来玄順の二名の医師に、筆者の有馬仲左衛門、料理方下知の前田早左衛門と肝煎中馬十郎右衛門が付き添った。以上、名前がわかっている上級役人だけで十三名になる。それぞれの家来・足軽を合算すると、総勢七十名から八十名ほどの編隊になったと思われる。

屋久島の百姓藤兵衛以下五名と阿波国の漁師六名は、別に五代助太夫が指揮する警固団に守られて出発した。こちらの方の護衛人数の記録は文書に残っていないが、屋久島からの船団の約二倍から三倍に増やされたとみられる。

長崎のオランダ商館長《カピタン》が記録した『商館長日誌』には、「総勢五百名の護衛団が到着した」とあることから、それぐらいの人数に膨れ上がった可能性は充分ある。何はともあれ、大変な行列が薩摩国の西岸沿いの道を粛々と上っていったのである。

通路筋の郷には外城衆中《とじょうしゅうじゅう》十人、横目二人の計十二名を出しての見張役が申し付けられた。途中の宿泊地では宿拵えに普請方検者が出向いたとあることから、既成の宿をとったのではなく、シドッティの座敷牢は新しく造らせたようだ。夜はその前後左右に上記警固人四人の小屋を作り、逃亡を防ぐための多数の提灯が灯された。さらには、上記の十二名に合わせて足軽六人、計十八人の人間が寝ずの番を命じられたという。

薩摩家老が相良に命じた書状には、屋久島からの警固を命じた上村宛と同様に詳細な注意が羅列されているが、陸地を行くだけに、異国人の見物は堅く禁止すること、また道で行き違った者があった場合は、脇へ立ち退かせることも追加されている。

陸路を取ったのは、海での遭難を避けたためだろう。坊津から脇元までは約百キロメートル、五日程の日程だったと思われる。

この大げさな警固の中、シドッティは他者との接触を断たれた孤独な状態に置かれていたと想像するが、後の長崎奉行での取り調べで、本人は道々で周囲の人間に話しかけたと供述している。食事の差し入れや排便の用足しの折に、辞書を片手に会話を試みたようだが、通詞《つうじ》に会話の内容を聞かれて「言葉がさっぱり通じなかった」とも述懐もしている。

第十章　長　崎

幕府の天領、長崎王の都

脇元の港から海を望むと、長崎はもう目の前であった。

鹿児島市の北西にある脇元漁港から黒之瀬戸を船で渡ると、半島と島に囲まれた八代《やつしろ》に出る。入り組んだ海岸線に抱かれた青い海原が広がる八代海は、天然の要塞に守られた穏やかな内海である。シドッティ一行の護衛の任を担った薩摩藩士が、ことさらこのコースを選んだのも頷《うなず》ける。

そこから東海岸伝いに天草下島を半周し、橘湾《たちばな》を横切ると長崎の裏玄関とも言える網場《あば》にたどり着く。現在の長崎ペンギン水族館の辺りである。

思いのほか、近い。今の交通手段を使って鉄道あるいは車で鹿児島から長崎まで行こうとすると、有明海をぐるりと回って佐賀県側から入るしかない。しかし、小船を操って内海を巡っていけば、江戸時代唯一の国際開港都市長崎は、薩摩の隣国といってもいいほどの距離にある。

脇元からの護送は異国人を屋形囲いの関船に乗せ、多くの曳き船が使われた。船中では、警固人二人と足軽六人に不寝番を命じている。

中国とオランダの船が行き来する港に近づくにつれ、異国風の佇まいが風景の中に見え隠れするようになり始める。別船の藤兵衛たちの前にも、目を見張る光景が展開されたことだろう。屋久島はおろか近隣の集落から一歩も出たことがなかっただろう島の百姓にとっては、すべてが夢のような出来事であったに違いない。

一方、シドッティは行き先が長崎と知るや、あからさまに拒絶の姿勢を見せるようになった。彼が希望したのは将軍のお膝元である江戸であって、オランダ人が独占的に居住している長崎では断じてなかったからである。

ここで、予定では長崎半島をぐるりと船で回って長崎港に入るはずであったのが、陸路に変更されることになった。理由は「異国人が船を嫌い、気分も悪くて食事も進まない様

シドッティが護送された経路
坊津から脇元を経て長崎へ

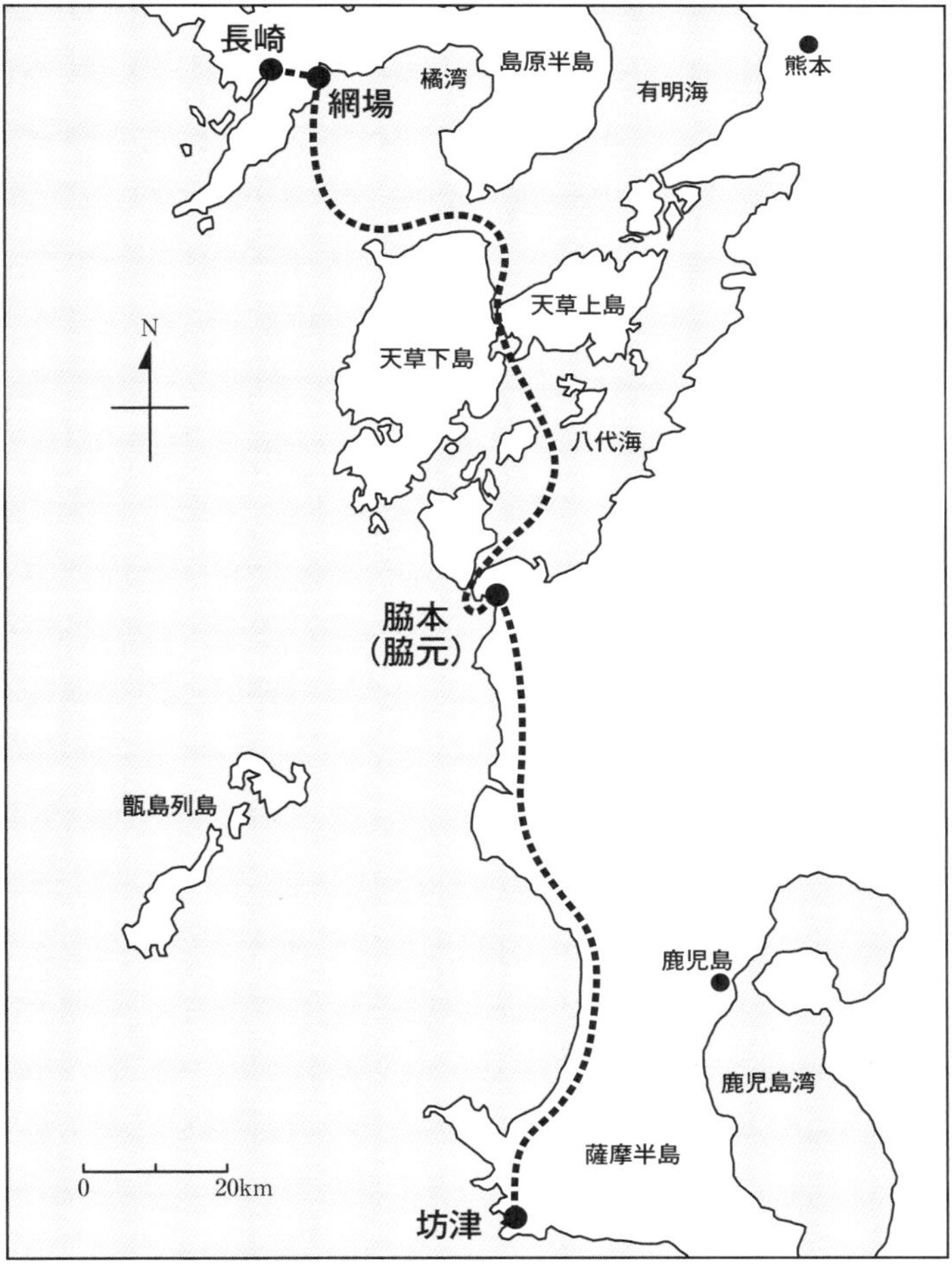

子であった」からとされている。

おそらく、長崎行きを拒む異国人の様子をそのように理解したのだろう。

ザビエル以来、日本における最も有効な宣教活動は権力者を味方につけることが定石とされてきた。長い禁教を解くためには、まずは江戸の将軍に会って説得を試みることがいちばんであるとシドッティは考えていた。宗教的な対立関係にあるプロテスタント国のオランダ人がいる長崎は絶対に避けたい場所であった。

しかし、この頃、西国一円を管理し、特に異国船や漂流民の処置のいっさいを取り仕切っていたのは長崎の奉行だった。この長崎を通過せずして、江戸への道はなかった。

シドッティが意に反して十カ月余も滞在することになった当時の長崎奉行所とはどういうところで、そこに勤務する奉行とはいかなる役職であったのだろうか。

長崎奉行が生まれたのは、文禄元年（一五九二）のことだった。その後、鎖国令と呼ばれる条令により、長崎の港は幕府の天領つまり直轄地になるとともに、江戸時代を通して唯一の公式の貿易港となった。それは、異国の物品、情報、文化が流入する幕府公認の窓口であると同時に、他国からの侵略、侵害、侵入に脅かされる危険性を最も帯びた地となることを意味した。

この要所を守り、管理するために江戸から派遣されたのが長崎奉行である。奉行は幕府から、その時々の政治情勢によって一名から四名任命された。二名以上のときは、江戸と長崎にそれぞれ分かれて一年交代で勤務した。選ばれたのは、将軍直属の旗本の中でも特に優秀な人物だったという。

奉行は外国貿易の管理者としてだけでなく、密貿易や切支丹《きりしたん》を取り締まる司法官としての器と影響力も求められた。つまり、エリート中のエリート官僚が抜擢された。設立当初こそ切支丹の弾圧者という印象が強かったが、時が経るにつれて、長崎奉行に任命されること自体が、出世と今後の地位の保障を意味することとなっていった。

もちろん、報酬もそれに見合って余るほどであった。加えて、異国からの輸入産物を廉価で先買いし、それを京都や大坂商人に高値で販売して富を得るという役得もついていた。

その権力の範囲は、九州から中国地方におよぶ西日本一帯に広がり、利権を求める他藩の役人や商人からの金品の付け届けも相当なものだったらしい。一度、長崎奉行になると一生を左団扇で過ごせるといわれたほどであった。唐人（中国人）は、そんな権力者を「長崎王」と呼んでいた。

この職の獲得をめぐって、さまざまな政争が繰り広げられたことは容易に想像できる。まさにお家の一大事。恨み、つらみ、妬みの感情も多々、生まれていったことだろう。

「江戸の敵を長崎で討つ」という諺《ことわざ》がある。広辞苑によると、「意外な所で、また筋違いのことで、昔の恨みを晴らす」という意味に用いられるとある。諺の背景を歴史に照らしてみれば、意外でも筋違いでもなく、江戸と長崎はまっすぐに直結していたことがわかる。

宝永五年十一月九日（一七〇八年十二月二十日）、シドッティたちを乗せた護送船が網場に着いた。大至急、九キロ離れた奉行所に到着を知らせる飛脚が送られた。

先に薩摩藩から連絡を受けていた長崎奉行所は、すぐに連行する旨の通知を返した。一行は休む間もなくその日の深夜、八ツ時（午前二時過ぎ）に闇に身を隠すように陸路、長崎の中心部に向かった。

弾圧の中で信者の姿は影を潜めたとはいえ、往時は切支丹文化が華やかに咲き誇った信者のメッカ、長崎である。シドッティはまだこの時点では、公には「異国人」とのみ称されていたが、禁教の伴天連《ばてれん》である疑いは濃厚だった。長崎の民衆の目に晒《さら》すことの危険性を感じての配慮であったに違いない。

一行はまずは奉行所の手前、桜馬場の庄屋宅に六ツ過ぎ（午前六時過ぎ）に到着した。出迎えたのは、奉行の命《めい》を受けた阿蘭陀《オランダ》通詞《つうじ》三名であった。そこで、異国人を納得させ手鎖をはずし、庄屋宅を借りきってしばらく待機させることにした。初期尋問を行った通詞たちは異国人が話すポルトガル語と片言の日本語を多少なりとも理解でき、聖職者であることに間違いないという確信を持つに至った。

やがて、異国人は相良権太夫の手を離れ、奉行所役人に引き継がれ、正式の受け渡しのため奉行所へ連行された。

タバカリ者の阿蘭陀人

当時、長崎奉行所は二カ所あった。ひとつは、オランダ人の居留地であった出島を見下ろすところにある西奉行所。今は、長崎県庁が建っている。もうひとつは、そのやや北西側にある立山奉行所である。現在の県立図書館、県立美術博物館の辺りとされている。

長崎は限られた土地に、狭い道を取り囲むように家屋がひしめき合っているため、昔から火事による被害が大きかった。奉行所もたびたび類焼した。「諸事不用心につき」、延宝元年（一六七三）より二つの奉行所が別々の場所に建てられるようになった。港に近い西奉行所は実務業務を、山の手の立山奉行所は役人の居住や接待に当てられていた。

シドッティたちが連れて行かれたのは、後者の立山奉行所であった。

当時の奉行は、永井讃岐守、別所播磨守、佐久間安芸守、駒木根肥後守の四名だった。長崎奉行所の歴史の中で四名もの奉行が配置されたのは元禄十二年（一六九九）から正徳二年（一七一二）の十三年間だけである。最も貿易が重視され、さらに密貿易などの諸問題も多々、発生した時代であったことがうかがえる。また、この頃、長崎奉行は京都、大坂を抜いて遠国《おんごく》町奉行の筆頭に、江戸町奉行に次ぐ破格の地位に昇格している。

護送の一行が到着した時には、別所播磨守と駒木根肥後守が長崎に在勤し後の二名は江戸勤めであった。最初に薩摩藩と異人取り扱いの文書を交換していたのは、永井讃岐守と別所播磨守であったが、この時には一人が入れ替わっていたことになる。通常、奉行の交代は、中国やオランダの貿易船が去る九月末から十月初めに行われていたことから、シドッティ到着は、まさに奉行入れ替わり直後の慌ただしい時期のことだった。

奉行所で応対にでた駒木根肥後守は、相良に対して異国人とその所持品を確かに受け取ったとの挨拶と労《ねぎら》いの言葉をかけた。屋久島で与えた着物、布団、薩摩で追加した夜具、さらには牢乗物もすべてここで引き渡された。

相良が異国人護送の手伝いをした役人に宛てた当日の手紙には、「首尾好く御受け取り相済み、残すこと無き所仕合い安堵仕り候《そうろう》」とほっと胸をなでおろした気持ちが素直に記されている。

出島に在留していたオランダ商館長《カピタン》ヤスペル・ファン・マンスダーレ以下三名のオランダ人にも出頭が促され、早朝から西奉行所の東手にあった御用物方高木《たかき》作左衛門の屋敷で待機していた。奉行の説明によると、通詞の経験をもってしても何語とも判別のつかない言葉を異国人は話しているということであったからだ。

午後から、奉行所で本格的な尋問が行われることになり、オランダ人の立ち会いが要請されたが、異国人がオランダ人を極度に嫌い、面会を固く拒絶したため中止となった。

シドッティは、

長崎奉行所西役所跡（現長崎県庁）

「オランダ人は金もうけだけが目的で、嘘つきで、ローマの信仰に対する反逆者である」と主張して譲らなかったという。

　そして、彼自身は金もうけが目的ではないことを強調して、薩摩領から長崎までの旅費を支払いたいとさえ申し出た。

　おそらくマニラで出会った日本人から学んだのだろう。シドッティはオランダという言葉が出る度に「タバカ《ママ》リ！（謀り）」と吐き捨てるように言い放ったという。

「計らずもオランダ人に出合い候《そうら》はば、相逆らい申し、口も滞り申すべくと存じつき」

　偶然にオランダ人とすれ違ったりすることがあると、尋問の答えも滞りがちになった。

　困り果てた通詞たちは、ひとつの妙案を思いついた。

商館長の日誌によると、その日の夜になって出島に通詞がやってきて、明日からの尋問は異国人から姿を隠して出席してほしいという協力の願いがあったという。

背景にカトリックとプロテスタントの反目があったにせよ、シドッティはなぜ、こんなにもオランダ人を憎悪し、接触を拒んだのか。彼の心理を理解するには、秀吉の時代に遡《さかのぼ》る日本における切支丹の歴史を振り返れば見えてくる。

ザビエルが伝えたキリスト教は当時の日本社会に受け入れられ、ポルトガル、スペインといったカトリック国との貿易が始まった。経済的利益を狙う諸藩の思惑と絡まって、教会が各地に建てられ、信者が増え南蛮文化が栄えた。九州藩主の中には、領地を教会に捧《ささ》げる者も現れるようになった。長崎はその頃、日本で最初の切支丹大名である大村純忠《おおむらすみただ》からイエズス会に寄進され、教会領となった。

ところが、秀吉の宣教師追放令以降、状況は一転する。ヨーロッパ諸国による相次ぐアジア植民地化の波という国際情勢、そして切支丹信徒による反乱と疑われた島原の乱の勃発。布教活動が国土侵略の意図と結びついているという疑惑の深まりと同時に、神の前の平等を説く切支丹の教義と封建国家の価値観との衝突が、だんだんと顕著になってきた。

とうとう、徳川時代になって鎖国令の公布へとなる。切支丹の教えは危険だ、しかし外国との貿易は維持したい、というジレンマの結果、幕府は禁教を徹底させると同時に、長崎に作った人工島（出島）にポルトガル人を収容し、水際で防衛しつつ貿易を続ける方策

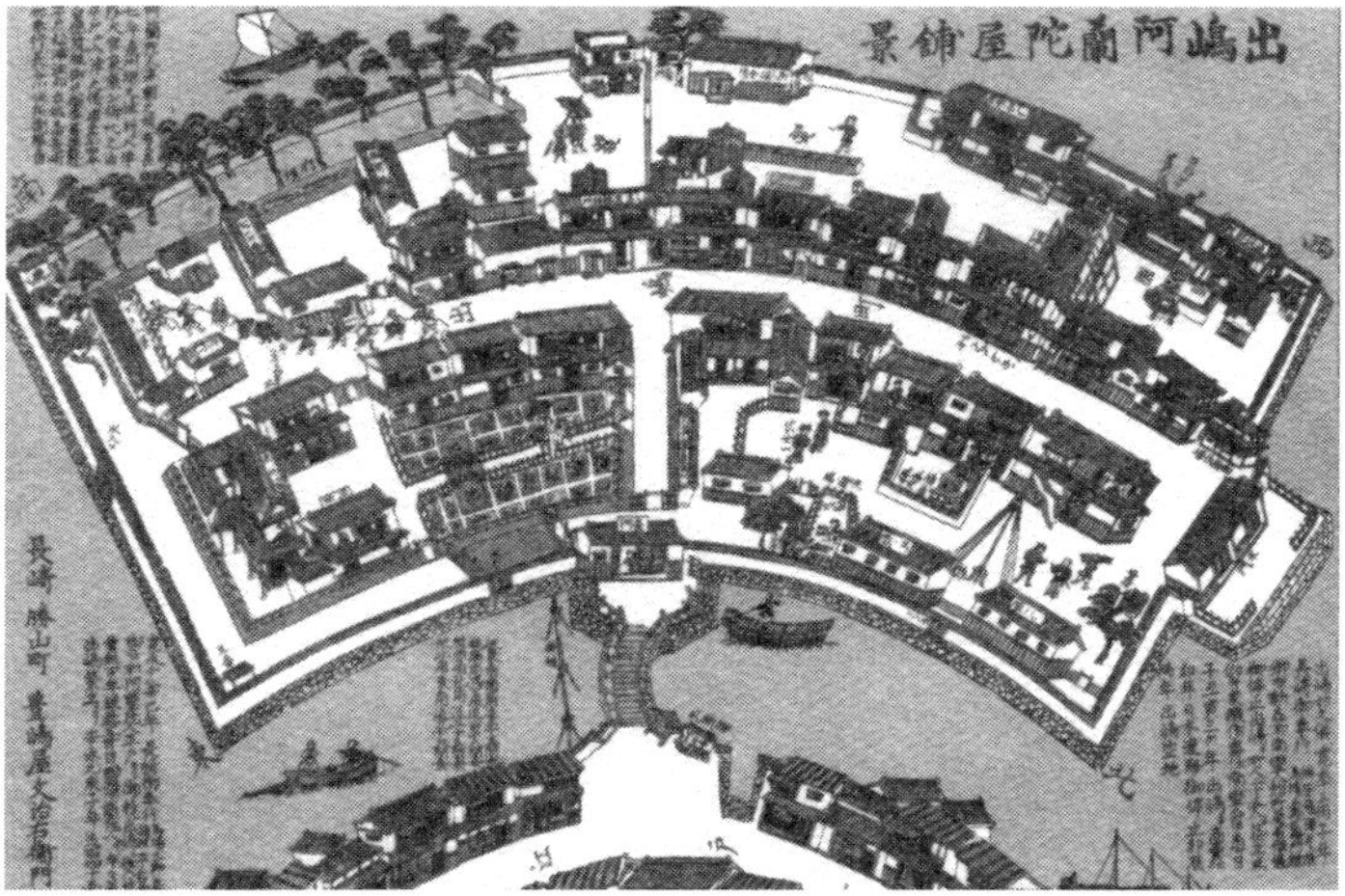

出島阿蘭陀屋舗景（長崎古版画）　長崎の町と一本の橋で結ばれていた扇形の人口島出島は貿易で訪れたオランダ人の居住区だった

阿蘭陀船（長崎古版画）全長 50 m幅 20 m、乗組員は約 100 名。毎年旧暦 7 月頃、長崎湾内に姿を見せた

をとる。

この流れにつけこみ、幕府に取り入ったのがアジアで勢力を強めてきたプロテスタント国のオランダだった。オランダ人は島原の乱の制圧に加勢し、ポルトガル人とは異なり禁制の切支丹とは無縁であることを強調しつつ、幕府との貿易独占を画策した。

そして、とうとう幕府は出島からポルトガル人を追放し、代わりに寛永十六年（一六三九）からオランダ人をそこに住まわせ、中国とオランダだけを相手に限定貿易を開始した。この一連の政治と利権の駆け引きの中で、多くの一般の信者や宣教師が多数、弾圧され、拷問あるいは処刑された。

日本への布教を願ってシドッティを奮起させたものは何だったのか。死を覚悟で日本の地に足を踏み入れた動機の源はどこにあったのか。それは、本来あるべき神の教えをこの国に伝えたい、という一途《いちず》な思いであった。

なぜ、切支丹が一掃された十八世紀初頭の時点に、彼は日本にやってきたのか。その行為の不可解さや不毛さが、時代錯誤的、英雄主義的とも捉えられがちだが、この時代だからこそ、来なければならない理由が彼にあったと思いたい。

つまり、切支丹イコール侵略という誤った構図を日本人の意識から取り除きたかった。だからこそ、日本が戦乱の時代から中央集権国家として政治的に落ち着いた時代に何の国家的援助もなく、単身やってきた。そこにはかつてのような経済的、政治的な意味合いはまったくない。ひとえに日本人の魂の救済に来たということを、その身を通して証明したかったからだ。

そういう意味では、シドッティは宣教師ザビエルの純粋な継承者であり、彼が夢見たのは、まさしくザビエルの時代の日本だったのだ。

そんな理想派の彼にとって、同じキリスト教徒でありながら、利のみに走り、信者の撲滅に手を貸したオランダ人は「タバカリ！」そのものであったということだ。

このような卑劣極まりないオランダ人が間に入ったら、とんでもなく歪曲したでたらめを伝えられ、計画を妨害される可能性がある。何としてでも江戸に行き将軍に謁見して、直接、自分の思いを伝えなくてはならない。長崎でオランダ人に足をすくわれるようなことがあっては元も子もない。シドッティがこう考えたのも、無理はない。

実際にシドッティのこの懸念は、やがて形になって現れることになるのである。


屋久島恋泊《こいどまり》の地で、百姓藤兵衛が出逢って以来、常に礼儀正しく穏やかな人物として日本人の目に映ったシドッティであったが、ここに至り、激しい感情の迸《ほとばし》りを見せて人々を困惑させた。その背景には、このような宣教師としての信念と熱い熱情があった。

マニラで日本行きの船を調達した総督や舵取り役をかって出た船長がそうであったように、ひとりの人間が発する熱い情熱が、周りの人間を動かすことがある。ここ日本においても、

ても、シドッティの純粋さに動かされ、助命に心を配った知識人が二人いた。

一人は江戸在住の幕臣、新井白石。そしてもう一人は、ここ長崎の地に生まれた。二十世紀も末になって、ようやくその正体が明らかになった人物である。

長崎を一言でいえば、「祈りの地」だと言った人がいた。原爆記念碑に切支丹殉教の跡、町のあちこちに見られる教会、仏教寺院そして墓地。人間の愚業と矛盾、そして優しさがこの都市には渾然一体となって包み込まれている。

県立図書館の郷土資料室から窓の外へ目を転じると、真新しく復元されたばかりの立山奉行所が見えた。今から三百十年前、この跡地の一画で、言葉の通じないもどかしさに苦悩する異国人がいた。

第十一章　通詞

ケンペルの愛弟子

ドイツ人エンゲルベルト・ケンペルが、オランダ東インド会社の日本商館（通称・オランダ商館）付き医師として長崎に赴任したのは、シドッティの屋久島上陸に先立つこと十八年前、元禄三年（一六九〇）から元禄五年（一六九二）までの丸二年間だった。二度にわたって商館長《カピタン》に随行して江戸に参府した時を除けば、ケンペルはそのほとんどの時を長崎湾内に作られた人工島、出島で過ごした。

長崎の町と細い一本の橋で結ばれた四千坪ほどの扇形の出島は、オランダ人の幽閉地だった。一年交代でそこに滞在する商館長以下二十名ほどのオランダ人が接することができたのは、上級役人と通詞《つうじ》と遊女だけであった。大勢の護衛を伴って旅をする江戸参府においても、目隠しされた駕籠での移動を余儀なくされ、自由行動はおろか勝手に一般人と接することは固く禁じられていた。

にもかかわらず、ケンペルは地図、書物、仏像などの禁制品をはじめ、動植物、社会、政治、歴史、文化、市民生活にわたる膨大な資料を入手。帰国後、『日本誌』を著し、閉ざされた国ニッポンの素顔を初めてヨーロッパに紹介して大きな反響を呼び、歴史に名を残した。

なぜ、日本語のできない彼が、短期間にしかも不自由な状況下にありながら、このような詳細な情報を得ることができたのか。必ずや、情報や物品収集の足となり、文書類をオランダ語に翻訳した日本人協力者がいたに違いない。ではいったい誰が、どういう動機で、幕府に発覚すれば間違いなく重罪に値する危険を冒してまで、異国人に力を貸したのか。それは、長く謎とされてきた。

ケンペル自身、「非常に学識のある一青年と知り合い、私の目的を達成し、日本の事物を記述する上ですこぶる豊富な収穫をもたらしうる適材を得たことは、全く僥倖であった」と記しながらも青年の身を案じたのであろう、個人を特定できるものは何も残さなかったのである。

ところがごく最近、今から二十八年前の一九九〇年のことだった。日本で開催された「ケンペル里帰り展」の中に紛れていた一枚の文書から、その青年の名前が明らかになる。彼の名は今村源右衛門英生《えいせい》、当時の身分は阿蘭陀《オランダ》内通詞であった。その今村青年こそ後に、長崎奉行所でシドッティと対談、さらには江戸まで付き添い、数回にわたる新井白石の尋問の通訳という大役を果たした人物だったのだ。

赤白青のストライプ三色の旗をなびかせたオランダ船が、江戸時代唯一の貿易港、長崎に姿を見せると、出島は急に慌ただしい雰囲気に包まれる。阿蘭陀通詞たちにとっては、最も忙しい時期の到来だ。

今村源右衛門英生（今村英明氏蔵）

まずは、沖合に繋留されたオランダ船の検分、そして乗船人や積荷の改め、名簿や目録の和解《わげ》（翻訳）といった事務仕事が待っている。そして、オランダ商館長が幕府に献上する『阿蘭陀風説書《がき》』と呼ばれる海外情報書の入手、さらには貿易品の値組みや計算といった貿易実務まで、通詞の仕事は多種多岐にわたる。もちろん、船員たちの日常生活に関する細々とした雑用までもが彼らの責任範囲である。

単にオランダ語に関することのみに留まらず、出島の貿易と異国人に関するすべての事柄を任されていたといっても過言ではない。

船が出帆した後も、次の年にまた船が入港するまで、出島に滞在する商館長一行の身辺の世話もまた、通詞がすべて担当した。その商館長一行が毎年、往復三カ月かけて江戸の将軍に謁見をする際には、百五十人に上る護衛の宿割り、各宿場での交渉、経理、献上品の管理、拝礼手続き、訪問客の対応などのすべてが通詞の肩にかかっていた。いわば、江戸参府旅行の密着添乗員のような役目である。

これだけのことをこなすには、当然、しっかりとした組織的な動きが必要となる。シドッティが長崎に連行された当時の通詞たちは、百人ほどのピラミッド型の職能集団を作っていた。トップに大通詞《おおつうじ》四人、続いて小通詞《こつうじ》四人、稽古通詞若干名で構成された十人ほどの正規の通詞グループがいた。その下に、これら正規通詞の指示で動き、貿易業務に付き従って口銭を得ている内通詞《ないつうじ》と呼ばれる集団が補佐している。正規の通詞仲間と内通詞は身分が異なり、厳密な一線が引かれていた。それぞれ個別の世襲制がとられ、内通詞が正規通詞に昇進することは、まずあり得なかったという。

今村源右衛門英生は、内通詞の息子として長崎に生まれた。父親の跡を継いで内通詞となるべく、幼い時から出島に出入りしていた。もともと優秀な人であったのであろう。二十二歳の時に、ケンペルに見出され、個人的な従僕として雇われた。

「私はこの抜け目のない青年に直ちにオランダ語を文法的に教え込んだ。幸いにも彼は早くもその年の終わりにはオランダ語で一応文章を書き、日本の通詞といわれる連中が足許にも及ばぬほどよく話せるようになった」と、ケンペルは述懐している。

ケンペルは今村青年に徹底した語学教育を授けるとともに、解剖学、医学、植物学と自らの持てる知識を惜しみなく注いだ。そして、今村青年はケンペルの助手となり、二度にわたる江戸参府にもつき従い、請われるままにさまざまな情報の収集に奔走することになる。その過程で、青年はおそらく鎖国当時、誰も触れることのできなかった西洋の最新知識と語学を獲得していった。

ケンペルが日本を去ってから四年後、今村は家格を超えた待遇で正規の稽古通詞に、さらに翌年には小通詞に任命される。そして宝永四年九月、シドッティが屋久島に上陸するちょうど一年前には、なんと三十七歳にして最高峰の大通詞に昇格した。

彼の語学力と西洋事情に通じた知識がいかに抜きん出ていたかを物語るとともに、通詞という仕事が封建時代にあってさえも能力主義にならざるを得なかったことを物語る逸話である。

さて、異国人尋問の命《めい》を受けて最初にシドッティと対面した通詞がこの今村源右衛門であった。しかし、この俊英の今村であっても意思の疎通が難しいことを即座に認識せざるを得なかった。

今村から会見の模様を聞いたオランダ商館長ヤスペル・ファン・マンスダーレは、『商館長日誌』に以下のように記している。

「例の異国人と長時間談話を試みた今村が了解した事項は、まぎれもなく邪宗門の僧侶であることの他に耶蘇の死と復活に関すること、十階級もある多くの仲間の中から選抜されてきたことなどであった」

シドッティが語る何国語ともつかぬ言葉は、どうもラテン語らしいと推測した今村は保管していたラテン語の辞書から多くの言葉を前もって予習していた。おそらくこの辞書はケンペルからの贈り物だったのだろう。今村はラテン語を拾い集め、ポルトガル語を交えつつ異国人と向き合った。ちなみに、ポルトガル人との交易を中止して久しく経ったこの時代、南蛮人の言葉は邪教の言葉と忌み嫌われ、まったく使われなくなってしまっていた。通詞の中で唯一、今村だけが多少ともポルトガル語の知識があった。

しかしシドッティ自身は、ポルトガル語は苦手であった。「日本語が最もよくわかる」と胸を張ってみせたが、残念ながらこれは、「到底諒解し難い片言に過ぎないものであった」という。

言葉が通じないもどかしさからか、シドッティは時々、天を仰いだという。

羅馬人欸状

十一月十日午前十一時にオランダ商館長マンスダーレ、下級商務員シックス以下三名の商務員補に出頭命令が出された。補助員のうち、アドリアン・ダウはラテン語が、アントニー・ウィルケンスはポルトガル語が少し理解できたという。

オランダ人一行と奉行所役人四名、横目二名が多数の通詞の案内で奉行の前に出向くと、役人の一人が労《ねぎら》いの言葉とともに商館長の耳にこう囁いた。

「僧侶があなた方に迷惑をかけることを話しても、どうか冷静にしてもらいたい」

そして、障子で仕切られた特別な離れの小部屋へと導かれた。そこは謁見室の入口の反対側にあり、木の床の上には中国製の敷物が敷かれていた。

通詞が質問している間は、この物陰に身を隠して黙ってやり取りを聞き、オランダ語で内容を書き留めてほしい旨を告げられた。

どうやら、シドッティはオランダ人が同席するなら一言もしゃべらない姿勢を貫くつもりだったようだ。

商館長は障子に細工をして小穴を開け、そっと中の様子を覗いた。

やがて、手鎖をはめられた背の高い痩せた男が、番人に案内されて部屋に入ってくるのが見えた。

「彼は青ざめて面長で鼻が大きく、一瞬日本人かと思える黒髪であったが乱れており、日本風の頭は月代《さかやき》が伸び放題で髭と見分けがつかなかった。日本の着物を身につけ、はだけた胸に白い肌着が見えた。首に金の鎖をかけ、そこには銀あるいは銅製のキリスト像のついた木の十字架をかけ、片方の手でロザリオを持ち、もう片方の手には二冊の本があった」と、商館長マンスダーレはシドッティの第一印象をこのように書き残している。

謁見室の正面には奉行二人が座り、対極に一脚の小椅子が置かれ、上に古びた薄いマットが敷かれていた。異国人はその椅子に座らされた。

奉行の横に座った今村は、かねて準備していた質問事項に沿ってポルトガル語で質問に挑んだ。異国人は紙を要求し、何か書き込みをしては説明を試みた。

手振り、身振りの問答や筆談を試みること一時間半にわたった。

「いろいろな言葉を取り混ぜ、さらに日本語らしきものも使うので、理解するのが難しかった。中でもオランダ人を誹謗《ひぼう》する語気が際立った」

たぶん、この時シドッティは障子の向こうで息を潜めているオランダ人の存在に気がついていたのではないかと思う。彼の発する言葉のほとんどが身振りを交えた日本語らしきものだった上、再三、オランダ人のことに言及し、頭や手を振って「ハ、ハ、ハ」と笑い、「タバカレ!」を連発したという。

結局、ひとつもまともな質問が発せられることもなく、シドッティの独演会で最初の尋問は幕を閉じた。この日の成果は、名前の推定のみというなんとも消化不良の結果に終わった。

尋問後、シドッティが書いた紙をオランダ人が見たところ、イタリア文字で名前や図や世界地図が書かれていた。

「タバカレ」呼ばわりされたオランダ人にとって、シドッティの態度はよほど腹に据えかねたらしい。オランダ商館長は、その夜の日誌を「今後は奉行所には赴《おもむ》かず、書面方式の協力に限りたいと奉行に提案する意思を固めた」と締めくくっている。

さすがのケンペルの愛弟子、今村もこれではまったく歯が立たない。ポルトガル語でも日本語でも意思の疎通が難しいとなると、残るはラテン語による質疑応答の方法しか残されていなかった。

奉行は通詞たちを出島に送りこみ、オランダ商館にラテン語の知識のある補助員アドリアン・ダウによる語学教授を依頼した。翌日の十一月十一日のことだった。

習うのは大通詞今村源右衛門と稽古通詞の加福喜七郎、品川兵次郎の三名、その他二名の内通詞を含む計五名であった。毎日、この五名が橋を渡って出島に通い、ラテン語の特訓を受けようという次第である。中でも筆頭格の今村の責務は重い。長崎奉行としては、とりあえず早急に幕府に何がしかの調書を送り、お伺いを立てなければ事態は一歩も進展しないのである。何としても、拘留の異国人とコミュニケーションを図り供述を取らなくてはならなかった。

それから八日間にわたり、今村たちはラテン語の即席習得に専念することになる。短期間で新しい言語を学び、尋問し調書を書き上げるほどの語学力をつけなくてはならない通詞たちも大変であったろうと想像する。

また、そのまま奉行所に据置きになっている屋久島の藤兵衛たちや阿波国《あわのくに》の漁師たちにとっても、気がもめる時間であったに違いない。尋問の内容いかんによっては、お咎《とが》めを受ける可能性もあり、また二度と国元に帰れないかもしれないのである。

そして約束の十一月十九日、今村は「二十四箇条の問答」を手に、再びシドッティを尋問した。通訳の補助がいまだ必要なことから、今度はアドリアン・ダウも同席させた。言葉がどうしても通じないので、「最善を尽くすべく」オランダ人を一人、通訳に立たせることを異国人に申し聞かせてようやく納得させたと奉行の記録はいう。

シドッティにしても、そういつまでも意地を張っていたのでは、事態が進展しそうにないことをようやく悟ったのであろう。

しかし、ここでもまたダウの椅子の位置についてひと悶着が起こった。シドッティが座る椅子の横にもう一脚、椅子が用意されていたからだ。

「不倶戴天の敵と同じ扱いを受けるとは。犯罪者と同じ場所に座らせられるのは屈辱であり、蔑《さげす》みである」

と、今度はオランダ商館長が異議を申し立てた。あくまでも、自分たちはシドッティ側ではなく奉行側に付くべき存在である、つまり尋問する側に属していることを明確に誇示したかったのだ。書面だけの協力をにべもなく却下された商館長としては、この頃には募る苛立ちを抑えきれずにいた。

結局、ダウの椅子はシドッティと反対側、今村通詞が座る畳の脇に据えられ一件落着した。

この時の問答の一部始終は『羅馬《ろうま》人欸状《じんあいじょう》』という形の調書に仕立て上げられ、幕府に送られた。そしてそれが新井白石の目に触れたことが契機となり、シドッティの江戸護送が実現するのである。

幕府が元和元年（一六一五）に切支丹《きりしたん》追放令を発布して以来、実に七十五名もの外国人宣教師が日本の地に潜入を試み、そのほとんどが長崎で殉教あるいは拷問の果てに棄教している。一時の宣教師潜入ラッシュの時代から時を経ているとはいえ、比べてシドッティに対する異例の処遇の寛大さはどういうことだろう。

シドッティと白石を結ぶ線を引いた人間が長崎にいたのではないか、という思いを私は長く拭《ぬぐ》えずにいた。同時代の日本を見た異国人ということで、ケンペル関連の著書をあさっていたときに、目に飛びこんできた今村の存在は、そのことを裏付けてくれたように思えてならない。

私の個人的な経験から、言葉を訳す人間がその対談の結果に与える影響の大きさを実感することが多い。一つの言語が頭に入ると、通訳者は持てる知識、経験、情報を総動員して、異なる言語に置き換える作業をする。その過程で、あってはいけないことかもしれないが、通訳者の思考や意見、相手に対する好悪感といった微妙な感情がどうしても挿入されてしまうことは避けられない。

通訳という仕事は、一見、目立たない存在のようでありながら、実は話の局面に大きな影響力を持つこともあるのだ。別の言葉で言えば、影の仕掛け人として自分の思うところに話の結論を落とし込むのも不可能ではないということだ。二国間の国際会議などで、必ず両国の通訳が随行しているのは、こういった理由があるのだろう。

ケンペルの片腕として、身の危険を冒してまで献身的に奔走した今村の心の中では、西洋の文化や科学に対する理解とともに、幕府の鎖国体制への疑問が芽生え始めていたのではないだろうか。

そしてシドッティと出逢い、学究的な人柄とその背景にある知識の深さにケンペルと相通ずるものを敏感に感じ取ったのだろう。このまま拷問、処刑してしまうにはあまりにも惜しい人物だった。幕府に提出する書類にその思いを微妙なニュアンスに託して織り込むことで、新井白石の興味を引き込んだということは充分に考えられる。

阿蘭陀通詞今村源右衛門英生は、五十八歳で八代将軍吉宗《よしむね》の御用方通詞兼通詞目付という最高職に就き、四十二年間にわたり第一線の通詞として仕事を全うした後、六十六歳でこの世を去った。

彼の助けなしでは書かれることはなかっただろうケンペルの『日本誌』は、一七二七年に出版されて以来、ドイツのゲーテやカント、フランスのモンテスキューやヴォルテールといったヨーロッパの啓蒙主義思想家に大きな影響を与え、日本に開国を迫ったアメリカのペリーも黒船の中に持ち込んでいたという。

また、彼の通訳なくしては書かれることはなかっただろう新井白石の『西洋紀聞』は、長く禁書の扱いだったが、幕末の頃、西洋事情を探る手掛かりとして多くの幕臣や藩士たちに愛読された。

鎖国日本を舞台に、この二人の知的巨人が残した著書が、後の世に果たした役割の大きさを考える時、ひとりの通詞の存在の特異さを思わざるを得ない。

さて、この阿蘭陀通詞が謎の異国人僧侶シドッティに突きつけた「二十四箇条の問答」とは、いかなるものだったのだろうか。

第十二章　問　答

二十四箇条の問答

　時は宝永五年十一月十九日（一七〇八年十二月三十日）、所は長崎奉行立山奉行所。屋久島から移送された謎の異国人と、長崎奉行が誇る精鋭、大通詞《つうじ》の今村源右衛門が対峙した。通訳として同席するのは、オランダ補助員のアドリアン・ダウ。日本側からは奉行二名に通詞目付二名と通詞七名も立会人として周りを固めていた。オランダ商館長《カピタン》のマンスダーレは障子の向こうの別室に座って、一部始終に耳をそばだてていた。

いよいよシドッティに対して、本格的な取り調べが行われようとしていた。前回は言葉が通じず、ほとんど尋問の形をとることができなかったが、アドリアン・ダウから即席のラテン語教授を受けた今村は、今度は何としてもシドッティから調書を取り、江戸に送る書状を作成しなければならないという窮地に立たされていた。

今の暦でいう晦日《みそか》のことである。南国の長崎においても、冷え冷えとした空気が奉行所の中に流れていた。異例のスピードで大通詞に任命されてまだ一年ちょっと、三十八歳の今村はまさに身の引き締まる思いでこの日を迎えたに違いない。

その今村の手にあるのは、先に準備した二十四の項目にわたる質問状であった。

一、何国の者により候《そうろう》哉《や》（どこの国の者なのか）

一、名は何と申し候哉《や》（名は何というのか）

一、歳幾つに成り候哉《や》（歳は幾つなのか）

尋問は定則通り、出身国、名前、年齢といったいわゆる基本的な人定質問から始まった。対するシドッティは、イタリアはローマの者で、名はジョバンニ・バッティスタ・シドッティ、年齢は四十一歳であると簡潔に答えている。

オランダ語に訳された質問を今村が発し、それをダウがラテン語に変換してシドッティに伝え、シドッティの答えはラテン語からオランダ語を通して、「いたりあ国之内ろうまの者にてござ候。名はよわんばつてすたしろうてと申し候。歳は四拾壱に罷り成り申し候」

という和文に訳され記録されていく。

　続く職業についての質問で、「宗門にて伴天連《ばてれん》（神父）か、伊留満《いるまん》（修道士）か」という単刀直入な問いに、シドッティは「ローマ切支丹《きりしたん》宗門の師であり、出家である」とまったく悪びれることなく答えているが、その実、伴天連であるとも伊留満であるとも明言していない。もちろん、ローマ教会の立派な司祭であったのだが、彼にしてみれば肩書きなどどうでもいいこと、神に仕えることを使命とした俗世を離れた身であることを言いたかったのであろう。

　ここまでくれば、次はいよいよ本題かと思うのだが、今村はここでふと矛先を転じ、国元の親、妻子、親類の有無とその職業を尋ねた。

「国元には母親が存命しています。父は他界しました。兄は私と同門の出家です。妻子はいません」

　いかに、異国の切支丹とはいえ、空から降ってきたわけではない。親もあり、兄弟もある身の上であることがここで判明する。不可解な人物でしかなかったシドッティに、初めて生身の人間としての肉付けがなされたわけだ。

　私は今、長崎奉行所から幕府に提出された「羅馬《ろうま》人欸状《じんあいじょう》」の中の「異人申口之覚《おぼえ》」と、尋問項目の素案と思われる「異国人江《へ》可相尋事」という通詞のひとりであった中山喜久衛門の写しを読み比べて、尋問風景を頭に描いている。

平たくいえば、後者は聞き出すべき内容を記したノートであり、前者はその答弁部分を幕府用にまとめた報告書である。どちらもそっけない文語体で書かれた公文書だが、ふたつ並べて行間を読んでいくと、尋問者と答弁者の駆け引きや心の揺れのようなものが見えてくるようで、とても興味深い。

さしずめ、今村通詞は法廷尋問において好意的かつ穏やかに質問を進める主席検事、シドッティは自己の行為に対する確固たる信念と、咎《とが》があるのであれば一身でそれを受けようという不退転の決意を持った容疑者、周りに控えた面々は傍聴人というところだろうか。

さて、これまではまだ尋問の入り口である。これから、いよいよ核心部分に触れていくわけだが、「異人申口之覚」と「異国人江可相尋事」がここから順序が食い違っている。さらに、質問書には二十四箇条上げられているのに対し、報告書には十四箇条と数が減っている。

察するに、限られた情報をもとに取り急ぎ質問事項を用意したものの、シドッティが問われていないことまで先に言及することもあり、必ずしも準備した順序通りにいかなかったということだろう。そこで、質問状のほうは添付しないで、答弁部分のみを最終的に十四箇条にまとめたと考えられる。

別の見方をすればひとつひとつの事項を形式的に答えるよう強制したものではなく、自由な供述が許された尋問だったようにも思える。また、いくつもの異なる言語を経由しての問答は、かなり困難かつ混乱した状況下で行われたのだろうと想像する。

屋久島沖に見えた異国船のこと、協力者の有無についての質問にシドッティは以下のように答えている。

「私はローマ切支丹の総主（教皇）から、日本に切支丹宗門の教えを勧めるよう六年前に申し渡されました。日本の言葉を習い、三年前の七月上旬頃にローマを出ました。その時、私と同門の出家であるトゥールノンという者も唐の北京に派遣されることになり、一緒に出発しました。呂宋《ルソン》（マニラ）から同門の者は北京に向かい、私は日本を目指し、屋久島に着いて、一人で陸に上がりました」

実は、今村はここでシドッティが乗ってきたと思われる屋久島沖に見えた船について、国籍と乗船の人数について聞いているのだが、協力者に害が及ぶことを危惧したのか、シドッティは巧妙に話をずらして答えている。

シドッティと海上で接触した阿波国《あわのくに》の漁師たち六名、そして屋久島は恋泊《こいどまり》の松下で出逢い、村に連れ帰った藤兵衛たち五名は、まだ長崎奉行所の一角に拘留されたままになっている。彼らの処遇も、早急に考えなければならない。今村は、次にこれら日本人たちとの接触の模様と、金銭の授受を尋ね、当人たちの答弁との整合性を確かめている。

「船の中の飲料水が底をついたところ、魚取りの船を見かけたので、橋船に七、八人乗って近づき、水をもらえないかと呼びかけたが、聞こえなかったようで、船は陸の方へ漕ぎ行ってしまったので追いつけなかった」

「屋久島に上陸したところ、日本人の家に連れて行かれた時、食事をもらった。お礼に金子を取り出したが、すぐに差し戻された。船で江戸に連れていって欲しいと頼んだが、通じなかった」

シドッティの言葉の端々に、まったくの偶然により遭遇した日本人たちに、迷惑をかけないようにという慎重な配慮が感じられる。

重ねて異国船はその後、屋久島からまっすぐに帰ったこと、他に潜入者はいないこと、すべてがまったくの単独の行動であったことをシドッティは強調した。

そして、いよいよ宗門の話である。屋久島で、そして薩摩を経て長崎まで送られてくる間に日本人相手に宗門の話をしたか、つまり布教したかという点についての質問が続く。この質問には、ふたつの意味が込められている。シドッティがもうすでに布教活動を開始したのかという点と、接触した日本人がその話に耳を傾けたかどうかという点である。もし、藤兵衛たちをはじめ付き添いの番人など、道々の日本人がすでに切支丹信者になっていたとしたら、由々しき事態になりかねない。

切支丹は幕府が禁じた邪教であるという一般概念にもとづき、それはまるで伝染病か何かのように人から人へ簡単にうつるもののように思っているようである。

この質問に対しては、シドッティは機会あるごとに話しかけたことを率直に認め、言葉の壁があり何も通じなかった、と答えている。もっともなことである。

答弁が理路整然と一貫しているのに比べ、尋問の方向は行きつ戻りつしがちだ。ここで、また潜入の時点へと質問が戻る。おそらく、誰しもが最初に感じた疑問、なぜ月代《さかやき》に頭を剃り、羽織袴を着て日本刀まで腰に差していたのか、誰がそのような物を都合したのか、という点である。

「その場所ごとの風俗を学ばなければ、その場所の者が笑うでしょうから、日本人に姿を変えました」

つまり、「郷に入らば、郷に従え」。惑わすための変装ではなく、日本の風俗に合わせたまでであることを強調している。これは、彼のまったくの本意であると思う。日本人に扮しても、一瞥《べつ》すれば異国人であることは誰の目にも明白である。ここはやはり、日本の文化を尊重する姿勢を体現したかったのであろう。貴族である彼は、日本の侍《さむらい》の精神性に共感するものを感じていたのかもしれない。ここでさらに、月代は屋久島に着く直前に船中で剃り、羽織袴や刀は呂宋《ルソン》の日本人町で入手したことも明らかにしている。

最後の大詰めの質問は、潜入の目的と行動計画、そしてなぜ長崎を嫌い江戸に行きたがるのかという最も重要な三点であった。

この重点事項に関して、オランダ商館長の日誌と奉行所の記録に微妙な違いが見られる。

潜入の目的について、『商館長日誌』では「将軍と信仰について話し合う目的で来た」

と使節としての役割をシドッティが主張したと記しているのだが、なぜか実際に和文で記録されたのは、「江戸で宗門の教えを広めたい」となっている。

まるで質問の意図をはぐらかすかのように、ただ江戸に行きたい理由のみを簡単に述べたようなニュアンスになり、使節ではなく単なる布教目的の潜入であると片づけられてしまっているのである。

このあたりに、オランダ人の隠された意図が見え隠れする。布教を前面に出すことで、いかがわしい伴天連と決めつけてしまえば、自分たちに余計な疑惑や面倒がかからずに済ませられると考えたのであろう。

これに関連して、翌日行われた荷物改めの場面での出来事も付け加えておきたい。

シドッティが持参してきた黒木綿の袋の中の品物がひとつひとつ取り出され、その名前や用途が吟味された時のことだ。シドッティは、教皇クレメンテ十一世の署名のある命令書の束を示し、ダウにその条項を読み聞かせたと『商館長日誌』にある。が、江戸に送られた黒袋の中身のリストからそれだけが抜け落ちているのだ。新井白石による取り調べの場でも、その命令書の束は目にされることはなかった。つまり、江戸に送られた形跡がない。

唯一、所持品リストの中でそれに近いと思われるのが、「横文字反古《ほご》」とされた二十四枚の中に、一枚だけ入っていた「ロウマ惣司（教皇）の者より遣候往来切手（通行証）」

である。しかし、「命令書の束」と「通行証一枚」では、内容も量もはなはだしく異なる。また、シドッティが単なる通行証を命令書と偽って示してごまかしたというのは、彼の人間性からして考えづらい。とすれば、長崎であったはずのものが、リストからはずされたと推測するのが自然であろう。

シドッティがローマ教皇から遣わされた人間であることを示す唯一の大切な証拠品であるこの「教皇の命令書」は、この日を最後にぷつりと姿を消してしまったのだ。

誰かが意図的に隠蔽《いんぺい》したとしたら、それはオランダ人であるとしか考えられない。ダウは命令書を正確に訳さず、そのまま尋問の席でシドッティが描いた図面と一緒にまとめてしまい、所持品リストからはずすように画策したのではないか。

オランダ人としてはシドッティを何ら公《おおやけ》の支援もなく、単なる酔狂で勝手に日本に潜入した宣教師として、決めつけてしまいたかった。ここで、ローマ教皇の権威なぞが持ちだされては話が複雑になり、貿易を独占しているオランダの立場も危うくなりかねない、という判断がそこでなされたのかもしれない。

また、江戸での尋問にダウも付き添うよう奉行が要請し、それがオランダ側の抵抗により無事回避されたときのことだった。商館長は、「もし、オランダ人の派遣は必要ないという幕府の指令が届かなければ、我々の努力も水泡に帰したことでしょう」と、意味深長な心情を吐露《とろ》する手紙をバタビア総督に送っている。

教皇の命令書を聞き取ったダウが、シドッティに問いただされ、江戸で不用意にそのことに言及してしまうことを恐れたようにもとれる。

実際に、この教皇文書がないことにより、使節であることを主張するシドッティの言葉は裏付けを失い、苦境に立たされてしまうのだった。

結局、幕府にとっていちばん聞きたいところであった計画や方法、具体的な狙い、そして背後の協力者の存在といった全体像は長崎ではついぞ語られることはなかった。実際のところ、江戸で宣教の許可をもらうという一点以外、シドッティには明快な計画性もなかったし、方法論も立てづらい状況であったのは確かだ。尋ねられても、答えようがなかったというのが実際の心境であったに違いない。

江戸という言葉が出てきたところで、今村としては、微妙な問題についてはいっさいを幕府中枢部の判断に任せてしまいたいところであったろう。それ以上の追及は避けている。

この不徹底な報告を目にした新井白石は、「推量にて済ましがたく候」と持ち前の好奇心を大きく膨らませ、機会があればぜひ自分が直接、再尋問したいという思いを強く抱くことになる。

最後に、奉行たちは日本では如何なる神父といえども来訪が禁じられているのを知っているのかと聞いた。シドッティの返事は、こうだった。

「そのことは世界中が知っています。しかし、自分とは関係ありません。自分はスペイン人、ポルトガル人その他禁じられた国の国民ではなく、イタリアはローマの人間であるからです」

この返答には、奉行たちは驚きを隠しきれなかった。

ヨーロッパ系の外国人といえば、南蛮人と呼ばれる切支丹国のスペイン人、ポルトガル人か、紅毛人と呼ばれる貿易国のオランダ人、イギリス人の二種類であったはずが、別にもう一種類存在するというのだ。この時、日本史上初めて、ローマ人なるものの存在が提示されたのである。

もっとも、シドッティがここで強調したかったのは、神に仕える司祭はどこの国家にも所属しないということであった。

尋問項目にないもの、つまり質問されなかったことにも、シドッティは自発的に陳述している。

「このように捕えられたからには、日本に留め置くことも、本国に送還することも、また掟《おきて》によってどのように罰せられてもお心次第です。日本で切支丹が禁じられていることは国許でも承知していますし、私も知っていますが、総主（教皇）の命令により、私は海を渡ってきました」

おそらく、これこそがシドッティが最も主張したかったことであり、彼の思いはこの一言に尽きるのであろう。

六代将軍家宣の誕生

こうして、書かれた『羅馬人欵状』は「長崎奉行所注進」と添え書きされ、同席したオランダ商館長、補助員そして今村を含む通詞、合計十二名の署名入りで直ちに江戸に送られた。同時に、事件の進展を示す薩摩藩家老と長崎奉行の往復書簡、異国人の所持品を図入りで記した書面も添付された。

文書の江戸到着は、十二月初旬であった。

しかし、長崎の町に師走の賑わいが訪れる頃になっても、幕府の返答は一向に届かなかった。いわゆる、沙汰止《さたや》みの状況のまま滞っていた。

野犬の保護に始まった「生類憐《しょうるいあわれ》みの令」を発令した独裁者徳川綱吉《つなよし》は、蚊を叩きつぶした罪で処刑、馬のたてがみを切った咎で入牢を申しつけるなど、偏執的ともいえる無慈悲かつ不条理な恐怖政治を弄《もてあそ》んでいた。これほど、人の命《いのち》が軽んじられた時代はほかに例がないといってもいい。鎖国を破り僻島の海岸に上陸した異人の宣教師の命《いのち》など、一粒の砂ほどの重みもなかった。お上から「処刑」の命《めい》の返事を待つのみといった状況で、立山奉行所内でのシドッティの拘留は続いた。

実はこの頃、シドッティにとっては幸運ともいえる大きな政変が、将軍家を舞台に起きようとしていたのだ。

この年は秋口から麻疹《はしか》がはやり、冬に近づくにつれて患者が急増していた。新井白石がその厚い信頼を一身に受けていた将軍世子《せいし》（世継ぎ）の家宣《いえのぶ》が麻疹にかかったのが十二月四日、ようやく床払いできたのが同月二十六日だった。続いて、正月早々の元旦に今度は綱吉が罹患し年賀も受けられない状態になる。一月九日になって快癒の祝いが開かれたまさにその翌朝、容態が急変し、第五代将軍徳川綱吉はあっけなく世を去った。

この予期せぬ突然の出来事に、江戸城内外は上へ下への大騒ぎとなった。通常なら、ここで次期将軍職をめぐって血なまぐさい世継争いが起こっても何ら不思議ではない。しかし、無用な争いごとを嫌う白石の根回しが功を奏して、一滴の血も流さず綱吉の側近は速やかに江戸城を去り、第六代将軍家宣が誕生した。

人徳に基づく文治政治を目指した政治改革家、新井白石が将軍家の最高顧問として権力の頂点に立った瞬間である。

宝永六年はこうして年の始まりから、葬儀、供養、新将軍誕生の祝賀、将軍宣下《せんげ》の大礼と慌ただしく過ぎていった。白石も毎日、登城しては「生類憐みの令」を廃止し、罪なき多くの牢人に恩赦を与え、公正迅速な裁判の実行を図るなど、数々の政治改革に着手する多忙な日々を送っていた。

ひと夏が去り、また秋風が長崎の港に吹き寄せる頃となった。シドッティ江戸招聘の幕命が、ようやく正式に長崎にやってきたのはその年の九月二十五日のことだった。今村源右衛門が報告書を提出してから、早くも九カ月の月日が経っていた。

しかしこの間、無為に時間が過ぎていたわけではない。綱吉の死去直後から、白石は切支丹についての研究を開始している。江戸城に保管されていた文書、記録の中から、乏しいながらも手に入るだけの情報を秘密裏に収集し、次々と読破していった。白石のシドッティに対する並々ならぬ興味が感じられる。

おそらく非公式ながらいずれ江戸に召還する旨、長崎奉行に通知があったのだろう。江戸での尋問の通訳として期待されている大通詞今村源右衛門もまた一月末からラテン語習得の勉学に戻った。尋問前に通った出島に毎日出向き、オランダ人アドリアン・ダウ相手に言語の研鑽に励む日が続く。

一方、念願の江戸行きが実現することになったシドッティの心境はいかなるものだったろう。処刑されても致し方がない覚悟でいた矢先に、奇跡のような状況変化が起こり、ここまで順調にことが進んだのだ。ひたすら神に感謝と祈りを捧げ、深く瞑想に耽る日々を送っていたことだろう。

宝永六年（一七〇九）秋、当代随一の経世思想家新井白石と、異国から来た宗教思想家シドッティ、この東西二人の知識人の来るべき出逢いの日に備えて、三人三様の準備が着々と進められていた。

この間のシドッティの様子を伝える記録は少ないが、『通航一覧巻之百八十九南蛮意大里亜国部二』にこのような一文がある。

「薬物と覚しき丸薬一つを、三十日に一度用て《ママ》、飢を凌《しの》ぎ由也」

これは、おそらくミサの時に用いる聖体パンのことであろう。旅用に乾燥させ、マニラからの船に持ち込んでいたものを、月に一回のミサ聖祭の祈りの際に口に入れていたと思われる。

ちなみに、奉行所の記録では、長崎滞在期間中、シドッティにはオランダ人と同じ内容の食事が給されていたという。

藤兵衛、島に帰る

気にかかるのは藤兵衛たち屋久島の百姓、そして阿波国の漁師たちのその後である。百姓たちは宝永五年十一月十一日、漁師たちは十一月二十一日、それぞれ一人ずつ吟味された。阿波国の漁師の吟味が遅れたのは、異国人の言いたてとの整合性が確認される必要があったからだ。そして、個々の証言を照合し食い違いがないことが確認され、切支丹であるか否か踏み絵も試してみた結果、「疑わしき儀も無くござ候」という結論が下された。

めでたく嫌疑が晴れた十一名は十一月二十九日付で無罪釈放となり、再び五代助太夫に引率されて薩摩に戻ったとされるのが十二月六日であった。そこから、それぞれの故郷へと帰路についた。

長崎から脇元に行き、薩摩の国を抜けて船で屋久島は宮之浦《みやのうら》村へ、屋久島の百姓たちは十二月中旬頃に島の南端の恋泊《こいどまり》村に着いたと思われる。長崎に向かう時は罪人扱いで大勢の護衛に囲まれての道行きであったが、帰路はおそらく気楽な旅をしたことだろう。

恋泊の海岸で薪刈りの途中で異人に出逢い水を与え自宅に連れ帰った藤兵衛、急を知らせた安兵衛、藤兵衛を助け異人の荷物を持ち肩を貸して一緒に村まで歩いた喜右衛門に五次右衛門、異人のために食事の用意をした五右衛門。それぞれが、ふとしたことから遭遇した数奇な数月間に思いを馳せながら、足取りも軽く家人のいる村へと急いだに違いない。

宝永六年六月十一日、第一発見者の藤兵衛には、薩摩藩の家老島津将監より琉米百俵が下付された。(『三洲御治世要覧年代記』清水盛富)

計算してみると百俵は四十石、重さ六トンに相当する。屋久島代官の給与が年米五十石であり、米一石が屋久杉の平木百四十束の労働力に値する当時の経済指標からすると、一農民には過分な褒賞であった。

まさに後世に長く記憶されるに値する、島人《しまびと》にとっては歴史的な大事件であったことは間違いない。

シドッティから食事のお礼に金貨や金塊を渡されても、固辞して受け取らなかった藤兵衛のことである。もらった米は村の衆と分かち合ったことだろう。隣人の無事帰還を喜びながら、異人騒ぎの顛末に話の花を咲かせ、芋焼酎を真ん中に宴を囲む人々の顔が目に浮かぶ。

数奇な運命に遭遇したばかりか、白石の名著『西洋紀聞』にもその名を残すことになった藤兵衛たちは、その後屋久島でどういう生涯を送ったのか。残念ながら、今では何の痕跡も残されていない。周辺の集落を含め、墓地をくまなく探してみたが、彼らの墓を見つけることはできなかった。屋久島では昭和になってから、幾度か墓地が改葬され墓石が埋められたため、古い墓はほとんど原形を留めていなかった。

唯一の手がかりは、シドッティ上陸の十八年後に実施された享保内検の戸籍調べの記録である。それによると、四戸だった恋泊村の戸数はたった二戸に減り、人口は十五名。すでに亡くなったのであろうか藤兵衛と喜右衛門の名前はなく、安兵衛が四十二歳、五右衛門は六十三歳、平内村の五次右衛門は六十歳となっている。

第十三章　江　戸

唐丸籠の異国人

宝永六年九月二十五日（一七〇九年十月二十七日）、有明海が東雲《しののめ》の光を浴びてうっすらと染まる明六ツ時（午前六時頃）。二丁の唐丸籠《とうまるかご》を取り囲むように歩く総勢五十名ほどの一行が長崎街道を上った。長崎は立山奉行所から小倉まで上り下りの道を進むこと五十七里（約二三〇キロメートル）。その後は下関から海路で兵庫まで上り、大坂から一気に東海道を経て江戸に向かう。

三十六日間の長旅である。オランダ商館長《カピタン》も年に一度、将軍に謁見するためにこの道を上った。しかし、着飾った百名から百五十名の列が続く商館長の江戸参府のような華やかさは、まったくというほどなかった。街道で見送る人の姿もなく、ひっそりと息を呑むような好奇の眼だけが接触を禁じられた唐丸籠に注がれていた。

「我々は、オランダに疑惑が降りかかるのを何としても防がねばならない。将軍か閣老の尋問に対しては、プロテスタントとカトリックの違いに関して慎重に答えるように通詞《つうじ》に勧告した。これで本件は片がつき、肩の荷が下りた」

出発に先立ち、挨拶に来た通詞たちと別れの杯を交わした後、マンスダーレと交代して出島に赴任したばかりのオランダ商館長ヘルマヌス・メンシングは安堵の吐息とともに一行を送り出した。

商館長は江戸に行くたびに、念を押すように「御条目」を読み聞かされていた。五カ条からなるその約束事の中には、南蛮人（ポルトガル人）との通交禁止と南蛮人の動向報告が義務づけられていた。これを破ると、日本渡海を禁止するとされた。考えてみれば、オランダ人も危ない橋を渡っていたのである。

罪人の移送に用いられた唐丸籠は円筒形の竹籠で、膝を十字に屈した姿勢で人ひとり座るのがやっとの大きさのものだった。中には、約一年前に屋久島の南端に潜入したイタリア人宣教師、ジョバンニ・バッティスタ・シドッティが念願の江戸行きに逸《はや》る気持ちを抱え、静かに座していた。上陸以来の着の身着のままのくたびれた羽織袴に、伸びるにまかせた月代《さかやき》と髭が、待った時の長さを物語り、一段と深くなった陰影が、細く精悍な顔だちをより一層際立たせていた。

籠の前後を、長崎奉行の西奉行所から青地次郎左衛門、立山奉行所から太地覚右衛門の二名が固めた。出島でラテン語を習得したばかりの大通詞の今村源右衛門英生、稽古通詞の品川兵次郎と加福喜七郎の三名は通訳として従い、町使六名に下役人約四十名が交代で寝ずの番をしながら道中を警固した。

彼の行く先は、江戸城外小石川の切支丹《きりしたん》屋敷だった。そして、そこでは首を長くして謎の異人との出逢いを待っている儒臣、新井白石がいた。

東京都文京区、地下鉄丸ノ内線の茗荷谷《みょうがだに》駅を降りて、春日通りを南東に六分ほど歩き、茗台中学校の角を西に折れしばらく行くと、道は階段状になった急な下り坂に突き当たる。庚申《こうしん》坂と呼ばれる坂がここに始まり、坂を下りきった先の線路架橋下に昏《くら》い口を開けたトンネルの中で終わる。

まるで地中に降りていくような具合に狭い階段を下りて、トンネルに足を踏み入れたとき、異次元の世界の入口に踏み込むような錯覚にとらわれた。昔、このあたりは獄門橋という小橋が架けられていたという。

途中でまた上り坂になっているせいかトンネルの先は何も見えない。昼間だというのに暗く、静かで、湿っぽく、辺りには人影もなかった。暗闇の向こうからぎしぎしというペダルの音を立てて走ってくる自転車が一台、黄泉《よみ》の国から現れた亡霊のように近づき、すれ違い、後ろに去っていった。

トンネルを半ばほど進んで、ようやく出口が見えたところから今度は上り坂が明るい外界へと続いている。これが、「東京一の急な坂、命の惜しき人は車を下るべし」と書かれた高札が大正期まで立てられていたという切支丹坂である。

今から三百十年前に、この急な坂のせいで大きく前後に傾いだ窮屈な籠の中で、六尺を超える長身を丸めるように縮ませ、編んだ竹の隙間から江戸のたたずまいを覗《のぞ》いていただろうシドッティに想いが重なる。

日本への布教を思い立ち、ローマを後にしてからすでに六年。その道は長く、厳しいものだったが、不退転の思いが通じたのか、江戸への道は確実に開かれていった。

長崎出島に貿易を限定した鎖国令が浸透するとともに国内は落着きを取り戻し、江戸に町人文化が花咲いた。切支丹史的にとらえれば、秀吉の宣教師追放令から始まった弾圧の嵐は、島原の乱を最後にほぼ終焉を迎え、表面上は国内から神父はおろか一般信者もほとんど一掃されたかのように見えていた。

しかし、なおも切支丹の最後の芽まで完全に撲滅しようとする執拗なまでの幕府の取り

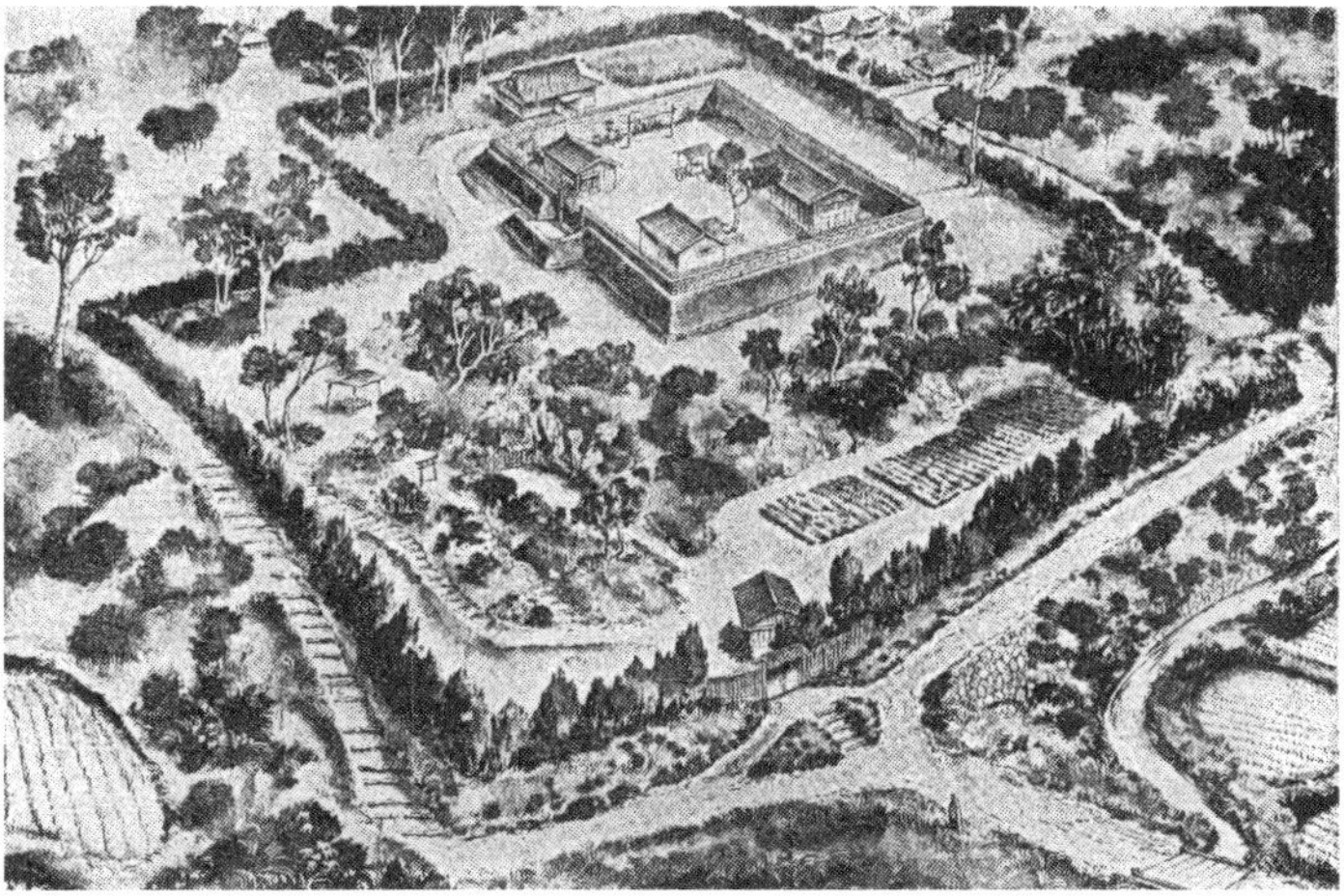

シドッティの時代の切支丹屋敷想像図『殉教者シドッティ』（ドン・ボスコ社）1941 年刊より

締まりが、江戸の一角を舞台に人目を避けて秘かに続けられていたのだ。

現在の切支丹坂は、拍子抜けするほどの明るく、閑静な住宅が両側に立ち並んだどこにでもあるごく普通の坂道だ。車がようやくすれ違えるほどの道幅しかない。上りつめた先を右に曲がって北に一区画歩くと、道脇に「東京都指定旧跡切支丹屋敷跡」と彫られた石碑がぽつんと取り残されたように建てられている。

このあたり、高い塀と深い堀で外界と断絶された七千坪の広大な敷地が、江戸初期から中期にかけて、神父や信者が吟味、拷問され、監禁された収容所であり、「牢屋敷」「山屋敷」「改め屋敷」「御用屋敷」とさまざまな呼称で呼ばれた切支丹屋敷だった。

十一月一日、午前に品川宿を発って江戸の町に入ったシドッティ護送の一行が、ようやく獄門橋を渡ったのは申《さる》の刻（夕方四時頃）だった。切支丹坂の石段を登って屋敷の表門をくぐった右手に門番所があり、同心が交代で詰めていた。敷地の中央あたりに、高さ一丈（約三メートル）、二十間（三十六メートル）四方の石垣が二重にめぐらされていて、外側は土手のように土が盛られている。土手周りには忍び返しの八寸釘が、刃を揃えて天を射していた。その厳重な石垣の狭い門に入ると、そこにまた番所があり、常時五人の与力、同心が二十四時間体制で監視を続けていた。

唐丸籠を伴って石垣の中に入る一行を迎えたのは、大目付の横田備中守由松《よしとし》、作事奉行の柳沢備後守信尹《のぶただ》であった。二人は慣例により、切支丹奉行も兼ねていた。長く、狭い籠に座った姿勢のままであったため、目的地にたどり着いたとき、シドッティは足腰が立たなかったという。

「異人召し連れ、身の回りを改め、邪宗門道具目録をもって引き渡し申し候《そうろう》」（『今村源右衛門日記』）

この日は異人の身柄とその所持品ならびに目録が、長崎奉行から切支丹奉行へと粛々と引き継がれただけで終わった。その後二十日間ほどは、シドッティの体力が回復するのを待つ時間と、所持品の詳しい吟味に充てられることになった。

茗荷谷の牢獄、切支丹屋敷

シドッティが長旅の疲れを癒している間に、切支丹屋敷について触れてみたい。

もともとこの屋敷は、徳川三代将軍家光の時代、幕府の大目付だった井上筑後守政重の下屋敷だった。

当時大名は、常に居住する上屋敷とは別に、下屋敷と呼ばれる控えの屋敷を幕府から支給されていた。下屋敷は郊外にあり、いわば大名の別荘のようなものだった。

家光は、家康、秀忠の時代に出された切支丹禁教令をさらに全国に推し進めて、神父や信者に対して狂気とも表現すべきすさまじい弾圧にのりだした。信者やその周辺だけでなく、信者を匿《かく》まったり、知らずに家や宿を与えた者たちにも邪教の烙印が押された。つまり切支丹と少しでも関わりのあった人間はすべて捕らえられ、流刑や処刑となった。その咎《とが》は一族郎党、村全体にも及び、女子どもにも容赦はなかった。

密告者には南蛮伴天連《ばてれん》（外国人神父）一人につき銀百枚、南蛮伊留満《いるまん》（外国人修道士）と日本人伴天連一人につき銀五十枚の賞金が与えられる高札が立てられ、それは年を重ねるごとに銀二百枚、三百枚、五百枚と、次第に吊り上げられていった。

家光が将軍になった一六二三年から島原の乱が終焉した一六三八年までの十五年間に、

多くの神父や一般信者および関わりのあった人が処刑された。島原の乱と合わせると犠牲者の数は少なく見積もっても五万人といわれているが、実際のところ正確な人数は把握されていない。世界史的にみても、ローマ以外の地でこれだけの迫害が行われた例は他にないと言われる。

処刑の方法も市中を引き回した上で火あぶり、水責め、熱湯責めなど、およそ人が考え得る最も残酷なあの手この手を使って行われた。

常軌を逸したともいえるこの偏執狂的な迫害が、なぜ行われたのか。

神の前の平等を説くことで封建社会の根本を揺るがし、神社仏閣を破壊しようとさえする切支丹は、まさに反幕府的ともいえる革命勢力とみなされた。また、ゴルゴダの丘で苦悶の末、処刑されたイエス・キリストにその身を投影する、いわゆる「殉教」の概念が為政者の目には妖術、魔法的なもののように映った。

信者にとって殉教はすなわち命《いのち》をかけて、信心の証《あか》しや強さを示す最大の信仰行為であった。迫害を受ける者は常にキリストの跡を追い、その光栄に参与するという感情をもった。

肉体が滅びても、永遠の魂の救済がそこにあった。どれほど残酷な仕打ちでたくさんの人間を見せしめに処刑しようとも、死にゆく人間は殉教の誇りと天上の世界を信じ、唇に笑みさえ浮かべ、さらには迫害者に赦《ゆる》しの言葉をかけて命《いのち》を落としていくのだった。

大勢の信者が祈りを唱えながらそんな殉教者たちを見送り、遺物を争って手にしては拝んだ。

殉教のニュースが海外に流れるたびに、信者たちを救おうと鎖国の禁を破って命《いのち》を捨てる覚悟で潜入してくる外国人宣教師は、後を絶たなかった。まさに言葉通り、「殉教者の血は信仰の花を咲かせた」。

為政者にとって、それは不可解かつ奇異な光景であるとともに、底知れぬ恐怖と不気味さを覚えるものであったに違いない。その恐怖心がさらなる迫害を誘い、迫害されるほどにまた殉教の情熱を煽《あお》り、終わりの見えない、いたちごっこのような状況が続いていた。

山間奥深くで民家を転々と移動しては教えを説き続ける外国人伴天連の影、無表情に踏み絵に足を乗せながらも家では仏壇の奥にマリア像を隠し持っているという農民集団の噂。それはまるで踏まれても踏まれても、次から次へと地中の穴から這い出して来る黒蟻《あり》の行列のようだった。

確実に信者の数は減っていったが、なかなか根絶に至らない。家光の焦りは頂点に達していた。

そこに登場したのが井上筑後守だった。井上は、処刑よりも棄教、つまり拷問や詰問で精神的に追い詰め、教えを捨てさせる方針を徹底させた。ある意味では処刑よりも残酷な方法で、特に司祭階級を目標に棄教を迫った。指導者を挫折させることにより、一般信者の信仰の支柱を取り崩そうという目論見《もくろみ》である。彼の手にかかって棄教しない切支丹はいないとまでいわれた。

井上は元和二年（一六一六）に家光の家臣となって五百石の禄を受けてから、次々と出世の道を歩んだ人物だ。九年後の寛永二年には目付となって二千石、さらに七年後には三千石の大目付になり全国の大名たちを監視した。

島原の乱鎮定の功績により寛永十七年（一六四〇）にとうとう一万石の大名となり、日本全国から切支丹を根絶されるよう将軍に進言した。さらに、ポルトガル人を長崎出島から追放、平戸にあったオランダ商館を強制的に移転して鎖国を完成させるのに貢献した。

これらの実績を買われて、将軍家光から大目付と兼任で初代切支丹奉行（宗門改役《あらためやく》）に任命され、外国商船の取り締まりと国内警備を担当し、禁教の最高責任者として手腕をふるった。

そして正保三年（一六四六）、下屋敷として幕府から拝領した小日向《こびなた》の屋敷内に牢屋を作り、棄教した神父らを収容する場所として正式に定めた。これが切支丹屋敷の始まりである。

井上の手法は、いうなれば飴と鞭を上手に使い分け、相手の心理的な弱みを操る懐柔策の行使だった。武士はもちろん町人、百姓に至るまで全員、寺に所属登録させ、近所同士互いに監視させる五人組制度を推し進め、踏み絵も行事として定着させた。

また、大きな影響力を持つ神父や武家切支丹は捕らえた後、時間をかけて詮議、拷問し、棄教と仏教への改宗を迫った。棄教させたあかつきには、自らの屋敷に幽閉し、一切を極秘のうちに処理し世間の目から隠した。

シドッティが連行されたときには、井上から数えて十三代目の切支丹奉行が務めていたが、このころには収容者もなく広大な敷地を保つ必要もないということで、切支丹屋敷は約半分の四千坪に縮小され、一部は旗本や御家人の屋敷地となっていた。

屋敷内には、長屋風の獄舎、神父から没収した十字架、祭器、経典などを収めおく土蔵、取り調べを行う吟味所、井戸などが配置されていた。拷問を行う斬罪所、梟首《きょうしゅ》所や火刑場もあった。屋敷というよりは、刑務所のような造りである。

宝永六年の時点で、そこに住んでいたのは幽閉者たちに先立たれた家族に従僕、そして警備の役人だけであった。この地で息を引き取った多くの聖職者や信者たちの無念と屈辱、諦念と悲哀といった寄るべのない想念だけが主《あるじ》のいない屋敷の中に取り残されていた。

切支丹屋敷のある武蔵国小日向周辺は、「初音の里」と言われ、江戸で最初に時鳥《ほととぎす》が啼《な》き始める場所とされている。一面が茗荷畑であったため、茗荷谷とも呼ばれていた。屋敷は畑を見下ろす高台にあったのだろう。屋敷跡の周辺には坂が縦横無尽に走り、ある坂は路地奥で行き止まり、また別の坂が路地横から始まるなど迷路のように入り組んでいる。

その坂道に沿って、現在は閉じられた住宅の門塀が並んでいる。

冬の平日の午後、もれ聞こえる物音もなく、行き交う車も見えず、舞い散る小雪に吸いとられたようなしんとした静けさだけが満ちていた。

今や東京都が立てた石碑以外、そこが切支丹屋敷であったことを示すものは何もないが、ところどころ住宅の庭から道に枝を広げた大きな樹木が、ここで一生を終えた神父たちの苦悶の証人のように、その影を深く坂道に落としていた。

第十四章　獄　門

転び伴天連

初代切支丹《きりしたん》奉行になり、自らの屋敷を「切支丹屋敷」に改造した井上筑後守政重について、後世の研究者による評価はふたつに分かれている。

切支丹に関連するものは人も建物も物品もすべて一網打尽に切り捨て、すさまじい数の処刑者を出していた時代に、幕府の政策を一大転換させたのは井上だった。彼は殺すのではなく、転《ころ》ばせる（棄教させる）方針をとった。

柔和な笑みをたたえ、大声をあげることもなく、まずは相手の話をじっくりと聞いて詮議してから、その矛盾点を突き棄教を迫った。また、密告者には報償を与え、就職の世話や家族の面倒を見るなど過分な恩恵を施した。棄教した神父には武士扱いの禄を与え、従僕を付けて生活を保障した状態で屋敷に幽閉した。

このことをもって、哀憐の情をもった人道主義者と賞する人もいる。

一方、なかなか棄教しない神父に対しては、教えを捨てると言明するまで逆さ吊りや木馬責めといった長く耐えがたい拷問を容赦なく与え、じわじわと体を痛めつけた。それでも転ばなければ目の前で一般信者を惨殺し、また女牢に入れ信仰のほどを試した。転ぶと今度は、新たな神父の説得役を申しつけ迫害の手伝いをさせた。

この極めて残酷にして陰惨《いんさん》な仕打ちをもって、底知れぬ冷酷さと残忍さをもった迫害者と酷評する人もいる。

おそらくふたつとも彼の真実で、分裂した二面性のある心を抱えた人だったのではないかというのが、さまざまな資料に目を通した私の感想である。

井上は家光の家臣となる前は切支丹大名であった蒲生《がもう》氏郷《うじさと》に仕え、自身も信者であったといわれている。慶長十九年（一六一四）の家康の禁教令のときに棄教し、以後は家光のもとで目付となって出世の階段を上った。

その時代にしては珍しくハイカラ趣味で、洋服を着用し西洋風の料理を好んだ。情報収集のために長崎に出向いた折には、出島のオランダ人からチーズ、葡萄酒や医薬品をたびたび求めていたと、『オランダ商館長《カピタン》日誌』に記されている。

　捨てきれぬ西洋への憧れを抱き続けながら、自分の利のために信仰を捨てた罪悪感と自己嫌悪が、彼の心の底で得体の知れない魔物のように渦巻いていたのではないだろうか。


　井上が主に相手にしたのは、鎖国日本に殉教を覚悟で潜入した外国人宣教師だった。神に心を捧げ、勉学と修行を重ね、困難を乗り越えて長い年月をかけてやってきた聖職者の純粋な魂を切り刻み、身体を苛《さいな》み棄教させ、自分の手先として利用した手法は卑劣だ。

　何か人間として、犯してはいけない領域にまで踏み込んでしまったような感じさえする。

「切支丹の神はすべてを創ったというが、ならばなぜ、神の意志に従わない、例えば我々役人のように切支丹を迫害するものまで創ったのか」

　頭を使って計算し尽くしたそのやり口は、キリスト教の信仰内容を理解し、少なくとも一度はその門をくぐった人間だからこそ考えつく巧妙な罠のようなものだった。

　十八年にわたる切支丹奉行の職務を終え辞職するときに、井上は後任者に効果的な拷問のための手引書を残している。

「切々、詮索いたし細かに口書を申しつけ、色々思案いたし、手を回し、探り尋ぬること。宗門を隠し、又は白状いたさざる時、詮方つきる時、拷問仕るべき」

「拷問強く申しつけたる計にても白状仕らず候《そうろう》。又、弱く候えば尚以て白状仕らず候。よく咎人《とがびと》の心を考えていたすべく。強く拷問仕候えば、咎人くたびれ、重ねて拷問なし難き事あり、又は強き咎人をより強くいたし候。よく心得あるべきこと」

真面目で職に有能な官僚の仮面の下に、ニヒリズムの臭いと救い難い心の暗闇を感じてしまうのは、私の思い過ごしだろうか。

井上の取り調べを最初に受けた神父は、仙台藩領内で捕縛され江戸に護送されてきたイエズス会のジョアン・バッティスタ・ポッロ、マルチノ式見《しきみ》、そしてペトロ岐部《きべ》の三人だった。ペトロ岐部は日本人として初めてエルサレムに巡礼し、その後ローマで叙階した人だ。そのままローマに残らず、迫害に苦しむ人々を救うべく、秘かに日本に戻り東北の地で身を隠していた。

評定所での審問の後に切支丹屋敷に移された三人の神父たちは、さすがにこの時期まで、地下組織を生き延びてきただけあって、十日間にわたる井上の吟味でも落ちなかった。井上は最後の強硬手段に出た。「穴吊るし」の拷問だった。

この時、長崎から呼び寄せられたのは、「背教のスペイン僧」と呼ばれたポルトガル生まれのクリスト・ヴァン・フェレイラ神父だった。フェレイラはイエズス会の日本管区長顧問の要職にあり、輝かしい業績をもった司祭だったが、寛永十年（一六三三）、長崎で捕らえられ、「穴吊るし」の拷問にあって棄教した。

別名「恐怖のツルシ」とも呼ばれるこの拷問は、長崎奉行を務めた竹中采女正重義《うねめのしょうしげよし》が考案した。

「深い穴が地中に掘られ、穴の口に木材を渡し、そばに腕木をはめた棒杭を立てる。これに囚徒の両足を縛りつけ、手を背中できつく縛る。そして頭を下にして穴の中に逆さに吊り下げる。囚徒の全身はかたく布で覆い、血液の循環を阻止する。こうして幾日も食物を与えず放置する。多量に充血すると、こめかみの辺りに刺絡（静脈を刺血し寫出させる）をほどこす。片手だけは出させて、囚徒が苦痛に耐えかねて棄教を望んだ時、手を振って合図すれば拷問は中止された。時間が経過すると、やがて体内の五臓六腑が烈しく踊りだし、循環を阻止させ、全身の血脈が下降し始める。耳、眼、口、鼻から血が流れ出してくる。全身の筋がつり、脊が痛み、気も狂わんばかりである」（『物語大江戸牢屋敷』中嶋繁雄）

たいていの者は、二、三日で音をあげ転宗を誓ったという。

「転び伴天連《ばてれん》」となってしまったフェレイラは、「キリスト教は国を滅ぼす邪教である」という趣旨の棄教の誓約書や書物を書かされ、沢野忠庵《ちゅうあん》という日本名と三十人扶持を与えられ、切支丹目明しとなった。踏み絵は、フェレイラの発案だったとも言われている。

この壮絶な「穴吊るし」の拷問を受けている三人の神父を前に、フェレイラは教えを捨てるように、つまり自分と同じ道を選ぶように諭《さと》す役を申し付けられた。

やがて、苦痛に耐えきれなくなったポッロとマルチノ式見両神父は棄教した後、高齢のため力尽きて命を失った。ひとりペトロ岐部は、最期まで「転び申さず候」と言い続け、穴から引き出されると体の上に置かれた薪火で焼き殺され殉教した。

役目を果たしたフェレイラは目を伏せたまま、殉教者の面前から静かに立ち去った。絶対に棄教しない、どんな責苦や拷問にあっても魂を捨てるはずはないと思われた高潔な神父たちが次々と信仰を捨て始めた。このニュースは国外に流れ、カトリック教界に大きな動揺を与えた。

マカオにいたイエズス会のアントニオ・ルビノ神父は、ミラノの神学校でポッロ神父と共に学んだ学友であった。そこで、自ら禁教下の日本に乗り込んで、事実を確認するとともに、目明しとなり禁教の手先となってしまったフェレイラの信仰を取り戻させようという強い信念に燃えた。彼はフェレイラ救援隊を募り、二つのグループに分けた。

まず、先発隊となったルビノ神父と他の四人の宣教師、修道士と同宿《どうじゅく》（従者）三人の計八人は中国人に変装して、寛永十九年（一六四二）八月、薩摩の離島、甑島《こしき》に上陸。ただちに捕らえられ、長崎で「穴吊るし」の刑を受け、全員、殉教した。このとき、取り調べの通訳をさせられたフェレイラは、かつての同志に向かって「神などいない」と棄教をすすめ、ルビノ神父に激しく責められたという。フェレイラはいたたまれず席を立った。

翌年五月、第二隊の六十八歳のペトロ・マルケス神父を頭《かしら》とする四人の神父、一人の修道士に同宿五人の計十名が、シドッティと同じように侍《さむらい》姿で九州筑前（福岡県）大島に上陸。長崎で拷問を受けた後、井上の指示により江戸に送られ、再度、激しい拷問にかけられた。このときも、フェレイラは説得役として長崎から呼びつけられている。

偶然に切支丹屋敷に立ち寄ったオランダ商館長の日誌には、垣間見た取り調べの光景が詳細に記されている。

八月二十五日「夕方、筑後守殿の家につくと……奉行の後ろに例の背教のスペイン僧（フェレイラ）が座していた。法廷に出てみると、四人のイエズス会司祭たちが拷問を受けていた。日本服を着ていたが、すぐ日本人でないことはわかった。役人たちは彼らを野蛮に扱い、彼らは手に鉄の枷《かせ》、足に重い鎖をつけられ、身動きできぬようにされていた」

九月八日「囚人たちは転んだとされたため、山屋敷の牢に移された。激しい拷問のため、非常にやせて惨めに見えた」

コロバセ名人と言われた井上の面目が保たれた。今度は全員が棄教し、そのまま切支丹屋敷の住人となった。各人生活費として年五俵の米を死ぬまで支給されることになり、間口四間（七メートル）ほどの長屋のそれぞれの部屋に住むことになった。

こうして、フェレイラ救援計画は虚しく挫折した。

四人の神父のうち、二人は後に信仰への立ち返りを申し出たため、女牢に入れられ、一人は二十日後に死亡。もう一人は、女性と夫婦の祝言をあげた後、まもなく死亡。いずれも、食を断ち、死に至ったといわれる。最高齢のマルケス神父は、棄教の証《あかし》として妻を娶《めと》り、明暦三年（一六五七）に八十余歳で亡くなっている。

キャラ神父の残したもの

神父の中で最後まで生き延びたジュセッペ・キャラ神父は、「伝道規則を詳細に白状した」ので大いに誉められ、他の罪で処刑された下級武士、岡本三右衛門の姓名と配偶者、従僕、刀、脇差を与えられ、十人扶持の俸給と銀子一貫目で宗門改御用人となった。

一緒に潜入した修道士や同宿とともに屋敷内の長屋に起居することとなったキャラは、役人の立ち合いがなければ、仲間と話をすることもできない孤独な環境で、生涯を幽閉の身のまま過ごした。

キャラは切支丹屋敷にいる間にたくさんの本を書いた。また、何度か信仰を取り戻そうとしては、誓約書を書かされ断念している。時々、役人が持ってくるヨーロッパの品々の鑑定をしたり、ポルトガル人が献上した世界地図「天地之絵図」の修復作業に携わったりもしていたようだ。

延宝二年（一六七四）、切支丹屋敷の住人になって三十年の月日が経った七十二歳のとき、「宗門之書物」を書くように命じられ、執筆料として金三両が手渡された。

キャラは最後の思いをつづるかのように、四カ月ほどかけて三冊の本を記した。それは、キリスト教の宗旨だけではなく、ヨーロッパの国々の政治制度、地理、歴史にまでおよぶ内容のものだったといわれる。この本を書物改めした役人が、「三右衛門の考えは間違いであり、日本の宗旨に戻るべきだ」と通達した記録があることから、晩年になって、キャラは神の愛を求め、言いたくても言えなかった改心の思いを吐き出すように記したのではないかと推測されている。

この三冊の本は現存していない。しかし、新井白石はシドッティ尋問にあたって、参考資料として切支丹屋敷の土蔵に長く眠っていた三冊の書物を借り出し参考にした、と『西洋紀聞』の中で述べている。キャラの最後の著書は、シドッティとその背景、特にキリスト教の大要を理解する上で大いに役に立ったとみられる。

キャラは切支丹屋敷に四十二年間も幽閉され、八十四歳で病死、岡本三右衛門という日本名のまま仏教徒として小石川無量院（現在の伝通院）に葬られた。所持していた十八冊の本、金子二十八両三分と諸道具は蔵に収められ封印された。

身の回りの世話をしていた従僕の長助とはるは、踏み絵の検査を受けた後、それぞれに三人扶持と二人扶持が与えられた。二人はその後も切支丹屋敷内に閉じ込められたまま、いつ来るかわからない次なる主《あるじ》の到来を待ちながら、世間から隔離された年月を過ごすこととなった。

屋敷内に幽閉された者の家族や従僕たちは、邪教の僧に触れ、また内部のことを知っているため、一生涯、屋敷の外に出さないのが原則だったのだ。

最年少の十九歳でキャラと一緒に潜入し捕らえられた中国人同宿のトーマス二官《にかん》が、七十六歳で死亡した元禄十三年（一七〇〇）以後、新しく収容される切支丹もなく、屋敷は世間から忘れられた存在になりつつあった。

そこに運ばれてきたのが、シドッティだった。屋敷の最後の神父であったキャラが亡くなって実に二十四年目、初代切支丹奉行の井上筑後守政重が世を去って四十八年後のことだった。


現在、キャラの墓は、調布市富士見町のサレジオ修道院の構内に移されている。「八専浄真信士」という戒名が刻まれた墓石の上には司祭帽が乗せられていた。十字架が立つ庭に建てられた仏教徒の墓は、そのまま神父キャラの無念の思いを象徴しているかのように思えてならない。ちなみに、遠藤周作の小説『沈黙』の主人公ロドリゴは、このキャラをモデルに描かれたものだ。

キャラは奇しくも、シドッティと同じシチリア島パレルモの生まれだった。二人の神父の影は交錯することはなかったが、ひとりの神父が切支丹屋敷に残した種は、もうひとりの同郷の神父によって息を吹きかえし実を結ぶことになる。

第十五章　火　児

火の児、新井白石

シドッティが長崎から江戸の切支丹《きりしたん》屋敷に連行されてから八日後の宝永六年十一月九日（一七〇九年十二月九日）に、幕府は儒臣新井白石に対し、正式に謎の異人の尋問を申しつけた。

「彼《か》の人まさに至らんとす。汝《なんじ》、その理由を尋ね問え」という、白石を名指しての将軍家《いえ》宣《のぶ》からの仰せだった。同時に長崎から送られてきた『羅馬《ろうま》人欸状《じんあいじょう》』の写しも下された。

大隅国は屋久島の僻村で異人が発見された、との情報が白石の耳に入ってから、早一年余り経っていた。侍《さむらい》姿で上陸したその謎の異人はいかなる意図をもって単身、鎖国日本にやってきたのか。彼の背景にはどのような西洋が隠されているのか。

何事にも深い好奇心と研究心をもつ学者の心は、千載一遇とも言える好機を得たことで、沸き立つような高揚感に満たされていた。

問題は、言葉であった。

「我が国の言葉のみならまじかば、いかに聞き得べし。この事に至りては、きはめて難事也」（『西洋紀聞』）

白石は何か用語の参考になるものはないかと奉行に尋ね、キャラの書いた三冊の本を借りて熟読した。

さらに長崎奉行を通じて、オランダ人に海外におけるシドッティの背景の調査も依頼していた。オランダ人はシャムとの手紙のやり取りを通して情報収集をはかり、『阿蘭陀《オランダ》風説書《がき》』の形で幕府に提出した。

シャムからの返書には「シドッティの潜入はマニラ政庁の忠告に反して企てられたもので、続いて潜入を謀《はか》る人間の噂はないこと、教皇は現地のフランス人布教聖省司教代理に大勅書を授けたが他の修道会が拒否したこと、同時にシドッティの今までの行動については大いに賞賛されていること」などが書かれていた。が、オランダ人が日本側に伝えたの

新井白石像（観福寺蔵）白岡町教育委員会提供

は、「再発の可能性はない」という一言だけで、教会の混乱ぶりやシドッティの過去の業績についてはいっさい、触れていない。

ここにも、情報を隠蔽《いんぺい》操作しようとするオランダ側の意図が見える。しかし、その不徹底な情報がまた、白石の好奇心を大きく刺激したのも事実だ。

十二日後、最初の尋問が行われる前日に、白石は奉行との打ち合わせのため、飯田町雉子《きじ》橋外の自宅を出て小石川小日向《こびなた》の切支丹屋敷に出向いている。その屋敷の長屋の一室で、長旅の疲れを癒しながら静かに祈りを捧《ささ》げるシドッティがいた。

この日、二人は顔を合わせなかったが、屋敷の門をくぐった瞬間から、白石はそこに囚われの身となっている異人の気配を意識せざるを得なかっただろう。

姓は新井、名は君美《きんみ》、通称は新井勘解由《かげゆ》で号は白石《はくせき》。歴史、地理、経済、外交、民俗、宗教そして詩作とあらゆる分野の書籍や上申書を生涯に三百部近くも著し、将軍の政策顧問として数々の政治改革を成し遂げた。「筆勢は流水の如く、智弁は海の如し」と朝鮮使節から絶賛され、江戸時代随一の知識人と称されたこの人は、別段、恵まれた生まれでもなく、また権力志向の強い人でもなかった。ただ、彼にとって学問というものは、現実の今を生きる人々に直結するものでなくてはならないという強い信念があり、その情熱が偶然を、そして時代の流れを呼び寄せたのであった。

関ヶ原の合戦以来、二代にわたる長い浪人生活を経験した後、白石の父正済《まさなり》は三十一歳にして、ようやく上総《かずさ》国久留里《くるり》（現千葉県君津市）の藩主土屋利直に徒歩侍《かちざむらい》として召し抱えられた。戦国の時代に藩が戦いに敗れ、やむなく失業し浪人となった武士の状況はなかなか厳しいものがあった。藩士の数は限られている上に世襲制なので、老中の新任などで新しい家臣が必要とされない限り、再就職の機会は簡単には巡ってこないのが世の常だったのだ。

正済はやがて目付役になり、藩主が国元にいる間、江戸屋敷を預かった。徒歩侍で登用され、留守居にまで昇進するほど藩主の信頼を得る逸材だったことがわかる。

明暦三年（一六五七）の正月十八日、江戸に大火があった直後、白石は避難先の寒々とした仮家の一隅で生まれた。正済五十七歳の晩年の子で、唯一の男の子だった。「明暦の大火」として歴史に残るこの大火事は、二日間にわたり江戸城をはじめ市中を舐《な》めるように焼き尽くし、焼死者の数は十万人を超えた。死者の数でいえば、関東大震災、東京大空襲と並ぶ大惨事で、江戸の町は六割がた焼失した。

　幼い頃から白石は利発で勉強家だった。十三歳の頃には、藩主の手紙の代筆を命ぜられるほど書にも優れていた。藩主利直とその母正覚院は実の息子のように白石を溺愛し、その後の基礎となる学問を惜しみなく授けた。

　七歳で疱瘡（天然痘）に罹り重態に陥ったとき、利直がウニカウルという稀少で高額な蕃薬（西洋の薬）を与え一命を取り留めた。以来、白石は異国の学問に一目置くようになったともいわれる。

　その尋常でない神童ぶりと、大火の直後に生まれたこと、そして聡明さと同時に烈火のように燃え盛る激しい気性をあわせもっていることから、少年期の白石は「火の児《こ》」と呼ばれた。

　事に臨めば一気に感情に火がつく直情型の一面もあり、この性格は生涯変わらなかったようだ。後に幕府の政務を司《つかさど》った時に、常に平常心を失わない白石が、役人の不正や汚職行為などを前にすると一転して激しく怒りを表し、眉間のしわが「火」の字に見えたという話も伝説のように残されている。

火の児はその名のとおり、ただのひ弱い秀才ではなかった。戦国の荒波を生きた祖父の古武士的な生き方に憧れる一面もあり、十二歳から剣術を学び、早朝の竹刀の素振りなど武芸の稽古にも励んだ。

白石十七歳のとき、陽明学派の祖、中江藤樹《なかえとうじゅ》の書物との出会いにより「聖人《せいじん》の道」を知り、学問の道に進む決意をする。「知行合一」つまり厳しく思考し、正しく行動し、万事を正すことが、以後の白石の行動指針となった。

十七世紀半ば、儒教が武家社会の行動の規範として取り入れられるようになると、諸藩はこぞって儒学者を侍講《じ》として抱えるようになった。侍講は、将軍や大名または世継ぎに儒教や歴史を講義する、いわば家庭教師のような役職である。中でも、徳川政権を築くのに功績があった林羅山《らざん》の流れを汲む林家の朱子学が、幕府の官学として絶大な権力を誇っていた。

孔子の説いた儒学は現世的、政策的なもので、中国に古くからある知恵や礼節、自然観、人間観、歴史観を混合した精神活動である。その儒学をさらに論理的に探究し、論理を次々に積み重ねていく手法が朱子学だ。しかし、その朱子学も通俗化すると、権威主義、形式主義的な空理空論に陥りやすい。

白石が求めたのは、もっと主体的、行動的な実践の道で、「良知によって、民に親しく接し、政治を正し国を治める」ことにあった。その思想上、反体制的な姿勢を含んだ一種

の政治改革運動につながる側面があった。（『奇会　新井白石とシドティ』垣花秀武）

藩士の身も安泰とはいえない。やがて、利直の死に伴って土屋家藩内で内紛が起こり、争いに巻き込まれた新井家は藩から追放されるという憂き目にあう。その翌年、失意のまま母千代が亡くなり、七十八歳の父正済と二十一歳の青年白石は親子ともども浪人に逆戻りし、浅草での侘《わび》しい暮らしが始まった。江戸各所の著名な私塾で道場破りのようなことをしたり、寺子屋を開いたりして何とか生計を立てる日々が続いた。

「よろづ物悲しかりし事共、いふばかりなし」

白石にしては感傷的な告白が自叙伝『折たく柴の記』に残されている。

この頃、「明暦の大火」の際に材木を売り巨万の富を築き上げた豪商、河村瑞賢《ずいけん》が白石の人物に惚れ込み、孫娘の婿養子になることを条件に、三千両の学資を贈ることを申し出た。当時の一両は、現代の十万円前後と推定されるので、今でいえば三億円の嫁側からの結納金ということになる。しかし、白石はまったく興味を示さず、あっさりと縁談を断ってしまう。

白石の目的は「聖人の道」によって民を治めることにあった。そのためには、いかに経済的に困窮しているとはいえ、武士の身分を捨てるわけにはいかなかったのである。

二十六歳の時、ようやく大老堀田正俊に学者としてではなく、中級武士として召し抱えられることになった。正俊は、当時の政治を動かしていた実力者だった。白石は同じ家臣の朝倉長治の娘と結婚し、前途に輝かしい未来が待っていた。

その次の年、一人息子の行く末に安堵したのか、父正済が亡くなっている。

ところが、出仕後三年も経たないうちに、将軍綱吉《つなよし》との不和が囁《ささや》かれる中、堀田正俊が江戸城中で斬殺された。当時は、城中の刃傷沙汰は被害者にも落ち度があったとされた。喧嘩両成敗は、中世以来の武家社会の不文律とされていたのである。

結局、堀田家は減封の上、山形に国替えとなり政界から離れてしまう。そのため多くの家臣は堀田家を去るが、律儀な白石は禄高を減額されても主君を見限ることはできない。

「およそ人には生命をかけて仕えるべきものが三つある。それは、父と師と主君である」

それが儒学者白石の持論であったからだ。

暇に飽かせて歴史書や経書を読みふける日々の中、正俊の息子正仲に供して山形に行った際に紀行文を記した。それが、江戸で評判の儒者木下順庵《じゅんあん》の目に留まる。順庵は、自分より年下ではあるが、はるか高みに学を修めた白石を門下生ではなく客員として迎えた。

堀田家が没落して七年目、仕事もなく禄をもらっていることに心苦しくなった白石は、再就職のあてもないまま辞職した。妻子を抱えての浪人生活がまた始まった。

「わづか妻孥《ど》の餓《うえ》をまぬかるゝのみにて」（『折たく柴の記』）

この時、白石の家には銭三貫文と白米三斗しかなかったという。

本所に私塾を開き、ようやく暮らしの目処《めど》が立ちかけたころ、甲府藩主綱豊《つなとよ》（後の六代将軍家宣）の侍講を探す使者が順庵の門を叩いた。当初は儒者たちの進退に権限をもっていた林家に依頼したが、権力と一体化した林家は将軍綱吉が綱豊を嫌っているのを知って、心よい返事をしなかった。そこで、綱豊の側近は致し方なくあまり世間に遇せられていないが、学名は名高い私学である順庵のもとへやってきたのだ。

順庵は白石を推薦するが、提示された扶持は三十人扶持という少額なものだった。天下の秀才をそんなはした金で遣ったとなれば、順庵門の名が廃《すた》れる。順庵は二カ月余りにわたる交渉を打ち切ろうとした。が、白石は順庵を押し退けて、甲府藩が再提示した四十人扶持で承諾した。いずれにしても、百石にも満たない下級武士並みの薄給であった。

綱吉と綱豊は伯父、甥の関係にあるが、先の四代将軍家綱《いえつな》が亡くなった際に、次の将軍の座を争った経緯がある。綱豊は継承争いから脱落してしまったばかりか、綱吉から敬遠されるようになってしまった。この時点では、綱豊が将軍職を継ぐ可能性はほとんどなかったといってもいい。

しかし、「聖人の道」を実践することを希求している白石は、万が一の可能性にかけた。というよりは、俸禄の多少ではなく、将軍家につながる人の師となることに自分の価値を置いたと考えたほうが適切なような気がする。

こうして、三十七歳の白石が初めて桜田の甲府藩邸の門をくぐってから十九年間、綱豊が将軍家宣になって約四年後に亡くなる直前まで、白石は古今内外の歴史や政策を講じた。

仁と義と法にのっとり天下を治める文治政治の視点を語り続けたのである。

その講義回数は、実に一二九九回。もともと聡明で好学な綱豊は白石を生涯の師と崇め、白石は自らが構築した帝王学を惜しみなく綱豊に注ぎ続けた。

君臣の上下関係を超越して、学問を介した純粋な師弟のつながりがそこに生まれた。

その頃、将軍綱吉は何としても自らの血を分けた子どもに跡を継がせたいという悲願に燃えていた。間違っても、一度は争った綱豊には渡したくない。子宝に恵まれないのは、前世に殺生を行った報いであると信じ込んだ綱吉は悪名高き「生類憐《しょうるいあわれ》みの令」を発令し、生類一般の殺生や虐待を禁じ、多くの人を牢獄に入れ、首を刎《は》ねた。

しかし、蚊を殺したほどの些細な理由で罪人を何万人つくろうとも、世継ぎは生まれない。綱吉はとうとう、徳川家の存続のために、不本意ながらとりあえず綱豊を将軍世子《せいし》に任命して、江戸城西の丸に住まわせることにした。

宝永元年、綱豊は家宣と名を改め、白石は寄合衆になり正式な武士階級の末席に就いた。侍講となって十一年目のことだった。

だが西の丸には綱吉が放った間者が目を光らせ、廃嫡の機会を狙っている。世子になったとはいえ、綱豊の将来はさして明るくないばかりか、生命の保障も定かではなかった。

江戸城西の丸

宝永五年の冬になって、シドッティ屋久島上陸の一報が江戸に届いた。長崎奉行所からのシドッティ尋問の模様が、将軍のいる本丸に報告され、やがて白石が勤務する西の丸御殿にも伝わってきたのは十二月六日のことだった。このことを白石は『西洋紀聞』に記している。

それによると、まだ将軍世継ぎであった家宣からこの件について二度問われ、あえて一度目は返事をせず、二度目にしてようやく次のような趣旨の返答をしている。

「未だ来朝の目的が審《つまび》らかにし得ず、言語が通じないというのは納得できません。昔、南蛮の人が来た当初、数日ほどで我が国の言葉に通じて、その教えを伝えたと亡き父が申しておりました。その法がこの国に行われた事も年久しく、我が国の人も異国に往来し、その教えが禁じられた時に国から追放された者も数多くおります。我が国に求めることがあって来る者が、その言葉が通じないようでは、どうしてその志《こころざし》を遂げることができるでしょうか。ただし、我の国のどの地方の言葉を習ってきたのか。まして、彼国の人が来なくなって既に百年近く経っていますので、今の言葉と同じでないこともあります。これらのことを十分に心得た者に聞かせましたら、きっと理解できるはず。彼も人間であって言葉があるのであれば、ただに鳥語牛鳴ということでもないでしょう」

自分なら、否自分だけは必ず異人の言葉を理解して、その真意を聞き出すことができるであろうという意味が言外に込められた答弁である。言語学にも造詣が深い、白石ならではの自信がそこに見える。

さらに、シドッティが語った言葉の中の「ロクソン」「カステイラ」の二語の意味について、オランダ人でさえ理解できなかったとする報告に早くも疑問を投げつけている。

「オランダ人の申しますことは納得できません」

ロクソンというのは、宋、元の時代より呂宋《ルソン》と記した国の名で、そこより出た壺を、我が国では茶葉を貯えるのによいとして呂宋真壺などと言っていることは誰もが知っているところ。また、カステイラは、イタリアなどに近い国で、昔その国にて作った菓子が我が国に伝わった。

ちなみにこの頃、出島から入ってくる外来の物品は日本国中に広く浸透し始めていた。繻子《しゅす》、更紗《さらさ》、天鵞絨《びろうど》などの反物を始め、合羽《かっぱ》、玻璃《びいどろ》、鈕《ぼたん》などの南蛮語も日常語として定着しつつあった。

「これらのことは、私などもその名を聞き覚えておりますのに、その地方（ヨーロッパ）の人がわからないということは、はなはだ納得がゆきかねます」

白石は、シドッティの件に関しては非協力的なオランダ人の態度を早くも直観的に見抜いていた。

「もっともである」

白石に絶対的な信頼を寄せている家宣の一言の後には、「ならばそちが問うてみよ」と続くはずであった。

しかし、これはあくまでも、「もし」という前提のもとの会話にすぎない。世継ぎとはいえ、すべての権力は綱吉とその側近が握り、綱吉に男子でも生まれれば、それこそ家宣は追放の身となるのは明らかである。白石としては、逸《はや》る気持ちはあっても、このような保障のない状況では下手に明言はできないという立場であったろう。

法の定めによって長崎の異人はすでに処刑されているという噂も、まことしやかに城内で囁《ささや》かれていた。その「もし」がよもや実現するとは、家宣も白石もこの時点では考えてもいなかったに違いない。

ところが、事態は一転する。長崎奉行から送られてきた潜入異国人の処置を求める文書を検討する間もなく、将軍綱吉は麻疹《はしか》にかかって、あっけなくこの世を去ってしまったのである。

六代将軍家宣が誕生すると同時に、白石は政治の中枢に立ち「正徳の治」と呼ばれる政治改革に乗り出した。異国人の運命は、この瞬間白石の手に握られた。まさに、危機一髪のところで、シドッティは救われたのである。たった四十人扶持で雇われた白石は、このとき五百石の旗本の身分になっていた。

　こうして白石の生涯をみていくと、決して順風満帆ではなかったことがわかる。

「学文の道において、不幸なる事のみ多かりし事、我にしくものもあるべからず。かほどまでにも学びなせし事は、前にもしるせし事のごとく、つねに堪《たえ》がたき事に堪《た》ふべき事をのみ事として、世の人の一《ひと》たびし給ふ事をば十《と》たびし、十《と》たびし給う事は百《ひゃく》たびせしによれる也」と、自叙伝『折たく柴の記』にも書いているとおりである。

　実に浮沈の激しい、紆余曲折の人生であったが、学ぶ道だけは踏み外さず、人の十倍も百倍も努力した。金や権力に無欲で、ひたすら自分の理想を追い求め、信念を捨てなかった白石の生き方そのものが、運を切り開いていったとしかいいようがない。

　さまざまな局面があり、大きな岐路もいくつか存在したが、シドッティに出逢い、そして歴史的名著『西洋紀聞』をこの世に出す、まさにその一点に向かって白石の道はまっすぐに続いていたかのように見える。

　一方、シドッティは聖職の道を歩んで以来、アリストテレスを祖とするスコラ哲学を基本に、地理学、天文学、科学、人文学など多方面の学問を修めた優秀な司祭である。その基本は論理的な科学的思考に基づいているが、その情熱のあるところは究極の目的である神の国の創造にある。

　シドッティと白石は当然のことながら、育った文化も歴史も、拠《よ》って立つところも、そしてその求めるところも異なる。が、ともに清廉剛直な人格者であると同時に、俗世の地位や名誉には興味がなく、勤勉な学問の徒であり、学んだことを実際にこの世に体現しなければ済まされない活動的な情熱を心に秘めていることなど、酷似した魂を共有している。

そして今、比類なき知と魂を持つ東西の「火の児」が、江戸城外切支丹屋敷で出逢おうとしていたのだ。


宗門奉行たちと形式通りの打ち合わせを済ませると、白石は切支丹屋敷を後にした。彼の明晰な頭脳は、翌日にひかえた尋問の筋道と構成を緻密に計算することで忙しかった。

シドッティは、やがて非常な尊敬の念をもつことになる人物が、自分が起居する屋敷の中に足を踏み入れたことは知らない。が、彼もまた、ローマを出てから六年、奇跡のようにここまでやってきて、夢にまで見た将軍の側近と話ができる日を前に、いかに説得力をもって自分の使命《ミッション》を成功させるか、知恵を絞っていたに違いない。

最後の神父が息を引き取ってから二十四年。死んだように静まっていた切支丹屋敷の澱《よど》んだ空気がゆっくりと動き出し、刻《とき》が再び鼓動を打ち始めようとしていた。

第十六章　奇　会

親指のマリア

十一月二十二日、巳《み》の刻（午前十時過ぎ）。白石は切支丹《きりしたん》屋敷の吟味の間《ま》で、シドッティと一緒に屋久島から旅してきた所持品の現物と、長崎の報告書に添付されていた『異国人致㆓所持㆒候大袋之内諸色之覚』と題されたそのリストとを入念に見比べていた。

シドッティが持参した黒袋には、屋久島の役人が「名も付け難きもの」と表現したミサ用のさまざまな道具と書籍、そして金貨銅銭に衣類などが入っていた。苦労して異人から聞き出したのだろう、それぞれの名前や用途を添付した長崎の覚書きには、文章だけでは形状を描写しえないと判断されたものについては、挿画も添えられていた。

白石はそれらの現物をひとつひとつ入念に観察し、自らの手でもう一度、模写さえして、新たに気付いた点についてのコメントも付け加えていた。

これから対面する相手の個性、人格の断片のようなものをひとつでも見極めたい、そんな気持であった。長年、丁寧に扱われた様子が伝わってくる道具類からは、それらが特に大切なものであると同時に、持ち主の厳格で几帳面な性格が窺《うかが》い知れた。

中でも白石の目を捉えたのは縦一尺（約三〇センチ）、横八寸五分（二五・八センチ）ほどのびいどろ（ガラス）張りの紫檀の木の額に収められた女性の像だった。頭を斜め前に傾げ、目を伏せた表情は哀しげで、衣の端からそっと出された親指の先が何とも生々しく胸に迫るものがある。踏み絵に見られるような十字架に磔《はりつけ》になった男の凄惨な図柄と比べて、この絵が醸し出す雰囲気は何と優しげで儚《はかな》げなことだろう。

また、その描写の見事なリアルさはまさに驚くばかりである。頭から全身を覆った青藍色のベールは細かい襞《ひだ》までがひとつひとつ表現され、顔には深い影が落ちて、目の窪み、頬の膨らみまでくっきりと立体的に描かれている。中国の仏教美術の影響で陰影のある絵が皆無だった当時、それはまるで生きている女性の息遣いと体温を感じさせるものに写った。

「聖母像」シドッティが所持していた聖母マリアの銅版油彩画（別名「親指のマリア」）カルロ・ドルチ作（東京国立博物館蔵　重要文化財）TNM Image Archives

「サンタマリアと申す宗門の本尊」と説明書きされた挿画の横に、「年の頃四十近きほどに見えて、目はくぼんで、鼻筋が高く、うるわしき面体也」と、白石は書き添えた。ちなみに、この聖母像は十七世紀半ばにフィレンツェで活躍した宗教画家カルロ・ドルチの作とされている。「親指のマリア」と名付けられ、シドッティの唯一の遺品として現在は東京国立博物館に所蔵され、三百年以上経った今もまったく容色を失わず、その甘美な深い美しさを湛《たた》え続けている。

次に手に取ってみたのは、青銅で作られた一体の男の人形であった。古い巾着のような袋に入れられている。人形は「イエス・キリストと申すこれもまた本尊」であるという。

白石はこれにも一筆加えた。

「さんばら髪の頭頂には栗殻のごとくなるものを冠っている。いかにも骨ばった人の形で見苦しきもの也」

マストリッツリの遺品であるびいどろの容器に入った紐のついた木の十字架、金の鏡のようなレス・サクレ（聖別された器）、人形を彫り付けた丸い金製のメダル、真鍮の二重十字架、聖物が入っているという袋、カリスと呼ばれる銀の聖杯、悪念が起こった時に身を打つ苦業用の鞭、彩色の仏のような絵が描かれたびいどろの薄板、黒玉の数珠、二十四枚の聖画、白布の法衣、フラスコに入った香油。これらはすべて、ミサや急場の秘跡用の道具であった。異国人がまぎれもなく筋金入りの伴天連《ばてれん》であることを示す証拠であった。

長崎で商館長《カピタン》が日誌に書き留めた教皇の命令書の束は、このリストから消えている。

さらに、刻印された金の硯《すずり》のようなもの、大小百八十一枚の金板、百六粒の丸金に呂宋《ルソン》で求めたという日本製の小粒金、寛永通宝ひとくくりに康熙唐銭三十銭があった。

横文字の書物は全部で大小十六冊、その内の六冊を異国人は常に持ち歩きたびたび開いて暗誦していた。たぶん聖務日課、祈祷書、ミサ典書であったのだろう。さらに綴じ紙大小五冊、横文字の反古《ほご》紙もあった。鋏《はさみ》一丁、鼻眼鏡ひとつ、そして日本刀。それがすべてであった。

最後に白石はもう一度、サンタマリアの画像を目に収めずにはいられなかった。謎めいた憂いを放つこの女性は、いったい何を象徴しているのだろうか。あの異国人はどのような思いを胸にこの婦人の絵をはるばる携えてきたのだろうか。

よく見ると、女性の眼頭から涙の滴《しずく》がふたつ、陶器のような白い頬にこぼれているのが見えた。潜入切支丹として一刀両断に異人を断罪に処してしまうことを、何かしらためらわれるものが確かにそこにあった。

吟味の間

午《うま》の刻（午後零時頃）になって、江戸切支丹屋敷内の吟味の間の南面の襖《ふすま》が大きく開かれた。座敷のいちばん奥に座るは、儒臣新井白石。その前に、切支丹奉行を兼ねた大目付の横田備中守由松《よしとし》と作事奉行の柳沢備後守信尹《のぶただ》が居並ぶ。さらに板縁には、西側に大通詞《つうじ》の今村源右衛門英生、東側に稽古通詞の品川兵次郎と加福喜七郎が互いに向き合った形に座している。座敷から見下ろす位置に広がった庭には白い砂利が敷きつめられ、縁から三尺（約九〇センチ）ほど離れた所に正面を向いて一脚の榻《とう》（腰かけ）が置かれていた。

屋久島で捕らえられた異国人が、江戸の都で裁かれる日がやってきた。旧暦のこの日は今の暦で十二月二十二日にあたる。長崎で一応の尋問をすませ、江戸までの移送にもずっと付き添ってきた阿蘭陀《オランダ》通詞たちの緊張した思いが、冬の寒気が張りつめる空気をいっそう強張らせているようだった。

白石はそんな空気を一掃させるように、通詞たちに話しかけた。

「今日のことはもちろん、ただ私個人のために通訳してもらうのであるから、たとえ彼が言うこと、心得ぬところあるとも、各々の心で推し量るところを言ってもらいたい。私もまた、それをみな正しい訳語として取り入れるつもりはない。例え汝《なんじ》らの推測に間違いがあっても、各々の咎《とが》にはならぬから、奉行の方々もその点、よく承知されたい。もともと通詞たちが学んでいない言葉なのだから、たとい訳語に誤りが多くとも、お咎めくださらぬように」

自分の権力を決して振りかざすことなく、目下の人間に対しても礼を失わず、穏やかに優しく接する。儒学の道を極めた新井白石は、そういう人だった。

実際、尋問にあたって問題となったのは、言葉の障害だった。通詞たちは、長崎奉行の命《めい》で、出島の商館員から唯一通じると思われるラテン語をにわか仕込みで学習したばかりである。白石が望むような深い会話の通訳など、できるかどうか自信がない。

そんな通詞たちの気持ちをくみとった白石の声掛けで、場の雰囲気はぐっと打ち解けたものになったことだろう。

「およそ言葉というものは地域によって同じでない。今、長崎の人に陸奥《むつ》の方言を聞かせてもわけのわからないことは多かろう。それでも、同じ国の言葉だから、推量すれば当たらずも遠からずである」

万国の図で見ると、イタリアとオランダは近い。オランダの言葉でイタリア地方の言葉を推測すれば七、八割は通じるであろう。白石はあくまでも楽観的であった。

やがて、付き添いの侍《さむらい》に左右挟まれるようにして、シドッティが庭前に連れてこられた。長崎からの長い道のりを狭い籠に乗せられてきたため、歩行がいまだ難しく、獄舎からこの聴事の場まで輿《こし》に乗せられてきたという。

シドッティは白石を始め奉行や通詞たちに向かって、左右の手を胸の前で組み合わせ、深々と頭を下げて丁寧に一礼すると、座るように命ぜられるのを待って、用意された榻に腰かけた。与力一人と、同心二人がその脇と後ろの筵《むしろ》の上に跪《ひざまず》いた。

そして、座に着くとき、右手の親指で額に十字の印をし、その後は身じろぎもせず、まっすぐに座敷奥の白石を見つめた。へりくだることなく、かといって横柄でもなく、泰然としたその所作は白石の目に好ましく映った。

「その丈高きこと六尺をはるかに超え、普通の人はその肩にも及ばず、風体は頭かぶろにして、髪黒く、眼深く、鼻高し」と白石は最初の驚きを書き残している。

日本人が横に並ぶとその肩にも届かないほどの長身で、月代《さかやき》が伸びて、子どものようなおかっぱ頭になっていた。上陸時に着ていた袴に白い木綿の単衣《ひとえ》、その上に薩摩藩主島津吉貴《よしたか》より賜った茶褐色の紬《つむぎ》の綿入れを着ていた。シドッティはこのとき、四十二歳。

迎える白石は、剣術で鍛えた逞《たくま》しい身体に大きな頭を乗せ、少し白髪がまじった髪をきれいに結い、儒学の「敬」に徹した謹厳な姿勢で神父を迎えた。白石は、五十三歳だった。

それにしても、寒気せまる江戸の冬に、シドッティの着ているものはあまりに薄く寒々としていた。

まず奉行が白石に訴えたのは、寒い折、衣を与えて重ねさせようと通詞を通して提示しても、神父が遠慮して受け入れないので、ぜひ心安く受け取るようしてほしいという件であった。

白石にその理由を問われてシドッティは、「切支丹の戒律に、その教えを受けざる人の施し物、受ける事なきによれり」と答えた。飲食は、国命を達する生命の維持のためだから有り難くいただくが、すでにこのような恩恵をいただいているのに、さらに衣服まで賜っては、戒律に背いてしまうと言うのだ。

「薩州の国守が下さったものを身にまとっていますので、寒さを防ぐには十分です。心をわずらわし給うことあるべからず」、ときっぱりと言い放った。（傍点筆者）

カトリックの教えに、施し物を受けてはいけないという戒律はない。この最初の一幕は、これからの会話の主導権をどちらが握るかの緊迫した場面でもある。シドッティとしては、あくまでも毅然とした態度を貫きたかった。必要最低限の物はいただくが、それ以上の過分な物はもらわない、といういわばマニラ時代から続けてきた、自らを律するための信条を明らかにしたかった。それが、戒律という言葉に誤訳されてしまったのではないかと思われる。

しかし、取り方によっては不遜ともとれる言い回しであった。が、白石はあえてこのときは反論せずに、胸に留めておいた。

西方の賢者

尋問が始まった。白石の問いを大通詞今村源右衛門がたどたどしいラテン語に訳してシドッティに伝える。シドッティは懐《ふところ》に持ち歩いていた辞書を手にしながら、ラテン語と日本語を取り混ぜ、時には身振り手振りを付け加えてそれに答えるという形で進められた。

まずは、白石は型通りの身元調査から入った。このあたりのことは、すでに長崎で調査済みであったが、特にシドッティの家族のことを詳しく尋ねた。

父はすでに死亡、母はまだ生きているなら六十五歳。兄弟は四人で、長女の下に三人の男子、シドッティはその次男。姉と弟は死亡して、兄が一人残っている。幼いときから天主の法（キリストの教え）を受け、学ぶこと二十年。師とする人は十六人。ローマに出て司祭になり、総主（教皇）の命を受け、幾度かの困難の果て、六カ年かけて日本は屋久島に上陸した。もう何度も同じ質問を繰り返し受けてきたシドッティは淀みなく簡潔に答えた。

「男子、その国の命を受けて万里の行あり、身を顧みざることはいうに及ばず、汝の母すでに年老いて、汝の兄もまた壮べからず、汝の心において、いかにや思ふ」

儒学者白石は、故郷に置いてきた年老いた母や兄のことに言及し、ひたすら憐憫の思いを込めて、その心境を尋ねた。

白石の瞼《まぶた》の裏には、先ほど目にした絵の中の女性の涙が残像となって残っていた。はるか遠方からこのようなものを携えてくる人間が母を思わぬことはないはずだ。また、二度と会えない息子を海の彼方《かなた》に見送った母の気持ちは、いかばかりのものか。

シドッティはこの思いがけない問いにしばらく言葉を失い、表情を曇らせて体をさすりながら静かに答えた。

「国の推挙によって使命を受けてからというもの、いかにしてその命《めい》を達しようかと思う他は何もありません。母や兄もまた、道のため、国のためと喜んでくれました。しかしながら、生きている限り、母や兄のことは忘れることはできません」

同席した奉行たちも、その献身の熱意に心打たれた様子で、同情を隠しきれないようであった。

尋問という形を取りながら、白石の本当の目的は異人から西洋の事情を聞き出すことにあった。奉行が用事で立つたびに立ち上がり目礼し、また戻って席に着くときも同じように立ち上がっての礼を忘れないシドッティの礼儀正しさと、その受け答えの態度、内容から感じられる高潔な意志を見て取った白石は、早い時点から、この異人の命《いのち》を救って多くの情報を得たいと考えていたに違いない。まずは、家族のことを尋ね、シドッティの人柄を見極め、人間像を組み立てようとしたのであろう。

そこで、いよいよ本題。白石はこの日のために用意した『坤輿《こんよ》万国全図』を持ってこさせた。一六〇二年に北京で刊行されたイエズス会宣教師マッテオ・リッチ作とされる漢訳世界地図の写本で、六幅の木版刷りの大作だった。一幅の大きさが幅二尺長さ五尺六寸というから、全部並べると縦一・七メートル、幅三・六メートルほどの大判の地図になる。白石はやや自慢げに、板縁いっぱいに広げて見せたに違いない。

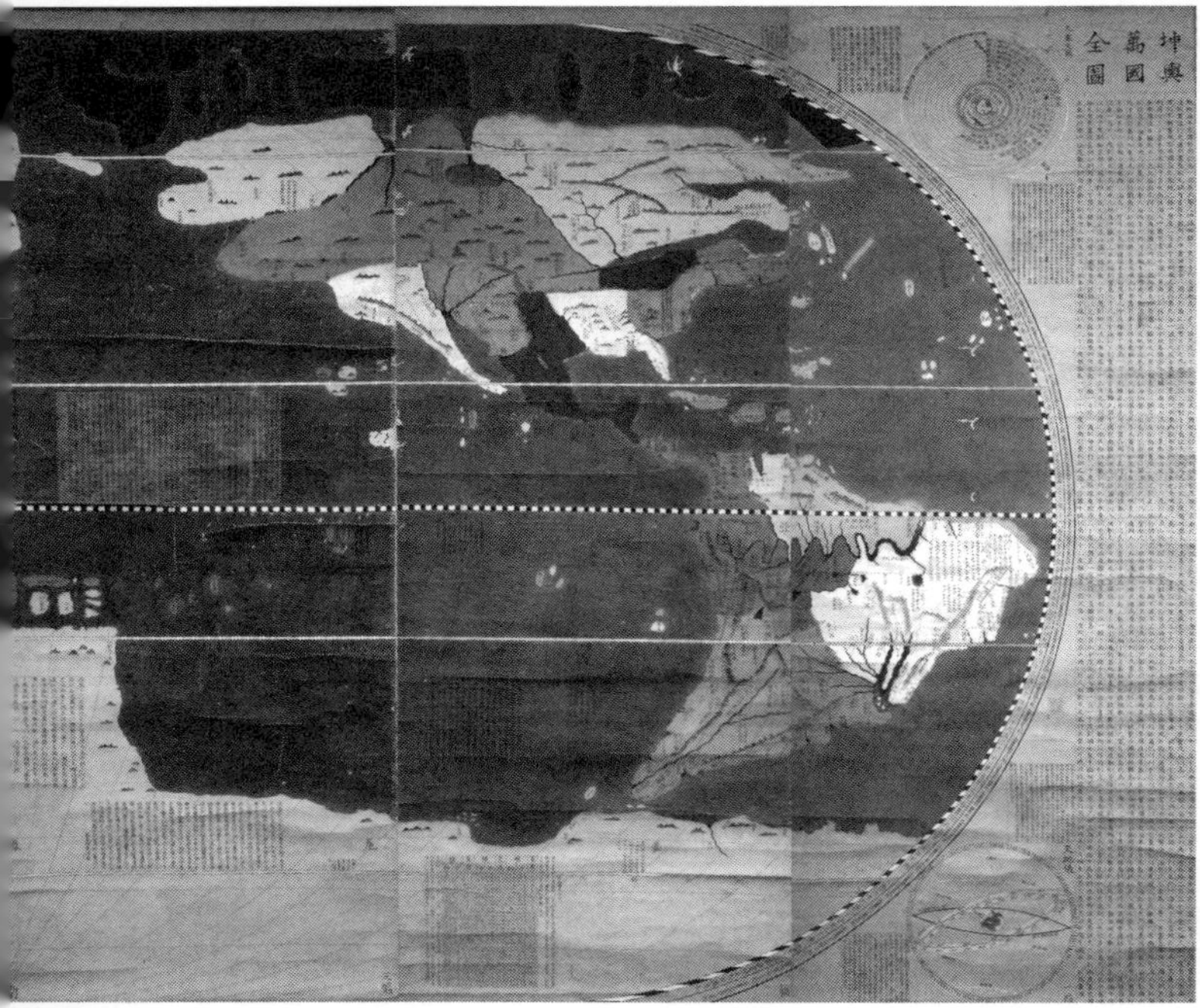
坤輿萬國全圖

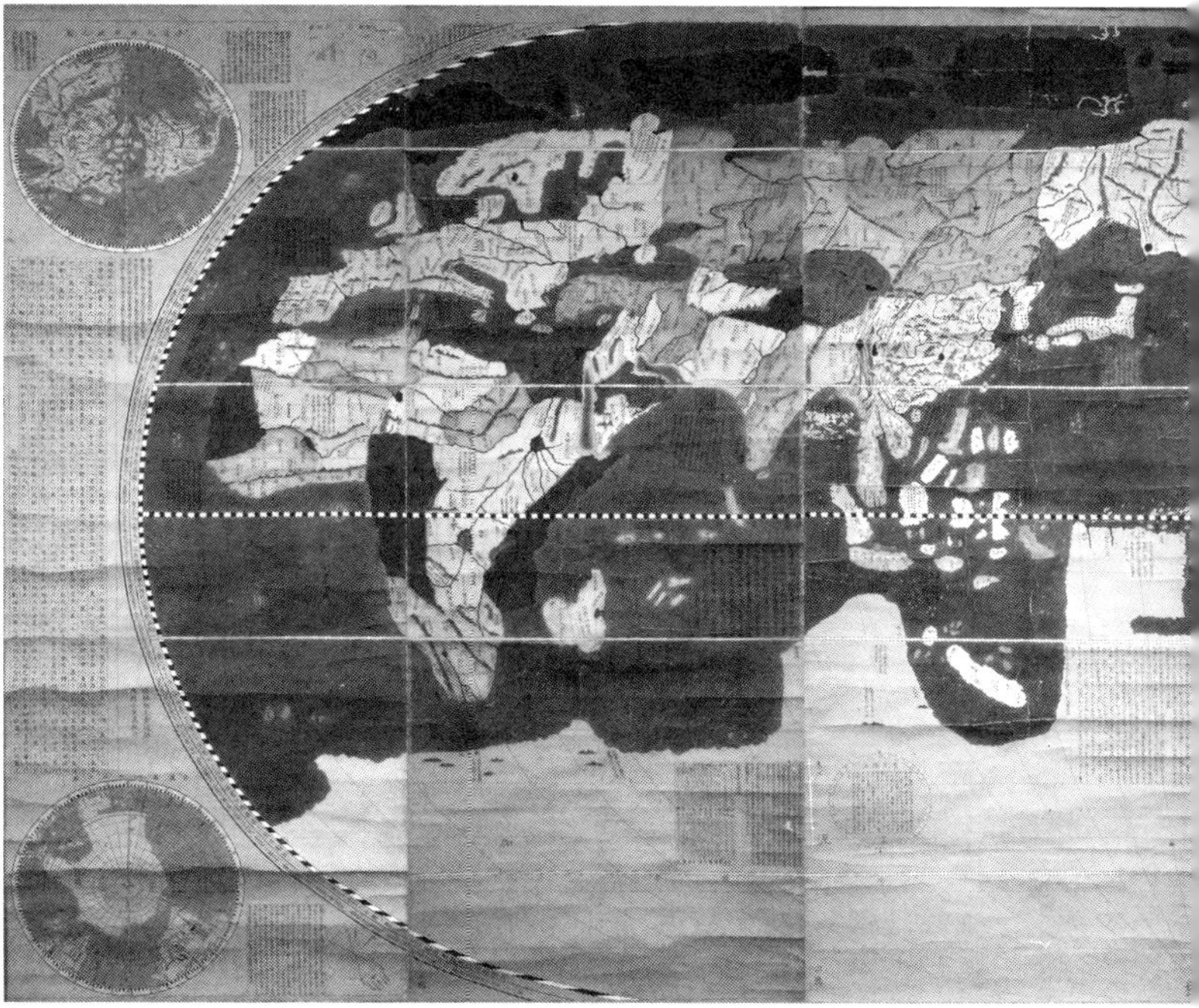

坤輿《こんよ》万国全図（宮城県図書館蔵）左右端にマッテオ・リッチの序がある。国名や解説はすべて中国語

しかし、シドッティはこの漢字表記の地図に対して「精《くわ》しからず」と実にそっけない。原図が作られてからすでに百年以上、世界の輪郭を楕円形で表現した方法は古く、存在しない空想の国もたくさん挿入されている上、枠外の天球図も未だ天動説によっている。確かにこの地図は時代遅れのものであったけれど、このそっけなさは気になる。

実はこの地図を制作したマッテオ・リッチこそ、間接的ながらシドッティの日本行きを可能にした人物であるといっても過言ではなかったのだ。ザビエルの遺志を継いだリッチは明代の中国に布教に入り、自ら儒衣をまとい、中国名の利瑪竇《りまとう》を名乗り、中国人の先祖崇拝の習慣を受け入れた布教を行った。以来、中国ではマッテオ・リッチの方法を継承するかたちで宣教が進められた。が、この適応主義を疑問視する声が上がり、ローマで論争が繰り広げられた結果、否認された。

そこで、中国切支丹を本来の形に戻すべくトーマス・トゥールノン総司教が使節として遣《つか》わされることになり、シドッティはマニラまで同行して日本潜入を決行した。

ちなみに、マッテオ・リッチはザビエルの志を最もよく体現したヴァリニャーノの弟子であった。

そのシドッティがマッテオ・リッチのことを知らないわけがないはずである。しかし、一人北京に向かったトゥールノンはその後、幽閉されたとの噂をシドッティはマニラで聞いていた。この件については、沈黙を守った方がよさそうだという思いが彼の中にあったのだろう。

少々、拍子抜けした白石は気を取り直して、別の地図を次の尋問の際に持ってくることを約束した。とりあえずはこの中国製の地図を前に世界の地理、歴史に関する質問を次から次へとシドッティに投げかけた。

シドッティの語る日本語は、白石の予想通りと言うか、懸念したよりはわかりづらいものではなかった。ただ、畿内、山陰、西南海道（九州、四国）の方言が入り混じっていて、それをさらにイタリア風の巻き舌を伴った声音で操《あやつ》るので、戸惑うことが多かったという。

シドッティの方も聞き取りづらいことを感知して、伝わるまで同じ言葉を何度も反復した。ラテン語の地名や人名など、通詞がうまく発音できない時は、習得できるまで繰り返し発音を正した。

白石がそれをまねると、

「通詞の人々はなまじオランダの語に学び熟したれば、旧習を除きがたきところがあります。比べて、もともと我が方の語を習い給わぬが故に上手に発音されます」

と、大げさに褒《ほ》めそやし愉快気に笑った。

まるで霧の向こうから実体が徐々に現れてくるように、シドッティが一言語るたびに、白石の世界に向けての眼が少しずつ開かれていった。

興味は果てず、質問の種は尽きなかった。二時間ほども経った頃には、通詞を介せずに白石自身が直接問いかけ、シドッティがそれに答えもするようになった。

この文脈でみる限り、すっかりシドッティのペースで尋問というか、質疑応答が進んでいったように思われる。

ローマにおいてシドッティはウディトーレ（裁判審問官）の職に就いていたことを思い出してもらいたい。いうなれば、この時の白石の立場にいた人なのだ。尋問する人の心理は熟知している。どのように受け答えすれば、心証をよくするかも経験的にわかっているのである。

質問も厳しく問い詰めるものではなく、和やかに進められる雰囲気の中、シドッティの気持ちに余裕が出てきた。同席者の目には、多少、態度に傲慢さが表れてきたようにも映った。

「邪教は大禁」の家康以来の幕府の掟を金科玉条のように頭に張り付けた宗門奉行たちにとっては、実にはがゆく苦々しい時間だったのではないだろうか。

いつの間にか、日が西に傾きかけていた。

白石は、奉行の一人に向かって尋ねた。

「何時になっておりますか」

「このあたりには時を打つ鐘もないので」と、奉行は首をかしげた。

そのとき、シドッティは頭を巡らせて、太陽のあるところを確かめてから地上にある自分の影を見て、指を折って数えながら、「我が国の暦法では某年某月の某日某刻にあたります」と進んで発言した。

これには、白石も感服した。どうも勾股《こうこ》の法（ピタゴラスの定理）であるらしい。簡単のように見えるが、こんなに容易《たやす》く言えるとはたいしたものだ。

「凡そ其人博聞強記にして、彼方多学の人と聞えて、天文地理の事に至ては、企て及ぶべしとも覚えず」と、口を極めて称賛し、素直に兜《かぶと》を脱いでいる。

一生の奇会たるべく候

こうして尋問初日は、異国人の人柄と日本語力を見極めながら西欧の事情を問うことと言葉の壁を取り払うことに始終した。白石はわざと宗教の話題は避けた。しかし、それではシドッティとしては立つ瀬がない。何とかこの勢いにのって、自分のほうに会話を手繰《たぐ》り寄せたいところである。

日没近く、尋問を打ち切って白石が席を立とうとすると、シドッティは慌てて言葉を放った。

「私がここに来たりしことは、我が教えを伝えまいらせ、この国の人をも利し、世を救おうということにあります。それなのに、多くの人を煩《わずら》わせ候《そうろう》こと、誠に本意ではありません。年すでに暮れようとし、天もまた寒く、雪もほどなく降ろうとしているのに、ここにいらっしゃるお侍をはじめ、人々が日夜の境なく私を警備されているのは見るに忍びません。私は自ら望んでこの国に来たのです。ここから去っていずれの方へ逃亡しましょうか。異国人である私がどこに一日でも身を寄せることができましょうか。されど、仰せにより て警備されているうえには、警備に怠りがあってはよろしくないでしょう。せめて夜は手枷足枷をされてもいいから、獄中につなぎ置かれ、人々が夜を心安く寝られるようお申し付けください」

この言葉に、奉行たちの顔に共感とも感心ともつかぬ心を打たれた様子が浮かんだ。しかし、白石は怒気を含んだ語調で火のように一喝した。

「思いにも似ぬ、偽りあるものかな」

今までの穏健さとは打って変わったその激しさに、場は一瞬、時が止まったかのように静まった。白石の額に「火の児《こ》」の印が踊っていた。

嘘つき呼ばわりされるとは侮辱の極まり、黙ってはいられない。ましては、聖職の身である。

「なんと、私は物心がついてからこの方、一度も偽りを申したことはございません」と、シドッティも顔面を紅潮させ、眉を上げて白石に迫った。こちらもシチリアはエトナ火山仕込みの火の児が炎を上げた。

「寒さも厳しい折、役人が夜昼となく汝の番をしているのが見るに耐えなくて、そう申しておるのか」

「さようでございます」

「それなら、お前の言うことはまさに偽りではないか」

「なんと……」

「彼らが汝の番をするのは、奉行の人々の命令を重んじるが故である。また、奉行の人々も何事も事故がないようにという公《おおやけ》（お上）の温かい心遣いからの仰せによるものである。その同じ心遣いから衣を重ねさせようとしたのに汝は自身の建前《たてまえ》を持ちだして受け付けなかった」

白石は尋問の冒頭にあった衣の件を持ち出して、論理的にシドッティの矛盾を突いた。

「汝が牢番の労苦を思うは、また先にお上が汝の健康を案じて衣を重ねさせようとするのと同様であるのに、汝はお上の意を受けず、衣を拒んでいるのは自らの言と矛盾するのではないか。お前に本当のまごころがあるなら、この方々の気持ちを顧みて安心させ申すのが当然ではないか」

だから、冒頭に言ったことが本当なら今言ったことが偽りになり、今言ったことが本当なら先ほどのことは偽りになるという理屈だ。

「さあ、これをどう申し開く」

論理を巧みに築き上げて、相手を承服させるやり方はいかにも白石らしい。単純化するなら、「私を甘く見るなよ」ということである。

シドッティはこの説明を聞くと、恥いった様子ではっとばかりに厳しい面持ちに戻り、衣を頂くことをすぐさま承諾した。

この短くも鋭い言葉の応酬の真意を、同席した奉行たちはおそらく、すぐには理解することはできなかっただろう。

「よくこそ、のたまい給りつれ」

と異国人が詫びを入れたことで、ほっと溜飲が下がる思いで喜び合うのが精一杯だった。

白石の意味したところは、こういうことだ。つまり、シドッティは宗門の教えを前面に出して、衣を与えようとする人の気持ちを省みない排他的な姿勢を持ちながら、次はお上の命《めい》を受けて番をしている見張り役への同情を口にした。そこに、自分が信じている教えの絶対性を誇った矜持の念があるのではないか。この場は切支丹の法ではなく、日本国の法が支配する場所であることを認識させるため、しっかりと釘を刺したのだ。

鋭い指摘を発した白石もただ者でなければ、その意味するところを瞬時に理解したシドッティの明晰さも常人ではない。この、短いやり取りの中で、二人は刃《やいば》を交え、互いの心の奥底に触れ合ったのであった。

ともあれ、この最後の出来事で、尋問一日目は白石に軍配が上がるとともに、以後の尋問における主導権を白石が握ったといえる。

怒りに模して、何とかシドッティに寒い思いをさせたくないという心配りが白石の心にあった。それを知った上で、最後に一言付け加えずにはいられないシドッティもまた、一筋縄ではいかない人物である。

「ですが、衣は高価な絹製ではなく、木綿で作ったものにしてください」

二人にしかわからないウイットともとれるこの一幕は、白石にとってよほど忘れられぬ思い出となったのだろう。『西洋紀聞』の中で、かなりのスペースを割いて、白石はわざわざこのときの様子を楽しげに記しているのである。


一回目の尋問は、ほぼ半日かけて行われ幕を閉じた。立ち去る白石の後ろ姿に向かって深く頭を下げたシドッティの影が白洲にもう映らないほど、足早い冬の夕暮れが切支丹屋敷に迫ろうとしていた。

いろいろな事情があり、長い経緯があって、ようやく異人との出逢いが実現した。後日、水戸の友人、安積澹泊《あさかたんぱく》への書簡の中で、白石は感慨深げにこう述べている。

「羅馬《ろうま》人に度々出合い候こと、凡そ一生の奇会《きかい》たるべく候」

第十七章　吟　味

ブラウの世界地図

近世に至るまで日本人は、世界は仏教の天竺《てんじく》（インド）、儒教の震旦《しんたん》（中国）、神道の本《ほん》朝《ちょう》（日本）の三国から成るとする三国世界観の中に生きていた。世界は最高峰須弥山《しゅみせん》を中心に海と山と大陸から成り立つというインドの須弥山説や、円形の天と方形の大地が並行して存在するという中国の蓋天《がいてん》説などがその根底にあった。

それを衝撃的に動揺させたのが、十六世紀半ばの西洋人との出会いであった。今まで知らなかった、すなわち存在しなかった異文化の世界が突如として目の前に現れた。西洋人は鉄砲とキリスト教だけではなくさまざまな文化をもたらし、地球が球体であることをはじめとして、かつてない大きな宇宙観を日本人に提示した。特に、ザビエルに始まるイエズス会宣教師は、自然科学や地理学など実証的な知識をもたらし、未知の世界へと日本人の憧憬と関心を引きつけた。

しかし鎖国政策によって、膨らみかけた芽が開花しないまま萎《しぼ》んでいくように、西洋の学術文化を充分に受容することもなく、扉が閉じられてしまった。中国とオランダとの物品のやり取り以外は、外の世界は見てはならない、触れてはいけない存在として意識の外に退けられてしまったのだ。

その閉じられた世界から一条の光を取り入れ、以降の日本人の世界観に大きな影響を与えたのが新井白石であり、そのきっかけをつくったのが、唐突に屋久島に上陸したイタリア人宣教師シドッティであった。

宝永六年の秋も終わろうとする頃、最初の異人尋問を終えた次の日、白石は江戸城本丸に出仕し、側用人の間部《まなべ》詮房《あきふさ》と対談した後、尋問の結果を将軍家宣《いえのぶ》に伝えた。そして、その翌日の二十三日には、通詞《つうじ》たちを自宅に招いて前回の内容を確認するとともに、今後の尋問に備えて、夜遅くまで詳細な打ち合わせをしている。日を開けずに合計四回の尋問を開き、謎の異人の素性と目的を明らかにした上で、その進退を裁定するのが白石の青写真であった。

はるばるローマから海を越えてやってきたジョバンニ・バッティスタ・シドッティと名乗る男は、所持品や言動から禁教の切支丹《きりしたん》の伴天連《ばてれん》であることは間違いない。その男の進退を決めるということは、すなわち幕府の切支丹対策の今後の方向性を決めることであり、さらには鎖国政策そのものを改めて問い直すことにもつながるやもしれない。

新しい将軍が生まれたばかりで、政策顧問としての白石の前には国内の問題が山積していた。できうる限り効果的に時間を使わなくてはならなかった。同時に、西洋諸国の様子や科学技術について知識を得る、またとない機会がそこにあった。白石は、用意周到な準備を怠らなかった。

最初の尋問から三日後の十一月二十五日、二回目の尋問が巳《み》の刻（午前十時）過ぎから始まった。切支丹屋敷吟味の間《ま》の白洲に現れたシドッティは、白石の言葉に従って木綿の衣を重ねていた。座敷の奥の白石に一礼をするや否や、まずその衣のことで礼を述べるのも忘れなかった。

そして前回と同じように榻《とう》に座した後は、長時間にわたる尋問にも、まるで「泥で作った彫像の如く」微動だにせず、問われることに真摯な姿勢で答えた。

「謹愨《きんこく》にして、よく小善にも服する所ありき」と、前回の吟味でシドッティの教養に感嘆した白石はまた、その品位に満ちた慎み深さと誠実な態度の立派さをも讃えた。

「聖人の温良もかくや」（『文会雑記』湯浅常山）

と感嘆の声をあげながら、尋常を越えた人物を何度も再認識している。

シドッティが衣を重ねる約束を守ったように、白石もまた約束を違えず新しい世界図を準備していた。前回、持参した中国製の地図とは異なり、それはオランダ語で記された正真正銘の西洋生まれの世界図であった。

寛永七年（一六三〇）の禁書令以来、南蛮の書物はもとより、漢語で訳した切支丹教書および学術書の輸入も全面的に禁止されていた。西洋文字が書いてあるだけで邪教の疑いを抱き、長崎で焼き捨てられた。そんな時代に、危険極まる南蛮の地図をいとも容易《たやす》く手にして広げてみせるあたり、白石の幕府内の立場の強さが推し量れる。

シドッティは、その地図を一見して、

「この図は、七十年ほど前に作られた稀な珍品で、今は西洋でも得がたいものです。あちらこちらに破れている箇所があるのは惜しむべきことです。修復して後代に伝えられるべし」と、驚きを込めて述べた。

それは、寛文十二年（一六七二）、長崎のオランダ商館長《カピタン》から四代将軍家綱《いえつな》に献納されたと伝えられるヨハン・ブラウ作の『新世界全図』であった。従来の地図が世界を楕円図で表していたのとは異なり、東西両半球を表す二つの円が大きく描かれたこの鏤板製の双円図の大きさは、幅一丈二尺、長さ七・八尺（約三メートル×二メートル）もあった。

十七世紀のヨーロッパ最大の地図出版者ヨハン・ブラウは、一六四八年にこの大型の壁掛け世界図を二十葉、アムステルダムで印刷出版した。その後、印刷工場の火災により原版が焼失していることから、オランダ人の手により日本にもたらされたこの一葉は実に貴重なものであるといえる。

おそらく白石の配慮のたまものだろう。シドッティの進言通り、このブラウの地図は徳川家で大切に管理され、現在、東京国立博物館に保管されている。今や現存する世界で唯一のものだと言われている。地図の上には十五カ所にわたり、白石が自筆で書き込み、貼り付けた付箋が、当時の息遣いを記録するかのように生々しく残されていた。

大地図を前に語り合う東西二人の知識人が共有した時間が、確かにこの世に存在した動かない証《あか》しである。

白石は言葉の疎通を、この地図を活用して克服した。

「図中の理解できないところを通詞に尋ねさせたところ、彼の説明するところが徐々に聞き取れるようになった。やりとりを重ねるうちに、彼もまた次第にこちらの言葉に慣れてきて、ほぼ滞りなく通ずるようになった」

ローマはいづこや

シドッティの口から飛び出す世界の様子は、珍しい話題に満ち満ちていた。地図をはさんでの尋問という形をとりながら、西洋の歴史、文化、科学など多方面の分野にわたっての問答が展開された。シドッティの片言の日本語にも慣れた白石は、あまり通訳を介せずとも、手振りを交えて自ら直接問いかけ、答えもするような状況で、周りの奉行たちを感嘆させた。

それはまるで、「響きに応じて鏡を照らすごとくであった」という。

実は白石は、言語学の分野においても造詣が深い研究者であり、後に「東雅」「東音譜」といった古語、方言の著作を執筆しているほど、人の言葉の音声については鋭い耳と理解力を持った人であったのだ。

この日の尋問について、白石が『西洋紀聞』に残しているエピソードのいくつかを紹介してみたい。

白石は地図上のヨーロッパ地方を指差し、「ローマはいづこや」と聞いた。

何分大きな地図である上、地名が細かな番字（西洋文字）で記されているため、通詞も見つけるのに苦労していた。

シドッティが口を開いた。

「チルチヌスや候《そうろう》」

通詞が首を振るのを見て、白石が理由を尋ねたところ、

「チルチヌスはオランダ語でパッスル、イタリア語でコンパスと申すものでございます」

と、通詞が説明した。

白石は涼しい顔をしてやにわに懐《ふところ》に手を入れると、そこから出したものを見せた。

「そのものならここにある」

何と、準備よくコンパスまで持参していたのであった。

通詞を経由して、そのコンパスを手にしたシドッティは一言、呟《つぶや》いた。

「合わせ目が弛んでいて用に立ち難いが、まあ無いよりはましでしょう」

シドッティは地図の一部の縮尺を記してある箇所にコンパスを当て、筆を求めてその字を写し取り、その分数をコンパスで測りとった。そして、自分は庭上の榻《とう》にありながら、板縁にある地図の上に手を差し伸べて図面上に蜘蛛の巣のように描かれた線の跡をあちらちらへと数えて尋ねた。やがて、手の届かないほどのところにたどり着くと針の穴のような一点をコンパスの先で指した。

「ここでありましょう、ごらんください」

言われたところを通詞がのぞきこむと、そこに「Roma（ローマ）」という番字があった。

白石はオランダを始め、知っている国々の名前を次々に出し、シドッティはそのどれひとつも差し損じなかった。

「我が国のなかでここはどこにあるか」と尋ねると、「ここでしょう」と指し示す所は、確かに「Edo（エド）」と読めた。

「これらの方法は必ず一定の法があってすることと思われるが、そのことに精通していない者に、この方法をみな学ぶことができるだろうか」

「いとやさしいことでございます」

「自分はもともと数理に疎《うと》いからだめだろう」

「いえいえ、これらのことは、あながち数理に精通するほどのことでもございません。わけなく御学習になれます」

がらにもなく自信なげな白石と、それをなだめるシドッティ。取り調べというよりは、それはもう二人の友人の穏やかな雑談のようであった。

また、来航の途中、シドッティがオランダの戦艦を見た話に及んだ時、大砲が上中下三層の窓から砲門を突き出している様子を言おうとして、手真似してもうまく表現できないでいたときのことだ。白石が自分の左手をそばだてて、その四本の指の間から右手の指頭を三つ出して、

「かような形であるか」と、身振りで示した。

「いかにも。かしこきお人なるかな」

白石の頭の良さ、理解の早さをシドッティが手放しで称える場面もあった。

シドッティと白石だけが分かち合える知的な興奮に満ちた会話が、時を惜しむかのように未《ひつじ》の刻（午後一時過ぎ）まで続いた。

人形のようにただ座っていた奉行たちは、まったく口を挟むことができなかった。退屈したあまりか、くしゃみを連発したひとりの奉行に向かって、シドッティはイタリア語で「サルーテ」（神のご加護を）と祈りの言葉をかけた。

白石にはなにやら、呪誦のように聞こえた。

くしゃみをした人に対して、声掛けするのは今でも残るヨーロッパ社会の習慣である。場の流れに引っかけて、切支丹の教義に何とか話題をもっていこうとするシドッティであったが、白石はまるで聞こえなかったように誘いには応じなかった。

「寒うございます。衣を重ねられたらいかがでしょう。我が国では昔、国中が残らず病をしたことがあったからです」

十四世紀、全ヨーロッパにまたがってペストが流行し、約二千万人から三千万人が死亡した。シドッティはそのことを言っているのである。中央アジアから東西交易の商業網に沿って広がったペストは、シドッティの故郷であるシチリア島に上陸してヨーロッパ中に広がった。まず寒気がして高熱がでる風邪のような症状がでたという。

この日から五日後の十一月晦日《みそか》に行われた第三回目の尋問においては、白石は通詞だけを伴い、ほぼ一日中かけて、シドッティと二人の自由な対話を楽しんだ。

「今日は奉行の方々はお出合い下さるにはおよびますまい」

宗門奉行の同伴を断ったことから、この尋問の場においても、シドッティの潜入目的や渡来の経緯、切支丹の教義についての質問はなかったとみられる。おそらく、今までシドッティから聞いた西洋の地理、歴史、政治情勢、学問学術についての話をさらに深く突っ込んだ場となったのだろう。

もちろん、シドッティはことにふれて自らの思いを伝えようと試みたが、白石はそのことには応答せずに過ごしたとある。

多少不満が残る結果であったが、この時点で白石の人格、人間性、学問の深さに一目も二目も置くようになったシドッティは、素直に白石の知識欲を満たすべく努力をした。彼にとっても、またその日は、最も寛《くつろ》いだ一日だったのではないだろうか。

それぞれの立場も忘れて、まるで旧来の知己かのように心ゆくまで意見を交換し、談笑しているさまが目に浮かぶようだ。

第十八章　紀　聞

西洋紀聞

白石はシドッティ尋問から得た知識をもとに、『西洋紀聞』と『采覧異言《さいらんいげん》』の二冊の歴史的名著を残した。

『西洋紀聞』は、上中下三巻のそれぞれ独立した三部作で構成されている。

上巻はシドッティ来航の話を家宣《いえのぶ》から聞いたことから始まり、白石の尋問を経て入牢、獄死までの一連の経過を数々のエピソードを交えて述べている。いわば、生き生きとした自由な描写が散りばめられた散文のような形を取っていて、白石やシドッティの人間性がストレートに伝わってくる文章でまとめられている。

「大地、海水と相合て、其形円なる事、球のごとくして、天円の中に居る。たとえば、鶏卵の黄なる、青き内にあるがごとし。其地球の周囲九万里にして、上下四方、皆人ありて居れり。凡そ、其の地わかちて、五大州となす」

という地球全体の様子の理解から始まる中巻は、シドッティから聞いた世界諸国の地理、歴史および政治、文化、風俗などの海外事情が述べられている。鎖国後七十年経った当時としては、画期的な情報集であったと思われる。ヨーロッパ諸国の説明がいちばんにローマ、次にシチリアから始まるあたりに、いかにもシドッティの存在を匂わせている。

白石は番字が読めなかったので、地名・人名などの発音表記は『坤輿《こんよ》万国全図』からとった漢字を当て、シドッティとの問答、キャラの書物からの引用、オランダ人から聞いた話をそれぞれ情報源を明記しながらひとつにまとめている。学者の誠実さと比較検証の努力の跡がその文面からにじみ出ている労作だ。

下巻はシドッティの家族に始まり来航経緯、携帯品、衣服、ザビエルのこと、日本布教を志した動機や江戸に来ることを望んだ理由など、白石が質問しシドッティが語った言葉をそのまま載せて、最後に切支丹《きりしたん》教法の大意とそれに対する白石の見解が述べられている。

江戸時代において、キリスト教の教義を正確に深く検証したものとしては、肩を並べる

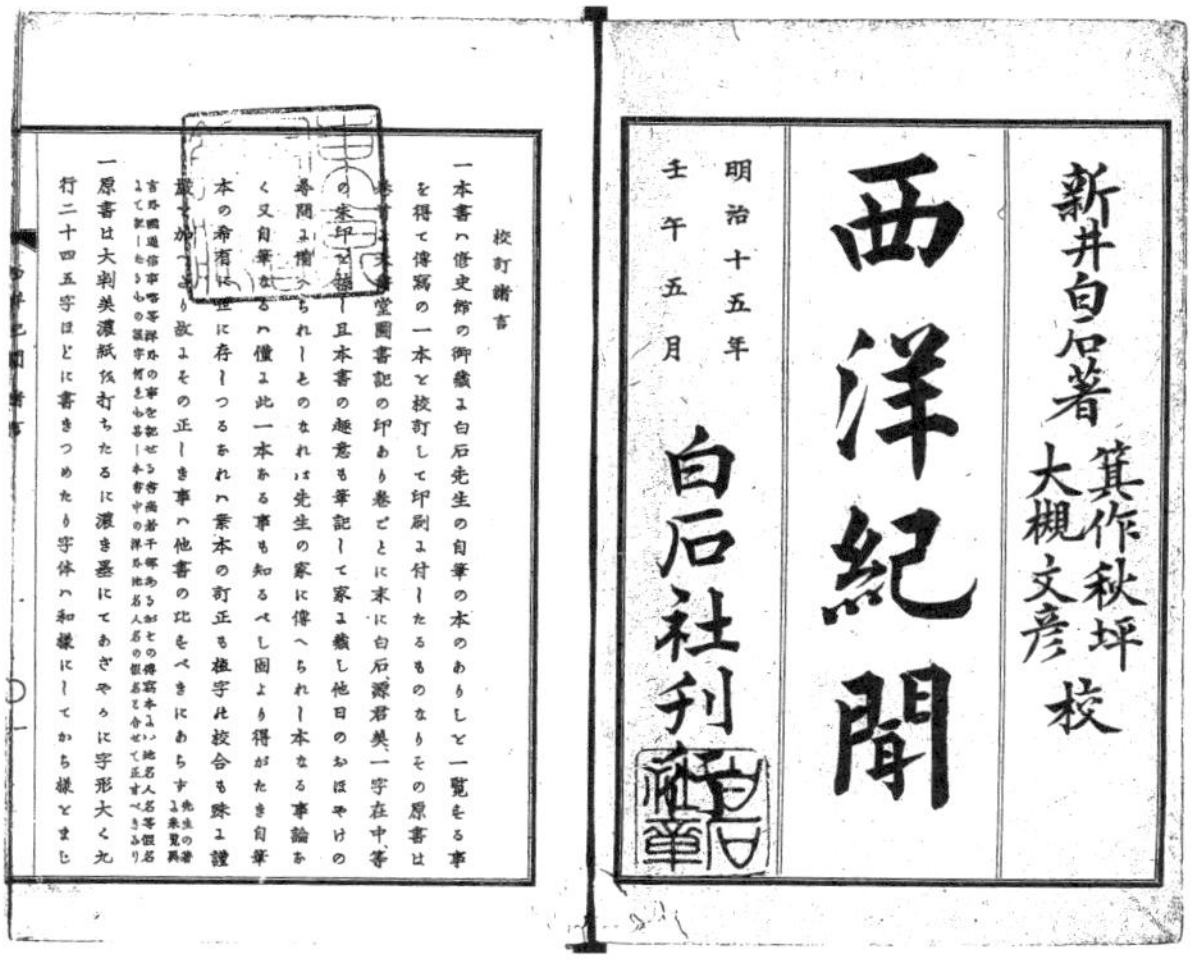

『西洋紀聞』明治 15 年刊　箕作秋坪・大槻文彦校　白石社（国立国会図書館デジタルコレクション）

ものがないといっていい。

白石はその上巻末尾で、本書は世間への公表を意図して執筆したものではないが、海外諸国についての見聞を広めたいという求めであれば、中巻は隠す必要もないと述べている。

しかし、実際には切支丹の教義に触れた危険な文書であったため秘本とされ、明治に入るまで百五十年の長きにわたって公《おおやけ》の目に触れることはなかった。

そのことを見越してだろうか。白石は中巻の内容をさらに詳しく記述した日本初の体系的な世界地理書とされる『采覧異言』を執筆し、自分が知り得た西洋を後世に残した。切支丹に関する記述がなかったこともあり、江戸時代に出版こそされなかったが、知識人の必読の書とされ広く伝写され、やがて訪れる蘭学の興隆、さらに開国へとつながる日本人の西洋認識の広がりに大きく貢献した。

では、白石はシドッティを通してどのような西洋を垣間見たのだろうか。

世界総論からみると、世界はヨーロッパ、アフリカ、アジア、南アメリカ、北アメリカの五つの州からなっているとしている。

五巻からなる『采覧異言』では、この五大州の区分に基づき世界の国々を州別に解説し、それぞれの州の最後には歴史や政治事情も含めた各州の総論を記している。

それまで世界地図の中に必ず姿を現していた六つ目の大陸、想像上の南方大陸であるメガラニカは削除され、中国製の地図に見られた「小人国」「女人国」「一目国」「鬼国」など説話的な国々の記述も除外されている。

また、シドッティの発言だけを鵜呑《うの》みにせず、後日、キャラの書籍から書き抜いたものや出島のオランダ人から得た情報も書き加え、さらに「三才図会」「天経或問」「月令広義」「図書編」「武備志」「皇明世法録」など幕府が持っていた明代の蔵書も参考にしながら、死去の年まで幾度も推敲を重ねて仕上げた。不確実な事項はいっさい記載せず、客観的な記述を貫くという白石の姿勢が全編に貫かれている。

南方大陸に代わって、新しく発見された地域としてノーワ・ヲヽランデヤ（オーストラ

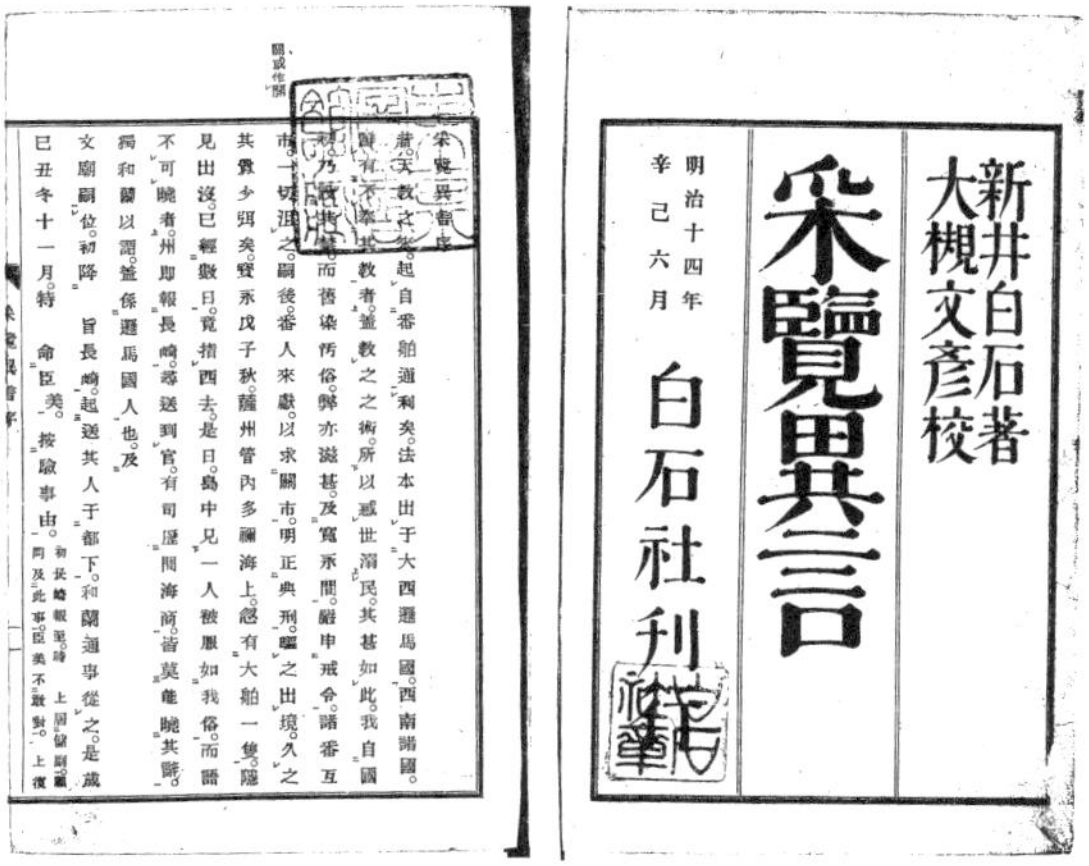
新井白石著
大槻文彦校
采覧異言
明治十四年
辛巳六月
白石社刊

『采覧異言』明治14年刊　大槻文彦校（国立国会図書館デジタルコレクション）

リア）もアジア区分に載せている。

この地域について、白石が『西洋紀聞』上巻に細字で書き遺している面白いやりとりがある。

白石が尋ねた。

「ノーワ・ヲヽランデヤの地はここからどれくらいへだたったところに位置するのか」

このとき、シドッティは悪戯《いたずら》っぽく警戒の色を顔に浮かべたまま返答しようとしなかった。そして、白石が繰り返し尋ねると、こう謎のような言葉を呟いた。

「我が法の最も重要な戒律は人を殺してはならぬことです。どうして、よその国を狙わせるようなことを教えることができましょう」

よく意味がわからず、重ねて白石がそのわけを聞くと、「思うところがありますので、これらの地方のことはお答えするわけにはまいりません」と、きっぱり拒絶した。

元来、白石は好奇心の固まりのような人物である。せっかちにさらにその意味を尋ねると、シドッティはようやく重い口を開いた。

「この人（白石）は拝見しておりますと、この国においてのことはわかりませんが、もし我が国におられたら、大きなことをなす人であろうと思います。ノーワ・ヲヽランデヤはここからそれほど遠くはありません。このお方がその土地を取ろうとお思いになれば、いとたやすいことでしょう。私がその場所をお教えしたら、よその土地を侵略することを教え導くことになりますゆえ」

これには、白石も苦笑いするしかなかった。奉行の前でもあるので、「たといその意思があっても、私には一兵も動かすことは叶《かな》うまい」と言って奉行のほうを見て笑い、奉行も笑い返した。

これはシドッティ独特のユーモアをからめた比喩であった。白石がいかに素晴らしい逸材かを、喩《たと》えで表現したものである。後日、シドッティは「五百年の間に一人ほど、世界の中に此の如き人の生れ出づるものなり」と白石の偉大さを心から褒め称えたという一文が残されている。（大槻文彦　白石社版「校訂序言」）まさに、傑物は傑物を知るである。

同時に切支丹には決して国を侵略する意図はないことを、しっかりと印象づけているあたりも抜け目がない。

一方、白石もこの高い評価にまんざらでもない様子で、「シドッティの過慮(思い過ごし)」と書き足している。

シドッティの突っ込みを軽く受けながしながらも、白石は皮肉な想いを抱いたことであろう。

前将軍綱吉《つなよし》時代の浪費、貨幣の増鋳、役人の賄賂や横領、長崎貿易の赤字などにより、このとき、幕府の財政状態はほとんど破綻状態にあった。政務を引き継ぎ、そのことの現実を知った白石は、財政立て直しに奔走している最中だったからである。また、長く平和な時代が続いたせいで幕府の武器庫も荒れ果て、大船も古く、水戦どころか沿岸の航海もおぼつかなく、他国に遠征など行ける資力も兵力も活力もなかった。

白石の苦笑いは哀しさを伴っていた。

もうひとつの西洋

第二回目の尋問後、切支丹屋敷を去る前に白石は獄中の様子を視察した。シドッティがどのような環境に置かれているか、気にかかったのだろう。

屋敷内の長屋に奉行の案内で足を踏み入れるとすぐに、シドッティの身の回りの世話を申し渡されている老夫婦が丁重に挨拶に現れた。長助とはるである。

二人から聞いたシドッティの食事についても、十分に満足できるものを支給されていた。

「普通の日には午時（正午）と日没後と、二度食べる。その食事の内容は、飯と小麦の団子に薄い醤油に油を加えた汁に、魚と大根とねぎを入れて煮たもの、それに酢と焼塩とを少し添える。菓子には、焼栗四つ、蜜柑二つ、干柿五つ、丸柿二つ、パン一つ。斎戒の日には、午時に一度だけ食べる。但し菓子は、その日も二度食べ、その数は倍になる。焼栗八つ、蜜柑四つ、干柿十、丸柿四つ、パン二つを二度に食べる」

これらの食事にほかに、湯も水も飲んだことがないという。

頭の中で、これらを空想の食卓の上に並べてみた。囚われ人にしては、ずいぶんと豊かな食事内容である。

シドッティを監視していた牢番が不思議がったことは、菓子として与えられた果物類の皮や種子などを捨てたあとを見かけないということだった。

ローマを出て以来、ずっと粗食を通してきたシドッティのことである。我が身ひとりのため屋敷内に勤務する人々へのせめてものお礼に、自分は必要最低限な量だけ取り、残りは皆に分け与えていたに違いない。

また、江戸に来てから、一度も水浴をしたことがないのに、垢《あか》がつき汚れていることもなかった。

白石は、長屋の一角、シドッティが収容されている獄舎にも足を延ばした。

かつてはたくさん伴天連《ばてれん》たちが収容されていた大きな獄舎も、今はただひとりの収容者のみとなり、建物の大きさがかえって寒々とした印象を与えていた。

獄を厚板で三つに隔てた西の一間《ひとま》が、シドッティにあてがわれた部屋だった。西の壁に、赤い紙を切って十字架にしたものが貼られていた。そして、その前で法師が読経するように、経文を暗誦して祈る司祭の敬虔な姿があった。先ほどの尋問の間には見ることがなかった宗教家が、そこにいた。

シドッティは、何も白石に西洋事情を伝えるために、はるばる六年もかけて海を渡ってきたわけではない。彼には使命があり、その使命を全うするために命《いのち》をかけて遠い地からやってきたのだ。

そのことに触れずには、シドッティの魂は救われまい。しかし残念ながら、シドッティが心に抱えているものは幕府が鎖国までして恐れたものであり、幕府の厳然たる掟を覆《くつがえ》すことはいかに白石でも不可能なことであった。

できれば、朝鮮、琉球との国交、オランダ、中国との貿易問題に対峙している自分の相談役のような存在でいてくれればと願う気持ちも密かにあった。が同時に、そのような妥協に甘んじるような人物ではないことも知っていた。否、自分に課した使命のために不屈の精神をもって万里を越えてやってきたような人物であるがゆえに、自分もその尊さを認めざるを得なかったのではないか。

矛盾した思いを抱えながら、部屋の入口にたたずむ白石の存在には、まったく気付くこともなく、シドッティは神との対話を続けていた。それは、白石が垣間見たもうひとつの西洋だった。白石は声をかけることもなく、宗教家の祈る後ろ姿だけを眼に留めて、そっと屋敷を後にした。

将軍から全面的な信頼を得ているとはいえ、正規の役職を持たない客分のような存在の白石は、固定化した武家身分制度からみれば一介の儒者、いわば成り上がり者である。幕府内の不正に容赦なく切り込み、改革を唱える白石には敵も多かった。将軍家宣の寵愛と信頼を一身に浴びていることへの反感もあって、譜代大名や直参家臣の利益を代弁する老中たちからは、陰で「鬼」と呼ばれて疎《うと》まれていた。

ある意味で孤高孤独な存在だった。

冷たい風が白石の体に浸みる。年の暮れが迫り、天は灰白色に染まり、雪も散らつき始めていた。吐く息が白く、流れていく。飯田町の自宅に向かう白石の影法師は、師走の江戸の町並みに長く伸びていた。もはやこれ以上、引き延ばすことはできなかった。どのような判決を下すべきか、決断の時が迫っていた。

白石の脳裏には、暗い獄舎の壁に貼られた赤い十字架だけがいつまでもゆらゆらと浮かんでは消えた。

第十九章

審　判

白石の最終尋問

三回目の尋問の翌日、十二月一日に白石は将軍家宣《いえのぶ》に次のような口上を伝え、了承を得た。

「昨日までに彼人を見候《そうろう》こと三日、今は彼が申すほどのこと、聞き間違うべくもあらず。彼もまた、私が申すことをよく聞き理解します。この上は、彼が来た理由をも尋ねようと存じます。そうなれば、必ずその教えの教義（切支丹《きりしたん》の教義）に及びましょうから、奉行の人々も出合って、事の次第をよく承るよう仰せ下さるよう」

そして最終尋問は十二月四日、新暦でいえば次の年の一月三日に開かれた。

開口一番、「いかなる理由で、どのような法をわが国に広めようと思って来たのか」という白石の質問に、この時を待ちに待っていたシドッティは喜び勇んで答えた。

「今を去ること六年前にここに遣《つか》いとして渡ることを承り、万里の風浪をしのぎやってきて、ついに国都に至りました。折しも、本国（ローマ）にありては今日は新年の祝いをする日、この日に初めて我が法のことをお聞きいただけることはなんと幸せなことでしょう」

デウスの天地創造、アダン（アダム）とヱワ（エバ）の楽園追放、大洪水とノエ（ノア）の方舟、モイセス（モーゼ）の十戒、聖女マリアの受胎、イエズスキリストス（イエス・キリスト）の蘇生（復活）と上天（昇天）などなど、聖書に述べられている数々の話がシドッティの口から淀みなくあふれ出た。それは、白石が参考にしたキャラによる三冊の本とほとんど違わない内容だった。本を熟読していた白石にとって、なんら新鮮な響きをもつものではなかったことに少なからず失望を覚えたようだ。

「知愚たちまちに地をかえて、二人の言を聞くに似たり」

あれほど博文の人と驚嘆し、その科学的知識の深さにも舌を巻いたほどなのに、これはいったいどういうことか。まったく科学的な根拠もなく天地は造られ、川は二つに裂け、男女の道をあずからずに子が生まれ、死んだ人間が生き返るなどと「嬰児の戯言《ざれごと》に似たる」

ことを言う。白石にとってそれはまるで、異なる二人の人の言葉を聞くようだった。

「彼方の学のごときは、ただ其形と器とに精《くわ》しきを知りぬ。いわゆる形而下なるもののみを知りて形而上なるものは未だあずかり聞かず」と、酷評を下している。論理で物の理を極める朱子学に立つ白石にとって、それは越えることのできない壁であった。

古来日本では、尊ぶ人を「加美《かみ》」と呼んだ。すなわち、「神とは人である」。神代《かみよ》の時代から、天皇を神の子孫である現人神《あらひとがみ》として奉ってきた。戦国時代になると、豊臣秀吉は自分の血筋や生まれを神秘化させ、死んだ後に八幡神（豊国大明神）となることを望んだ。織田信長にいたっては自分自身が最高神になろうとしたし、徳川家康も死後、東照大権現になり神格化された。

ところが、切支丹の教えでは、神は人間も含めてすべてのものの創造主であり、人間と神は次元を同じくするものではないという。このような宇宙のすべてを創ったという唯一絶対の存在をすんなりとは受け入れることは、白石には難しかった。

「天地万物自ら成る事なし、必ずこれを造れるものありという説の如くであるなら、天主（デウス）もまた何ものかが天地未だあらざる時に生まれたということになる。天主がもし自ら生まれたなら、なぜ天地もまた自ら成らないのか」

神がすべてを創ったというのなら、その神は天地がまだない時にどうやって生まれたのか。朱子学では、天と地は宇宙の本体たる太極から生じるとしている。シドッティが語る教えとやらは、不合理極まりのない話で面食らうばかりであった。しかし、白石はこのことをシドッティに尋ね直すことなく、独断で一気に結論へと飛びつく。

「ひと言も道理にかなったことはない」

シドッティの信仰と学識道徳が一体のものであることを理解するには、あまりにも短い交わりであったと言える。形而下的な科学技術は摂取するが、形而上的な倫理哲学は我が国のものを良しとする。幕末の代表的な洋学者、佐久間象山《さくまぞうざん》や橋本左内《はしもとさない》につながる「和魂洋才」の思想はこのとき生まれた。

西洋の言葉は通商のため、限られた世襲の通詞《つうじ》のみが学ぶものとされ、横文字の書物も邪教のものと疎《うと》んじられた時代が長くあった。言葉を換えれば、西洋学とキリスト教を切り離した白石のこの考え方が、その後の自然科学や技術の移入といった洋学勃興の道筋をつけたといってもいい。

もっとも切支丹の教えのみならず、禁制下の日本に何も確たる後ろ盾もなく潜入したシドッティの行為そのものが、すでに道理にかなった行動ではないのは確かだ。しかし、それも総主（教皇）の命令に従っただけと思えば理解できなくはない。また、シドッティがこのような幼児の戯言のごとき教えを信じているのは、そういう文化の土地に生まれ育ったのだからこれも致しかたない。白石は、無理やりに理由をこじつけた。

つまり、シドッティがキリスト教を信じ無謀にも日本にやってきたのは、本人の責任ではなく環境のせいであり、命令に従ってのことであった。そう考えないと、シドッティを理解できたと思った自分自身の論理が破綻してしまうからである。

しかし、白石はシドッティの話を聞いて画期的な判断も示した。それは、切支丹は国の謀略を目的とするものではないとした点だ。そもそも、日本が鎖国に踏み切ったのはこの謀略説が根拠になっていた。それを覆《くつがえ》す判断を白石がここでした、ということの意味は重大だ。キリスト教をただ盲目的に邪教扱いにはせず、客観的に考察しようとした白石の近代性がうかがわれる。シドッティから聞いたヨーロッパの位置と戦争に明け暮れる政治情勢から、侵略するには遠く、戦力的にもその余地はないという見解を得たことも大きい。日本がひとりで思いつめていたほどには、侵略の危険性はなかったのだ。

「謀略の一事はゆめゆめあるまじき事と存ぜられ候事」

白石の口から出たこの一言だけでも、シドッティの使命の大きな部分は十分に果たされたと言えるかもしれない。この点に関していえば、シドッティの弁論は見事に成功した。

徳川時代になって切支丹が禁じられたのは、「世を乱し国を奪う行為である」とオランダ人が幕府に中傷したことによるもの。我がローマは建国してからおよそ一三八〇年余りになるが、「猫の額ほどの狭い土地といえども、他国の領土を奪いとったことはありません」と、断言したからであった。

この論法は歴史的事実と重ねると無理がある。大航海時代のヨーロッパ列国の植民地政策とキリスト教の布教が表裏一体の関係であったことは確かで、ヨーロッパの国々が次から次へと領土を獲得していくなか、宣教師たちは王権と軍事力を背景にアジア、アフリカ、アメリカへの布教を推し進めた。神の名において侵略、略奪も行われることも確かにあった。

しかし、あえてここでローマは、と言っている点に注目したい。土地を奪い取ったのは国王たちであって、ローマ教皇ではないことを強調しているのだ。

シドッティはさらに付け加えた。

「国を誤らせるのは宗教ではなく、人によるものです」

この言葉は、白石を大いに喜ばせた。

「けだし卓見である」

結局、白石は切支丹の教えも仏教と同じようなものであるというところに結論を持っていった。その証拠に、造像あり、受戒あり、灌水あり、誦経あり、念珠あり、天堂地獄、輪廻報応の説あること、仏教の言うことと非常に似ているではないか。とすれば、邪教、邪教と、さほど恐れるにあたわず。宗教のひとつに過ぎないではないか。

だが、五代将軍綱吉《つなよし》が怪僧隆光《りゅうこう》の進言によって「生類憐《しょうるいあわれ》みの令」を発した例もあり、白石は基本的には仏教も危険な迷信とみなし、不信感、不快感をもっていた。さらに切支丹の問題は、天主を万物が生ずるところの大君、大父とするその教えの基本にある。日本では「三綱」、つまり君臣間、父子間、夫婦間の社会秩序以外に天に仕える道はない。従って、「その法が盛んなり候えば、自ら反逆の臣子も出来候事はまた必然の理」ゆえ、もちろん禁教を解くことはできない。唯一の神への絶対的服従を求める教えは、現世の主君である徳川将軍に対する忠義をおろそかにすることにつながり、封建社会の倫理観の破壊に結びつく可能性が大きい。やはり、許すことはできないのだ。

徳川封建下、白石が言えるのはこれがぎりぎりの限度であっただろう。封建の世に生きている限り、また幕府の要職についている身としては、その根底をひっくり返すような発言は許されない。言いたくても、言ってはならぬことであった。

この尋問においては、残念ながら神学論議にいたるような応答はなかった。シドッティがひととおり述べた教えの概略に対し、白石の一方的な意見が述べられているだけで、それに対するシドッティの反駁は見られない。白石の見解も、不干斎《ふかんさい》ファビアンの「破提宇《はでう》子《す》」や林羅山《らざん》の「排耶蘇《はいやそ》」などの過去の切支丹糾弾書の域をでるものではなかった。世界の歴史、地理、文化などの話題で展開された白石ならではの切れ味のいい論評もなかった。

いずれにしても、秀吉以来の切支丹禁教の国の姿勢はとうてい一朝一夕に変えられるものではないのは確かだ。白石はあえて、そのあたりの論争は避けたのだろう。

最後にやはり明確にしておかなければならないことがあった。それは、シドッティが日本への布教を第一目的とした宣教師なのか、あるいはローマの総主（教皇）から派遣された使節なのかという点であった。今まで、そのことについてシドッティは一度も明快な答えを示していなかったのだ。

「聞く限りでは、その国の使命をうけて来れる也。およそ隣国の使人といえども、必ずその信（通信状）を差し出すものだ。我が国もとより汝《なんじ》の国と旧好あるやにあらず」

公の文書もないのに、どうして使節であると信じることができよう。白石の頭には、仰々しい行列と儀式を伴い多くの貢物を携えてやってくる朝鮮通信使や琉球使節のことが頭にあった。現に、家宣が政権を担ってから、朝鮮、琉球の使者への対応は白石の仕事となっていた。

「もし、恩情のあるご裁可によって布教を許されるならば、その時は通信状を持った使節を派遣し、その恩情に対し感謝の気持ちを申し上げます」

シドッティは、もし布教がゆるされるなら、続けて正式の使節がやってくる手筈になっていると説明している。白石は、シドッティのこの答えを信じることにした。

「その志《こころざし》の堅きありさまを見るに、彼がために心を動かさざる事あたわず」

何よりもその志の高さと、高潔な人柄に深く心を打たれたからであった。

最後の審判

四回にわたる白石の尋問は終わった。次の日、白石はシドッティとの問答の大略を記載した二冊の口上書を将軍家宣に差し出している。これは、『西洋紀聞』の下書きともいえるもので、主にヨーロッパの国々のことと切支丹の教えについてまとめたものだった。

一方、シドッティは来日の意図を述べ、改めて不退転の決意を示し、それは「異国人口書」、つまり申立書として公式に記録に残された。

「太閤様（豊臣秀吉）が禁止されてからというもの日本に切支丹が布教されなくなったのは嘆かわしいこととされていました。日本の将軍に法が邪でないことを説く使徒を送って両国の親交を結び、再び布教を許されるようお願いしようということとなりました。そこで衆議の結果、私が選出された次第です」

さらに、使命を受けてから志を決したことが三つあるという。第一は、切支丹が邪法ではないことを理解して布教を許されれば幸せであるということ。第二は、始めから捨てた身につき国法によりどのような刑罰を受けようが命《いのち》は惜しまないということ。そして、第三にこのまま帰国の途につくことは、まったく本意ではなく、これにまさる恥辱はないということだった。

これを受けて、最終尋問の五日後、つまり十二月九日に白石は『羅馬《ろうま》人処置《じんしょち》献義《けんぎ》』を将軍に上書した。

「異人の儀、万里の外国人にて、特にこの者と同時に本唐へ参り候者も有り、この御裁断は大切の御事と存じ奉り候につき」

一緒にローマを出て北京に向かったというトゥールノンの存在もあるので、そのことも考慮に入れて裁断するよう前文で注意を喚起している。シドッティとの対談により、この時代の日本人が誰も考え及ばなかった「世界のなかのニッポン」という強い対外意識が白石のなかに芽生えていた。

続いて、上中下の三つのシドッティ処置案が提示されている。簡単にいえば、上策は「本国送還」、中策は「拘禁継続」、下策は「処刑」という三案であった。

同時に上策は「此事難きに似て易《やす》き」（難しいようで易しい）、中策は「此事易きに似て最も難き」（易しいようで最も難しい）、下策は「此事易くして易かるべし」（易しいようで易しくない）として、それぞれもっともな理由を追記している。

まず、白石が言及したのは下策の「処刑」についてだった。

「シドッティが切支丹であるのは、生まれた国の慣しである。己が命《いのち》を使命にかけて長い年月、不断の心労苦患のうえにここまで来たものを国法だからといってむげに殺すのはどうか。ただちに処刑してしまうのは容易《たやす》いが、それでは余りに心なき技であり、古先聖王の仁にもとるゆえ易しくない」とした。

次いで中策の「拘禁継続」については、「従来、日本に潜入してきた切支丹異人については転《ころ》ばせ(棄教させ)た上で拘禁、転ばなければ処刑という方法をとってきた。転ばせずして捕らえたまま永らえさせるのは今までのやり方にさからうが、彼の志の堅さをみるとあえて転ばす策もあるとは思えない。拘禁の継続はまた役人にも長く心労をかけるのみか、囚人に対しても最も残酷な処置となる。ゆえに、容易いようで最も面倒である」とした。

最後に上策の「本国送還」について、「シドッティの言い分は理解できるが、わが国には先祖代々の法があるので、今ただちに切支丹に宗旨替えすることは不可能だろう。しかしながら、身を顧みず万里を旅してきたことを思えば、その命《いのち》を助け本国に帰すのがいい。今後重ねてまたやってきたときは処刑するとよく言い含め、また文書にして持ち帰らせるのが、実は最も難事の如くに見えて、容易い」とした。

どの策の理由を読んでも、シドッティに対する理解と情にあふれた白石の気持ちがにじみでている文章である。また、シドッティのことを「異国人」「伴天連《ばてれん》」ではなく、常に「彼」「羅馬人《ろうま》」「大西人」という敬意を示した呼称を使っていることにも注目したい。

白石自身が採用を切望したのは、上策であったことは間違いない。この献義書の最後を、「上策をとられるのであれば、すみやかに通詞《つうじ》と一緒に長崎に帰らせ、来春、長崎に来る広東《かんとん》の船に乗せるのがいいでしょう」という言葉で締めくくっているからである。ところが、将軍および幕閣が選んだ処置は、白石が死より残酷な処置とした中策であった。使節としての国書にふさわしいものを携行せず、日本人そっくりの姿をしてやってきたのは確かに疑わしい。

「しかしなお、彼は彼国の使者であるという。従って慣例によって誅《ちゅう》すわけにはいかない。その言葉の証《あか》しを待って、適宜に処決する」

本国送還は望まず、どのような刑罰も受けるという本人の固い決意もあることだ。とりあえずは、白石の判断を考慮した上で処刑にはしないが、切支丹屋敷に幽閉し後日判断することにしよう、といういわば問題解決の先送りのような結論が出された。

大通詞今村源右衛門の日記によると、シドッティは一言、「承知致し候」と述べながらも再び書面を提出。その中で、「宗門の許しなく命《いのち》ばかり助けていただいても、さしも有り難く思いません。いかような仕置きを仰せつけられても喜びであります」と述べた。「布教の公認か、しからずば死か」の決意を翻《ひるがえ》さず、処刑を乞うたのである。しかし、奉行としては一旦、禁固と決めた以上、この言上は聞き置くに留めたという。

こうして、シドッティの身柄は切支丹屋敷に終身幽閉のこととなった。『長崎実録大成』によれば、年に金二十両五人扶持の手当て、さらに毎日二汁五菜の食事に、長助、はる夫婦が従僕としてつけられた。拷問や棄教を強いられることもなく、祈祷書など書籍類の携帯と祈りさえも公然と許されるというかつてない厚遇での幽閉であった。

第二十章　老　僕

山屋敷の交友

切支丹《きりしたん》屋敷の敷地北側寄りに、獄舎の長屋があった。シドッティはあてがわれた自分の部屋で、眠っているのか起きているのかほとんどわからないほど静かに過ごし、祈り、黙想する日々を送っていた。

その後しばらく、白石は職権を生かして切支丹屋敷を何度か訪れては密かにシドッティと会談を重ねたらしい。もちろん、それは非公式の訪問であっただろうから記録には残されていない。しかし、たった四回の尋問だけで彼の著作に見られるような詳細な記述が書けたわけがないというのが研究者の見解である。

私もおそらく、二人は交友を重ねたのではないかと思う。またそうであってほしいと願っていたところ、それを確かに裏付ける資料がふたつ見つかった。

ひとつは、幕府の対外関係史料集『通航一覧巻之百九十　南蛮意多里亜《イタリア》国部三』の記載である「羅馬《ろうま》人渡来ならびに扱い方」の項目のところに、次のような一文が見られる。

「勘解由《かげゆ》（新井白石）その御裁断上中下の三策を献せしか、その中策によられて、年々金銀を賜はり、岡本三右衛門か奴婢をも付られ、永々山屋敷に置き賜う、その後勘解由しばしば彼に面して、諸蛮の事を尋ね問い……」（傍点筆者）

そしてもうひとつは、一七一二年四月三日（正徳二年二月二十八日）付オランダ商館長《カピタン》コルネリス・ラルディンの日誌である。

恒例の江戸参府で、焼失した本石町の定宿長崎屋の代わりに準備された浅草善龍寺に商館長一行が宿泊していた。そこに白石が複数の世界地図や絵図を抱えて訪ねた。この年、江戸番通詞《つうじ》で商館長に随行していたのはおなじみの大通詞今村源右衛門であった。ここで約二時間、今村の通訳を通して白石は世界地理についてラルディンに質問をしている。

質疑が終わってから白石はラルディンの勧めにより、蜜漬やクッキーを試食し、さらにいろいろな蒸留酒も試飲した。酒が白石の口を軽くしたのかもしれない。相手が外国人なので、つい気を許したのか。あるいは、酒を口実にオランダ側に故意に情報を漏らしたと思われる節もある。

「閣下は酒を飲みながら、彼は最近、神父ヨアンを獄舎にたびたび訪問したと打ち明け、彼は息災だと述べた」と商館長は日誌に書いている。

ちなみにこの内容は、商館長の任務を終え帰国の途中、バタビア（現ジャカルタ）に立ち寄ったラルディンが、一七一三年二月（正徳三年一月）にそこでたまたま出会ったカトリック聖職者ジュセッペ・ソリトゥディネに伝えている。

ソリトゥディネは、それから一年後にマドリードからローマ教皇クレメンテ十一世宛ての書簡でこのことを知らせた。

「シドッティはミヤコの皇帝の許に召喚され、そこで厚意ある待遇を受け、時々、種々のことを当事者から質問されている。そして今は一屋舎に入れられ生活に必要な物を不自由なく授与されている」

文面の「当事者」とはもちろん、白石のことであろう。

これを読んだ教皇は、期待感を募らせ、日本国王の信任を得たシドッティは宮廷で大きな勢力を持つに至った、キリスト教禁教政策は緩和されたという楽観に立って、シドッティの昇進とバックアップを図る決意をするのである。

シドッティは自分の後に正規の使節が送られてくるはずだと言った。それが本当であるなら、厚遇で江戸に起居しているシドッティの話を聞いたローマの総主（教皇）は、何らかの手を打とうとするはずである。白石にはそんな読みがあった。であるなら、その日まで世界の情勢について出来得る限りシドッティから聞き出しておきたいと考えたのだろう。白石のこの読みは、当たっていた。白石が流した情報で、教皇庁は確かに動き出したのである。

一方、シドッティの方は自分が白石の役に立っている限り、命《いのち》は留保され続けるだろう、そして、いつの日かこの老練な学者の心を掴《つか》み取ることも夢ではないと踏んでいた。いや、それ以上に二人にとってさまざまなことで話し合う時間が知的な興奮に満ちた楽しいものであったに違いない。

幽閉はシドッティにとっては望まぬ結果であったし、白石もできれば避けたかった処置であったが、生きていればまた、状況の変化が道をつくってくれるかもしれない。そんな希望が双方にあったはずだ。

長助とはる

獄舎を足繁く訪れる儒臣と、その姿を心待ちにして迎える伴天連《ばてれん》の姿は、やがて切支丹屋敷の日常の風景となっていった。「肝胆相照《かんたんあいて》らす」という言葉がぴたりと当てはまるような濃厚な交わりの時がそこに生まれたことだろう。

そんな二人の楽しげな交歓の様子を、物陰からじっと見守る四つの眼があった。シドッティの身の回りの世話を申し付けられた長助とはるの夫婦であった。

この二人について、残された資料は少ない。罪人の子であったとされるが、特に切支丹屋敷での奉公を命じられたことから、父母が棄教した切支丹の子どもであったのではないかと思う。

家光の時代、元和九年（一六二三）から寛永十七年（一六四〇）にかけて、江戸でも長崎と劣らぬほどの切支丹大迫害があった。特に、元和九年十月の「元和江戸の大殉教」は江戸始まって以来の大事件だった。信者だけでなく切支丹と関わりを持ったとされる女子どもを含めた百人余りが捕らえられ、そのうち男の信者五十人が市中を引き回しにされた上、全員火あぶりの刑に処せられた。

長助とはるは、この事件で生き残った者の子どもだったのかもしれない。身よりのない孤児となり、切支丹屋敷に引き取られ、幼い時からそこで奴婢として働いていたとみられる。

この老夫婦が働き始めた頃、屋敷内にはフェレイラ救援隊第二グループ十人のメンバーで、棄教して仏教徒となった収容者の内、六人が生存していた。シチリア島出身のジュセッペ・キャラ神父、日本人修道士のアンドレア・ヴィエラ南甫《なんぽ》、マニラ生まれの修道士ロレンジオ・ピント、そして明国人同宿のジュアン三郎右衛門とトーマス二官《にかん》、日本人同宿の卜意《ぼくい》叉右衛門である。

彼らは寛文十二年（一六七二）に、正式に宗門役御用人を申しつけられ、キャラは十人扶持、他は七人扶持が支給されてそれぞれに妻が与えられていた。ちなみに、一人扶持は、玄米五合の割とされていた。

新しい収容者もなく、これといって与えられる仕事もないなか、時々持ちこまれる南蛮の地図や物品の鑑定をしながらキャラたちは平穏無事に過ごしていたと思われる。

延宝四年（一六七六）九月のことだった。眠ったような切支丹屋敷の中で盗難事件が起きた。その記録から、当時の彼らの生活ぶりを多少とも窺《うかが》い知ることができる。

何者かが屋敷内土蔵の錠前を破って押し入り、八十五両、今にして八百五十万円ほどの大金を盗んだ。宗門改役《あらためやく》の青木遠江守茂継が調べた結果、犯人は屋敷内にいる者に違いないということになった。

上記六名の収容者とその妻の十二名、そして与力、同心の役人と下働きの者を合わせて計五十九名が全員集められた。そして、宣誓させた上、ひとりひとりに犯人と思われる名を無記名で入れ札（投票）させたとある。退屈しきった屋敷内に、実に二十数年ぶりに起きた事件である。皆で犯人探しの興に乗じて、楽しんでいる風情すらみられる。

入れ札の開票の結果、三人の同心、一人の門番、そしてキャラの従僕の角内《かくない》が上位に入った。疑いは同心の一人に絞られ、拷問の結果、罪を白状して一件落着となる。この頃、長助とはるはまだ十七歳前後。記録の中には名前も上がっていない。

　この事件の取り調べの中で、別の重大な事実も判明した。他の同心が、上司に隠れて賄賂を取って、時々、キャラ神父を外に連れだしていたのが明るみに出たのだ。また、角内を身体検査したところ、首から下げていた守り袋から聖ペトロの名が刻まれた像が出てきた。さらに、もう一人の同心の家から切支丹に関する書付が徴収された。

　これら事件に関与した同心三名とキャラの従僕角内の計四名は全員、ただちに処刑されたとある。

　この記録から見えるのは、この頃、切支丹屋敷の警固もかなり緩やかな状態であったこと、そしてその隙を縫ってキャラはさまざまな試みをしていたということだ。

　棄教し無理やり、仏教徒とされてしまった神父の心境は、フェレイラに見られるように実に辛い複雑なものがあったと察せられる。その中で、唯一できること、それは接触した数少ない人間にキリスト教の教えを伝えることであったのかもしれない。

　この時、キャラには一切の咎《とが》めはなかった。キャラはかなりの学問的な背景を持った人であったようだ。当時、幕府の高官から天文学や地理に明るい人と見られていたことは事実で、一説によると関孝和《せきたかかず》らに和算を教え、切支丹屋敷は一時、隠れ数学塾であったともいわれている。外から、何がしかの救いの手が差し伸べられたのかもしれない。

この事件をきっかけに、屋敷内の取り締まりは厳しさを増したと思われる。そして、処刑された角内に代わり、新しくキャラの従僕となったのが長助とその妻となった、はるであった。二人は夫婦になることで、互いに辛い境遇を慰め合うことができた。

そんな二人にキャラや同宿たちはやはり、キリスト教の教えを説いたのだろうか。

「この夫婦、同宿寿庵より教戒をも受けし者なれば、転《ころ》んだけれど長く山屋敷に禁固せられたり」

『小日向史《こびなた》』によると、二人は一度洗礼を受けた後、棄教し、そのせいで奴婢として生涯、切支丹屋敷から一歩も出ることなく終わる定めを負わされたとなっている。

洗礼を授けたのは、岡本三右衛門つまりキャラであったという説がある。

貞享二年（一六八五）、キャラが八十四歳で亡くなると、踏み絵をさせられた上で長助とはるは、続いてキャラの後家の従僕となった。十年後、その後家が亡くなった後は仕える人もなく、ただ獄門を出ることは許されず、十四年という気の遠くなるような歳月を送った。

そんなある日、切支丹屋敷に勤める役人たちの様子が急に慌ただしくなった。やがて、冬の訪れとともに、明らかに異国の伴天連《ばてれん》と思われる長身の男がたくさんの護衛とともに屋敷に運びこまれてきた。

けだるく時だけが刻まれていく日々の中に、光がもたらされた。長助とはるにとっては、シドッティはまるで彼らのために送られてきた救世主のように映ったことだろう。

長く会えずにいた親に再会した捨て子のように、二人は神父の慈愛の眼差しの下に素顔をさらした。一日に二回、食事を運んだり、部屋の掃除をすることを口実に、神父の部屋に滑り込むと、その言葉に耳を傾けずにはいられなかった。

その身を顧みず、万里を越えて来た神父の身の上を知り、自分たちは幾ばくもない命《いのち》を惜しんで、長く地獄に堕ちていたことの浅ましさを思った。

「どうせ、報いのない一生であるなら、せめて天国の地で幸《さち》を見つけたい」

シドッティの人間性に触れて心を打たれた二人は、一度は捨てた教えを取り戻した。それは長く自由のない暮らしを余儀なくされていた老夫婦にとって、唯一のそして最後に残された永遠の自由の獲得であった。

切支丹屋敷の一角が、一人の神父と二人の信者だけの小さな教会へと姿を変えていくのには、さほど時間がかからなかったに違いない。

長助、はるはすでに五十の坂を越え、老いを迎える歳に達していた。

第二十一章
最　期

血の十字架

シドッティ幽閉から三年後の正徳二年十月（一七一二）、六代将軍家宣《いえのぶ》が病死した。それを契機に、白石の足が切支丹《きりしたん》屋敷から遠のいた。

まだ四歳になるかならないかの家継《いえつぐ》を次期将軍として支え、以前と同じように政策の中枢に力をふるおうとするが、家宣という絶対的な後ろ盾を失った白石の権力に急速な陰りが見え始めていた。この時とばかりに、老中たちの積もり積もった鬱憤《うっぷん》が誹謗、中傷の嵐となって容赦なく襲いかかってきたのだ。

そんな折、切支丹屋敷に大きな動きがあった。正徳三年の冬のことだった。シドッティの身の回りの世話をしていた長助、はる夫婦が奉行の前に現れ、切支丹の洗礼を受けたことを告白し、法の定めるままに処罰を受けたいと申し出たのだった。年老いた彼らの胸には、木を削って作った粗末な十字架がかけられていた。洗礼を授けたのはシドッティであることは疑う余地もない。

当初から白石の裁断を面白く思っていなかった老中たちの反応は、冷やかだった。

「我が国にやって来たとき、すみやかに我が法によって厳重に処罰すべきであったものを、特別のはからいでそのまま差し置かれたのをよいことに、禁制の邪教を伝えたのは不届き至極である」

幕府はオランダ人の江戸参府に合わせて、正徳四年三月一日付で判決文を準備した。

そして翌日、シドッティに判決を申し渡すにあたり、オランダ人に付き添って江戸に到着した通詞《つうじ》二名に立ち会いを要請した。その一部始終を通詞からオランダ商館長《カピタン》に伝えさせるためである。日本で布教をすればどういう結果を招くかを外の世界に知らしめるには、とりあえず西欧の唯一の公式窓口であるオランダ商館を通じて、外に伝えるしか方法がなかったのであろう。

もちろん、白石がこの判決文の作成に関与したり、切支丹屋敷に呼びだされることはなかった。白石の存在は完全に無視されたかたちで、シドッティの処置が決められた。

通詞から報告を受けたのは、オランダ商館長コルネリス・ラルディンであった。二度目の長崎赴任で江戸に滞在していたラルディンの記録によると、まず獄吏が呼ばれ、神父を連れてくるよう命《めい》が放たれた。しばらくして手ぶらで戻ってきた獄吏は、シドッティは獄舎から出たがらない、何か尋ねたいことがあるならば、どの高官の命令によるものか明らかにしてほしいと言っていると伝えた。

シドッティは明らかに白石その人に向かって、呼び掛けているのである。

おとなしいはずの伴天連《ばてれん》が初めて示したこの反抗的な様子に、作事奉行の柳沢備後守信尹《のぶただ》は激怒し、縛りあげて引きずってくるよう声を荒げた。四年半前、吟味の間《ま》で白石とシドッティのやり取りに立ち会いながら、ただ黙って座しているしかなかったときの疎外感がじわじわとこみあげてきたのだろうか。一方、同じ場に居あわせた大目付の横田備中守由松《よしとし》は今一度、自分の意思で出てくるよう神父を説得するべく取りなした。年齢を重ねたこの老臣は、心情の深いところで白石を理解していたように思える。

再び戻ってきた獄吏に対して、シドッティはあくまでも前言に拘《こだわ》って動こうとしなかった。それればかりか、獄舎の片隅に身を寄せ何事か叫び、挙句の果て自らの腕を噛み、流れ出る血で壁に十字架を描いたという。

「この期に及んで、切支丹の本性を見えたり」と、オランダ商館長はほくそ笑むばかりの表現で筆を走らせている。

せっかく江戸まで到着しながら日本布教の道筋がつけられないこと、なすすべもなくただ食事と寝る場所を与えられて飼い殺しのような日々を送っていること。白石が予見したようにシドッティにとっては、それは耐えがたい苦しみを伴う状況であった。

あれほど理解し合ったと感じ、互いに友情すら見出した白石はある日を境《さかい》に姿を見せなくなった。ローマで教皇を前に決意した思いを遂げぬまま、ただ生き長らえていることに何の意味があろうか。もとより死は覚悟のこと。真綿で首を絞められるような現状に終止符を打ち、運命を自ら切り開くしか残された道はない。そこで、以前から自分の語る言葉に耳を傾け、一緒に神に祈りを捧げていた老夫婦に奉行に告白することを勧めた。あるいは、老夫婦が神父に相談することなく自主的に告白を決意したのか。

いずれにしても、求められれば洗礼を授けるのは司祭として当然の行為であった。それは宣教師であろうと、使節であろうと、神に仕えた身としては決して拒絶できるものではなかった。何の罪があったのか、屋敷内に閉じ込められたまま迫りくる老いだけを見つめていた老夫婦の前には、救いのない深い絶望しかなかった。あまりにも辛く哀しい人生に倦《う》み、天国での幸せを願ったその魂の叫びに逆らうことはできるはずもなかった。

洗礼を授けた瞬間に死を覚悟したシドッティは、居住した屋敷の壁に自らの血で十字架を描くことにより、せめて自分が苦しみながらも生きた痕跡を残したかったのではないか。

それが、彼ができるただひとつの白石に宛てた最後のメッセージであった。

ラルディンが考えたような狂信的な行動ではなく、自分の無力さに対する情けなさと悔しさが渦巻く苦悶のなか、思わず迸《ほとばし》った思いであったと私は思う。

命令を聞こうとしない神父の態度に怒り心頭に達した柳沢備後守は、武士十五人ほどを呼び、力ずくで連れてくるように命じた。やがて、鉄のはみを口に挟まれ、全身を縛りあげられ、足枷《かせ》をつけられた状態でシドッティは奉行の前に連れて来られた。通詞の目には、それは強制というよりは虐待に等しいものに見えた。

横田備中守は、次のように通詞を通して話しかけた。

「我らは汝《なんじ》に裏切られた。汝が江戸に来た時の無実の口実は偽りであった。将軍の汝に与えた寛容な厚意ある命令を知りながら、また我らの厚意ある態度に対し、汝はそれらを踏みにじった。その結果、今汝に宣告を読み聞かせる」

そして、一枚の書付をこの年に江戸番だった大通詞名村八左衛門に手渡し、シドッティに向かって読み上げるように命じた。

「食事の世話をする夫婦に洗礼を受けさすという裏切り行為は、日本という国に敵対する証明であり、将軍の命令を拒否するものである。すなわち、このことを以て将軍の厚意に値しないとみなす。汝、ジョバンニ・バッティスタ・シドッティには今日、より重い刑として狭い地下牢に閉じ込め、終身禁固を申し渡す」

申し開きも弁明もいっさい認めない、一方的な裁断であった。名村はラテン語を話せなかったので、この判決文はオランダ語で伝えられた。シドッティにそれがわかろうがわかるまいが関係なかった。

いってみれば、その言葉のひとつひとつが白石に対する弾劾そのものであった。

幕府が白石の意見を考慮して、従来の慣習を破り、シドッティを殺さず、転《ころ》ばさず、禁固という措置をとったのは、形式上、宣教師とせずローマの使節とみなしたからであったのに、ここに至り正体を明らかにしたのは、ひとえに当時の白石の判断の間違いの他ならないという結論であった。

幕閣内には、家宣時代に逼塞《ひっそく》していた反対派の巻き返しが始まっていた。特に白石に対する反感が根強く、行政はかつてのように迅速円滑には進行しなかった。白石自身も消極的になり、ほとんど政策に参画することはなくなっていた。

もし、この場に白石がいたら、シドッティの言い分も聞き、長助、はるの思いにも耳を貸した上で公平な裁きを行い、他者が口を挟む余地がないほどの完璧な論理を組み立て、思うところに結論を落としこんだことだろう。

地下の詰牢

判決文が申し渡されるや否や、祈祷書などシドッティの手元に残されていたものはすべて没収され土蔵に移された。

そして、シドッティは乱暴に役人に引っ立てられ、切支丹屋敷の敷地内に掘られた地下の穴倉に連行された。

地上から四メートルほどの深さに縦穴が掘られ、そこから水平にまるで蟻《あり》の巣のように奥深く坑道が続いていた。坑道の左右、互い違いの位置に小さな詰牢がいくつか並んでいる。かつてこの切支丹屋敷で拷問に合った神父たちが閉じ込められていたところだろうか。

シドッティは、ここで鉄のはみと足枷を解かれ、詰牢のひとつに放り込まれた。施錠の音が坑道の暗闇を切り裂いた。そのとき、胸がつかえるような腐臭とともに、人の動く気配があった。

暗闇に眼が慣れたシドッティがそこに見たのは、こちらを凝視する四つの眼だった。拷問でやつれはてた長助とはるが、それぞれの独房の窓から暗い視線をのぞかせていたのだった。

穏やかで恭順な幽閉者として一目を置かれていたシドッティであったが、この時ばかりは大声をあげて、二人の老僕の名を狂ったように何度も何度も呼び続けた。暗い地下牢の中に響き渡るその声は、鬼気迫るものがあったという。

白石をあの尋問の間《ま》に呼び寄せる最後の試みは、無残にも断ち切られた。

「長助さん、おはるさん！」

二人の名を呼び、励まし続けるシドッティの声はいつまでも途絶えることなく、昼となく夜となく、地面の底から呻《うめ》き声のように漏れ聞こえ続けたという。

死を迎えるにあたり、その信仰を固くし志《こころざし》を変えないよう、天国での魂の救いを祈るよう声をかけ続けることしか、司祭のシドッティにできることはなかった。

残念ながら、幕政に参画する機会さえ失われつつあった白石にはその声に応える力は、もうひとかけらも残されてはいなかった。


切支丹屋敷での事件を耳にした白石は、翌日オランダ人の宿舎にわざわざ足を運んだ。表向きは通常の海外情報の収集のためとされたが、白石はシドッティの一件について自分の気持ちを整理したかった。

あの男は本当にローマの総主（教皇）の命令を受けてやってきたのか。ならば何故、もう少し待てなかったのだ。待てば、ローマの総主からの何らかの反応があるかもしれないではないか。どうして彼は今、幕府に逆らうような行為に出たのか。何故だ。

何故、老僕に洗礼を授けるなどという自らの首を絞めるような愚行にでたのか。そしてまた、老僕たちも悪びれずに役人にそのことを申し出たとはどういうわけか。

彼の言葉を借りれば、ローマを去る際に続けて日本に使節が送られる手筈になっており、いろいろな使命を帯びた人々が直ちに彼に続くという話だったが、それは彼の思い込みにすぎなかったのか。あるいは、ローマの使者という話自体が嘘であったのか。

しかし、白石にはどうしてもシドッティが小手先の嘘をつくような人間には思えなかった。

オランダ商館長ラルディンを前にひと通り、海外のことを尋ねた後、白石はシドッティの件について自分の方から口を開いた。

「彼が日本にやってきたことをあなたはどう思うか」

この問いにラルディンは、なんら感情のこもらない答えを返した。

「私にもよくわかりません。もしかして、ローマで何か罪を犯すことがあって、死罪にあたるところを何としてもその罪を償おうと思って、この国にやってくることを望んだだけでしょう。国法にのっとって殺されるのはもとよりと思って、望み請うところに任せたのではないでしょうか」

この商館長の説に、白石は大きく首を振った。

「私が思うところはそうではない。彼の国の審議で、その教えを伝える時機に至ったと思うところがあって、まず試しに彼を遣《つか》わしたのではないかと思う」

白石はシドッティが持っていた日本の新製の金と銭（元禄年製・日本小粒金）のことを思い出していた。

初めに、彼が持ってきた黄金三品の事を問いただした時に、本国では布施により、金銀などの財貨は、こちらから求めなくてもたくさんあると言った。彼が手紙をひとつ書けば、呂宋《ルソン》からいくらでも取り寄せられるとも言った。我が国の粗悪に改鋳された銭と金を見て、国財がもってのほか窮乏しているのを知ったはずだ。

「思い起こしてみると、どうも、我が国の財政難に乗じて新たに布教を試みようという意図があったのではないか」

『西洋紀聞』上巻の最後に書かれた白石のこの一文は、当時の幕府内での自分の立場を考えて、無理やりに原因と結果をこじつけたようなところがある。シドッティはもちろん、マニラに残してきた自分の基金「オペラ・ピア」のことを述べたのであって、それ以上の他意はなかったはずだ。

この時、改貨事業に忙殺されていた白石は、自分を納得させるためにも、こう結論づけるしかなかった。シドッティの人間性にも、キリスト教の教義にも、理解を示した白石であったが、シドッティの行動を突き動かしていた情念については最後まで答えを導き出すことはできなかった。

一方また、シドッティとの会話によって白石はオランダ人についても認識を新たにしていた。海軍においては今や無敵とされるオランダの強国ぶりは、危険な臭いがした。商人の仮面の下で、貿易の利潤を軍用に使い、アジアに植民地を広げる様子から、オランダこそ他国への領土的野心を持つ国であることが明らかになった。

「それをこなたにて、一通りの商人と心得、うかうかとあへしらひ候《そうろう》事、扨々《さてさて》恥かしき事に候。……商売は皆々軍用の助の為めと見え候。おそろしき国にて候」（傍点筆者）（安積澹泊宛書簡）

貿易問題を含む対外政策の方針を見直さなければいけないという白石のこの危機感が、貿易高を規制する「正徳新令」となって次の世代に引き継がれ、幕末の海防論、富国強兵論へとつながっていくことになる。

詰牢は一メートル四方の身動きも自由にできない狭さだった。外の明かりが漏《も》れ入ることもなく、暗くじめじめとした湿気と排泄物の悪臭だけが充満していた。小さく開けられた窓口から一日に二度差し入れられる食事は、水と塩魚か香の物を添えた飯で、その量は徐々に減らされていった。

死の恐怖に怯える長助とはるの嘆きの声が、激しく司祭の心をえぐったに違いない。季節が移り変わっても、二人に向かって話しかけるシドッティの声は止むことはなかった。茗荷《みょうが》谷に春を告げる時鳥《ほととぎす》の啼き声が聞こえ、続いて短い命《いのち》を絞り出すような蝉時雨《せみしぐれ》が響き渡り、夏の日々が過ぎていった。やがて秋風が地下の牢獄に忍び寄るようになった頃、幽閉されて七カ月後の十月七日に、はるが息を引き取り、まもなく長助の声も聞こえなくなった。長助は五十五歳だった。はるについては何も記録がない。

物心ついた時から切支丹屋敷から外に出たことのなかった老夫婦は、ようやく自由を得て空に飛び立つことができた。

最後の力を振り絞って二人の最期を心の中で看取り、神のみもとに送る秘跡を与えたのち、シドッティは力つきたように静かに目を閉じ、四十七歳の生涯を閉じた。

「主よ。すべてをあなたに委ねます」

正徳四年十月二十一日（一七一四年十一月二十七日）の夜半のことだった。

強制的な減食のための衰弱死であったろうと思われる。

屋久島に上陸してから、六年の月日が流れていた。

命《いのち》の最後の焔《ほのお》が消えようとするとき、シドッティの脳裏には、生まれ故郷シチリアの海と同じ蒼《あお》さに染まって見えた屋久島の海が浮かんだことだろう。

木を刈っていて、ふと気配を感じ振り向いた百姓藤兵衛の驚きの表情。一杯の水を差しだし、肩を抱いて自宅まで連れていってくれたその手の温もり。粗末な家の中で給された食事と、お礼の金塊に手も触れようとしなかった純朴な顔。そして、異人を一目見ようと集まってきた村人たちの好奇に満ちた眼、眼、眼。そこに、新井白石の誠意と人間味にあふれた謹厳な姿が重なって見えた。

魂と魂が触れ合った確かな記憶が、そこにあった。

ジョアン榎

シドッティの遺骸は筵《むしろ》に包まれ穴から運び出され、切支丹屋敷の裏門脇に葬られた。屋敷内で死を迎えた他の幽閉者たちのように近くの寺に葬られることはなかった。

棄教せず、最期まで切支丹として生を終えた切支丹屋敷唯一の神父だったからだ。

一本の榎《えのき》が、墓標代わりに植えられた。同じ理由でシドッティの横に埋められた長助とはるの遺骸の上には木蓮《もくれん》の木が二本植えられた。

三本の木は寄り添うように成長し、やがて大木となった榎は、いつしかシドッティの名をとって「ジョアン榎」と人々に呼ばれるようになった。

家宣の三周忌が終わったのを契機に、白石は幕府に辞職願を提出した。詰牢に軟禁されたシドッティの命《いのち》がもう長くないことを横田備中守由松がすれ違いざまにそっと伝えた直後のことだった。

「その人柄は常ならず覚え、心に忘れがたく思い侍《はべ》る」（『たはれ草』雨森芳洲）

冷たい北風が吹いたあの日、切支丹屋敷の白洲で稀なる奇遇で異国人に出逢い、見たことのない異国の様子を聞き知ったことが生々しい体験として蘇ってきた。真の知己を得た喜びに満たされた日々。それは白石の生涯において忘れ得ぬ出来事であった。

辞職願を出した五日後、シドッティ獄死の報が白石の耳に入った。

翌年二月、金銀貨の改良問題が一区切りついたところで、白石は尋問の際に自ら書き残した記録や走り書きを取り出した。

あの男が、命《いのち》をかけて伝えてくれたことを後の世に残さなければならない。いずれ近いうちに迫りくるであろう開国の足音を前に、この国はいかに備えていくべきなのか。いかに新しい息吹を受け止めて外の世界に対峙していくべきなのか。それを次の世代に伝えることが自分に残された使命なのではないか。

白石は筆を起こした。

辞職願は却下された。一年半後、家継が八歳で死亡した後に、八代将軍となった徳川吉《よし》宗《むね》の手で屈辱的な罷免の処置がとられた。白石の幕臣としての十七年間の政治生命は、終わりを告げた。

追い立てられるように屋敷を召し上げられた白石は、多くの蔵書とともに小石川同心町に居を移した。

幕閣を追われた白石に、世間の目は冷たかった。同門の諸友が敬遠し、娘の結婚相手もなかなか見つけることができなかった。その失意を癒すかのように、白石は休むことなく執筆に力を注いだ。

「古史通」「古史通或問」「東音譜」「東雅」「史疑」「南島志」「蝦夷志」「経邦典例」「孫武兵法択」などなど、その分野は歴史、地理、言語学、兵法と多様多岐にわたった。

余人にはなしえない、だから自分が書くという自負と、家宣への御恩に報いる一念であった。

享保六年（一七二一）に内藤宿六軒町《ろっけんちょう》に移ってからは、健康状態があまり良くなかったが、市井《しせい》の隠者としての好々爺然とした自由を楽しみながら筆を走らせた。

「ただただ何事もなき田舎翁」と自らを評す日々の中、天下の大政を論じた日の記憶を呼び起こすたびに、必ず鮮明に浮かび上がってくるのは一人の異人との出逢いの場面だった。

享保十年（一七二五）、六十九歳でこの世を去る直前まで、白石は推敲に推敲を重ねて二冊の本を書きあげた。たくさんの著作の中でも、特に思い入れの深い代表作であった。それぞれ『西洋紀聞』『采覧異言《さいらんいげん》』と題目がつけられた。

洋書を解禁し、実用的蘭学を奨励した将軍吉宗が白石の長男明卿《あきのり》に『采覧異言』を献上させたのは、白石の死後まもなくのことだった。以後、杉田玄白、大槻玄沢などの蘭学者の間で必読の書とされ、洋学の興隆へと繋がった。

伝写本の形で一部の学者の間でのみ秘かに読まれてきた『西洋紀聞』は、寛政五年（一七九三）十一代将軍家斉《いえなり》の時に、寛政の改革の中心人物だった松平定信の指示により幕府に献上するよう命じられ、幕府首脳陣の目に触れた。活字になって世に出たのは、慶応元年（一八六五）アメリカ人プロテスタント宣教師サミュエル・ロビンス・ブラウンが古書店で偶然写本を入手し、英字学術誌に訳を掲載したのが初めてで、明治十五年（一八八二）になってようやく日本でも出版された。

幕末になるにつれ学者、政治家としての白石の評価は高まり、その著書の写本を求めて多くの維新の志士たちが江戸中を駆け回ったという。百五十年も前の白石の識見が、日本を欧米の植民地化から救ったといっても過言ではないだろう。

白石が死亡した同じ年、江戸の大火で土蔵だけを残し切支丹屋敷は全焼した。その後、再建されることもなく七十年後になって切支丹奉行は廃止され、寛政四年（一七九二）、一世紀半にわたる屋敷の歴史に終止符が打たれた。

その時に、大きく育っていたジョアン榎と二本の木蓮の木も切り倒された。

木の根元に置かれていた十字の印が彫られた小さな墓石は、いつのまにかどこかに姿を消し、行方《ゆくえ》がわからなくなったという。

切支丹屋敷の土蔵に収められていた切支丹の遺物はその後、城内の不浄庫に移され散逸したが、明治七年になって長崎奉行に一括保管されていた古聖画の中から一枚の聖母画が見つかった。

　それが、シドッティがローマから持参した「親指のマリア」であることが実証されたのは、白石が模写した図のおかげだった。構図、大きさ、材質、製作年代などが鑑定された結果、白石が書き残したものと完全に一致したことで、シドッティと一緒に屋久島に上陸した絵であることが明らかになった。実に二百四十七年ぶり、一九五五年のことだった。

　マニラでシドッティと別れた後、ひとり北京に向かったトゥールノン総司教は、現地で強い反発と抵抗にあい、マカオに追放されて軟禁、一七一〇年に獄中で死亡した。

　シドッティが情熱を注いだマニラにおける最初の教区セミナリオ「聖クレメンテ神学校」は、その後さまざまな変遷をとげながらも存続した。現在は「聖カルロス神学校」という名で呼ばれ、四百名に上る現地学生が司祭への道を目指して学んでいる。

　長崎でラテン語の尋問に貢献したオランダ商館補助員アドリアン・ダウは、一七一三年九月、長い闘病の末、帰国を果たせず日本の土と化し、悟真寺に埋葬された。

　期せずして白石の情報をローマに伝える役目を担ったオランダ商館長コルネリス・ラルディンは、一七一四年十一月シドッティ詰牢の報を持って帰国の途上、嵐に遭遇しベトナム沖で船が難破、溺死した。

　一方、時折聞こえてくる風聞から、シドッティの健在を信じたローマでは、応援体制が着々と進められていた。

一七一四年九月二十五日、布教聖省は教皇クレメンテ十一世の裁可を得てシドッティ本人に宛てて文書を認《したた》めた。

「汝の人格と熱意をもって再び開かれるに至った日本布教の有望な前途に協力し援助するため、九人の宣教師達を日本に派遣し汝の隷下に置くことを許可する。さらに教皇令付属文書に明記される通り、汝を広大な権限を具える在日教皇代理教区長に任命する。日本開教のかの偉大な聖フランシスコ・ザビエルにも匹敵する程の成果を挙げるよう期待している」

本人に届くはずにないこの手紙は、シドッティが息を引き取る一カ月前に書かれ、マニラに送られた。その控えだけが、ローマ教皇庁布教聖省の文書庫に眠っている。

その後、明治の足音を聞くまで、異国の伴天連《ばてれん》が海を渡って日本にくることは、ついぞなかった。


「宣教師の言葉で、船を焼くという表現があります」

海から視線をはずすと、コンタリーニ神父は長く尾をひく余韻を残して、ほっと深い吐息を絞り出すと、口をつぐんだ。

秋も深まり山の上がうっすらと朱色に染まり、屋久島の里ではジャガイモの収穫が始まろうとしていた時期のことだった。この日のために、イタリアから取り寄せた大きなチョコレートの箱とワインを抱えて、神父は我が家の夕げに顔を出されていた。

　実はこの頃には、腎臓に始まった神父の癌はもう全身に転移していた。食欲はまったく進まないようだったが、シドッティの話になると大きな眼はいっそう熱を帯びたように輝きを放った。

　この日、私の息子の誕生日である十月十二日は、奇しくもシドッティが恋泊《こいどまり》の百姓藤兵衛と出逢った記念すべき日だったのだ。

　神父はそろそろ眠くなりかけた息子をそっと膝から降ろすと、もうこれまでというふうに片手を軽く振って、私たちに別れを告げた。

　車で外出する神父の元気な姿を見たのは、それが最後だった。

　二カ月後、もう立つこともできなくなった神父は宮崎の病院に搬送され、まもなく天国にひとり旅立った。

　シドッティの足取りを追うように屋久島にやってきたコンタリーニ神父もまた、再び故郷に戻ることなく、六十歳から七十七歳までの晩年を島で過ごし、そして異国の地で生涯を終えた。

「船を焼く」

　帰り道をつくらない。生涯を自分が選んだ道に捧げる大いなる決心がこの言葉には込められている。シドッティと同じようにコンタリーニ神父もまた、屋久島の沖で見えない船を焼いたのだった。

『西洋紀聞』のイタリア語訳は未完のままに終わった。いつまで経っても終わらない仕事を揶揄《やゆ》して、ギリシャ神話に出てくるペネロペのようだと神父は笑っていた。ペネロペは衣を織りあげるまではと約束し、昼間は織り、夜のうちにほどいて求婚者の目をくらませながら出征した夫を待ち続けた。

布教の拡大という当初の目的を果たすことはできなかったが、シドッティは最後の思いを込めて二人の人間に教えを伝え、それ故《ゆえ》に死を迎えるに至った。何よりも新井白石との出逢いにより、日本の近代化に果たした役割は計り知れない。訳本の完成こそかなわなかったが、そのシドッティの偉業に光を当て、屋久島の文化遺産としての位置づけの基礎を築いたコンタリーニ神父の存在もまた私たちは忘れることはない。

死の直前にコンタリーニ神父から教わった一節のラテン語は、二十年経った今も私の頭に刻み込まれている。

Bonum certamen certavi, cursum consummavi, fidem servavi.
我れ善《よ》き戦いを戦い抜き、走るべき道を走りぬけた

コンタリーニ神父記念碑（屋久島シドッティ記念教会前庭）William Brouwer 設計

終章　邂逅

二〇一四年の夏。たっぷりと重い水分を含んだ七月の終わりの大気が、屋久島の森の隅々にまで充満しているかのような南国特有の蒸し暑い夕暮れだった。唐突に電話が鳴った。着信記録にさっと目を走らせると、本著を執筆している時に頻繁に情報をいただいていた東京在住のコンプリ・ガエタノ神父の名前があった。

「あなたが調べた資料では、シドッティ神父が葬られたのはどこでしたか」

最近はすっかり疎遠になっていたが、いきなり本題に入るような唐突なしゃべり方は以前と変わらない。巻き舌の発音が混じったイタリア語なまりの日本語が、懐かしく耳に響いた。

しばらく記憶の糸を手繰《たぐ》り寄せてから、私は答えた。

「私が調べた資料では、確か切支丹《きりしたん》屋敷の裏門近くだったと思います」

電話の向こうで、一瞬息を呑む沈黙があり、意を決したような言葉が返ってきた。

「そこで三体の人骨が発見されました」

三という数から連想される先にあるものに思い至ると同時に、氷のような感覚がすっと背骨に沿って走った。私たちの間でそれ以上の説明は必要なかった。否、むしろ言葉にしたら何か大切なものが消えてしまいそうな怖さがあった。

「保存とＤＮＡ鑑定ですね」

「ええ、もちろんです」

受話器を置きながら、机の上のカレンダーを見やった。そして、そこにあった数字を目にした時に、軽い眩暈《めまい》さえ感じそうな衝撃を受けた。

そう、シドッティと長介、はるの三人が地下牢の中で息を引き取り、切支丹屋敷の敷地内に土葬されたのは一七一四年。ちょうど三百年前の出来事だったのだ。


その年の屋久島小島集落でのシドッティ神父上陸記念祭は、いつもと変わらぬ段取りで淡々と進められた。毎年この日は、なぜかいつも雨が降る。

傘と傘を重ね合わせるようにして佇《たたず》む参列者の間で遺骨発見の話は囁《ささや》かれていたが、ことさら大声で語る人もなく、自制にも似た空気が漂っていた。小雨に打たれながら、私は自分を納得させる言葉を探していた。

きっとDNA鑑定ができなかったのだろう。あるいは鑑定結果が期待を覆すものであったため発表されないのだろう。私の意識はいつしか、努めてそこから距離を置くようになっていった。


二〇一六年を迎え、東京でも桜の開花が告げられる頃のことだった。コンプリ神父から再び、電話があった。

「文京区で記者会見があります」

DNA鑑定の結果が出たのだった。公《おおやけ》の場でメディア相手に会見を開くということは、もう間違いなくひとつの事実にすべてが集約されていることを示していた。

偶然にも、私は他の仕事の取材で東京に旅発つ直前だった。そして、まるでそのことを予想していたかのように記者会見が行われる日には何も予定が入っていなかった。

四月四日。文京区シビックセンターの会見の場には多くの新聞社やテレビ局が詰めかけていた。誰しもが期待で待ちきれない様子のなか、発掘調査結果の所見が粛々となされた。

三体の人骨が発掘された場所は文京区小日向《こびなた》一丁目。集合住宅建設に伴い、重機が入ったことで発見された。地図の照合から、発掘現場はかつてそこにあった切支丹屋敷の裏門近くであることが実証された。同じ地層から出土した焼き物の破片から、十七世紀後半から十八世紀初めに埋葬されたものであることがわかった。

三体は並んだ状態で発見され、ほぼ同時期に埋葬されたものであることも確認された。発掘された順番に、それぞれ172号、169号、170号と識別番号が付けられた。最新の技術によるDNA鑑定の結果、真ん中に横たわっていた169号はイタリア人男性、172号は日本人男性であることが確定された。170号は損傷が激しく確定できなかった。

さらに骨の形態分析から、169号は身長一七〇センチメートル以上で年齢は四十歳から五十歳であることが判明した。『西洋紀聞』ではシドッティの身長は六尺余と書かれ、死亡時の年齢は四十七歳となっている。172号の身長は一五八センチ

切支丹屋敷跡（文京区小日向一丁目東遺跡）での発掘調査

メートルから一六四センチメートルで、江戸時代の日本人男性の平均身長に相当する。

歯については、１６９号は日本人に見られるシャベル型切歯がなく、１７２号と１７０号にはあった。また、１７０号には江戸時代に既婚女性がしていたおはぐろと思われる痕跡があった。

切支丹屋敷の記録によると、収容された西洋人のうちイタリア人神父は二名だけとされる。ひとりは映画化もされた遠藤周作の小説『沈黙』のモデルとなったジュセッペ・キャラ神父だが、彼は棄教して仏教徒となったため、死体は近くの無量院という寺で火葬に付された。死亡時の年齢は八十四歳で骨の分析結果とは異なる。もうひとりはシドッティ神父で、新井白石の配慮により棄教を強要されることなくキリ

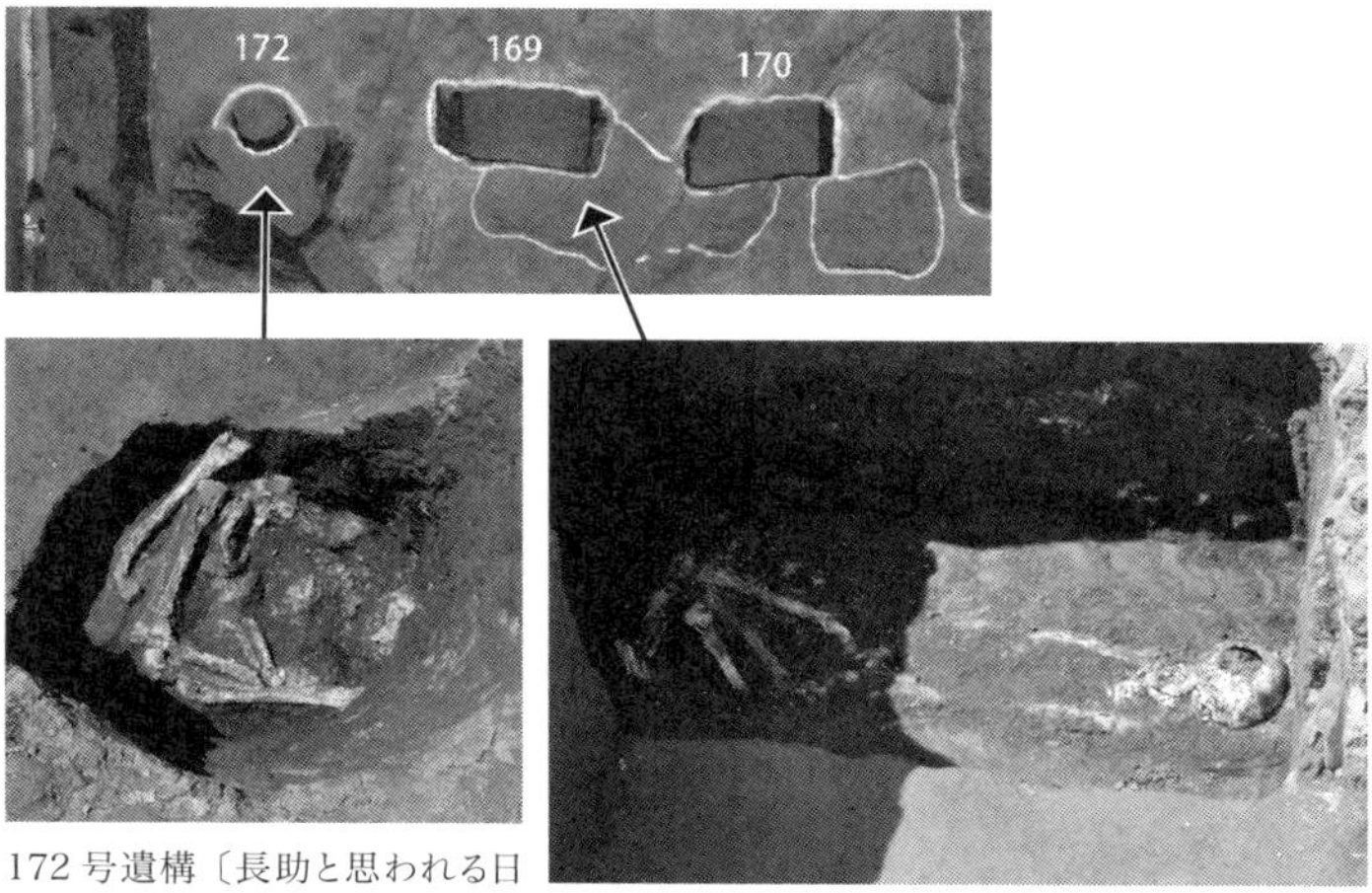

172 号遺構〔長助と思われる日本人男性の遺骨の出土状況〕

169 号遺構〔シドッティの遺骨の出土状況〕

(提供：４点とも文京区教育委員会)

スト教徒のまま亡くなったため、寺に埋葬できず致し方なく屋敷内敷地に葬られたと記されている。

「以上の科学的分析と文献史料との照合から、169号はシドッティ神父である可能性はきわめて高く、それ以外には考えられない」と、いうのが結論であった。

あとの二体は論理的に考えて、172号は長助、170号ははるのものであると言っていいだろう。

さながら学会の研究発表のように表や図とともに展開されていく説明が続く間、私の頭の中では本著を書き終えようとしていた時の記憶がよみがえってきた。

古い文献史料のなかにあった「地下牢の中から神父の声がいつまでも絶えることなく漏《も》れ聞こえてきた」という短い一節をもとに、三人の最期の情景は想像の中で描いた。長く取り組んできた仕事がようやく終わりを迎えるという安堵感と、なぜ彼らはこういう最期を迎えなくてはならなかったのかという哀しさと。さまざまな思いが交錯するなか、書き進める文字が次第に涙で滲《にじ》んでいった様子が昨日のことのように思い出された。

「少し前だったら、ここまで詳細なDNA分析ができる技術がありませんでした。数年後だったら、経年変化による損傷のため分析は不可能だったでしょう。このタイミングには、摂理的なものを感じざるを得ません」

始終、科学者として誠実かつ冷静な態度で説明をしていた国立科学博物館の研究者の締めくくりの一言だった。その言葉が残響のようにいつまでも心に残った。

シドッティ神父の死から十一年後に切支丹屋敷は火災で焼失したが、十八世紀の終わりまで屋敷地は残っていたという。

今では、一帯は大都市のどこにでもある住宅街に姿を変えている。大正期の関東大震災、第二次世界大戦時の東京大空襲、そして戦後に一気に進んだ開発の嵐と、この三百年の首都東京の変貌は大きい。そのなかで、この発掘された一画だけが今に至るまで手つかずのまま残されていたということはきわめて稀《まれ》なことであろうと考えられる。

私が何よりも安堵を覚えたのは、シドッティ神父の遺体は長持《ながもち》で代用した木の棺《ひつぎ》に納められ、キリスト教の葬法にのっ

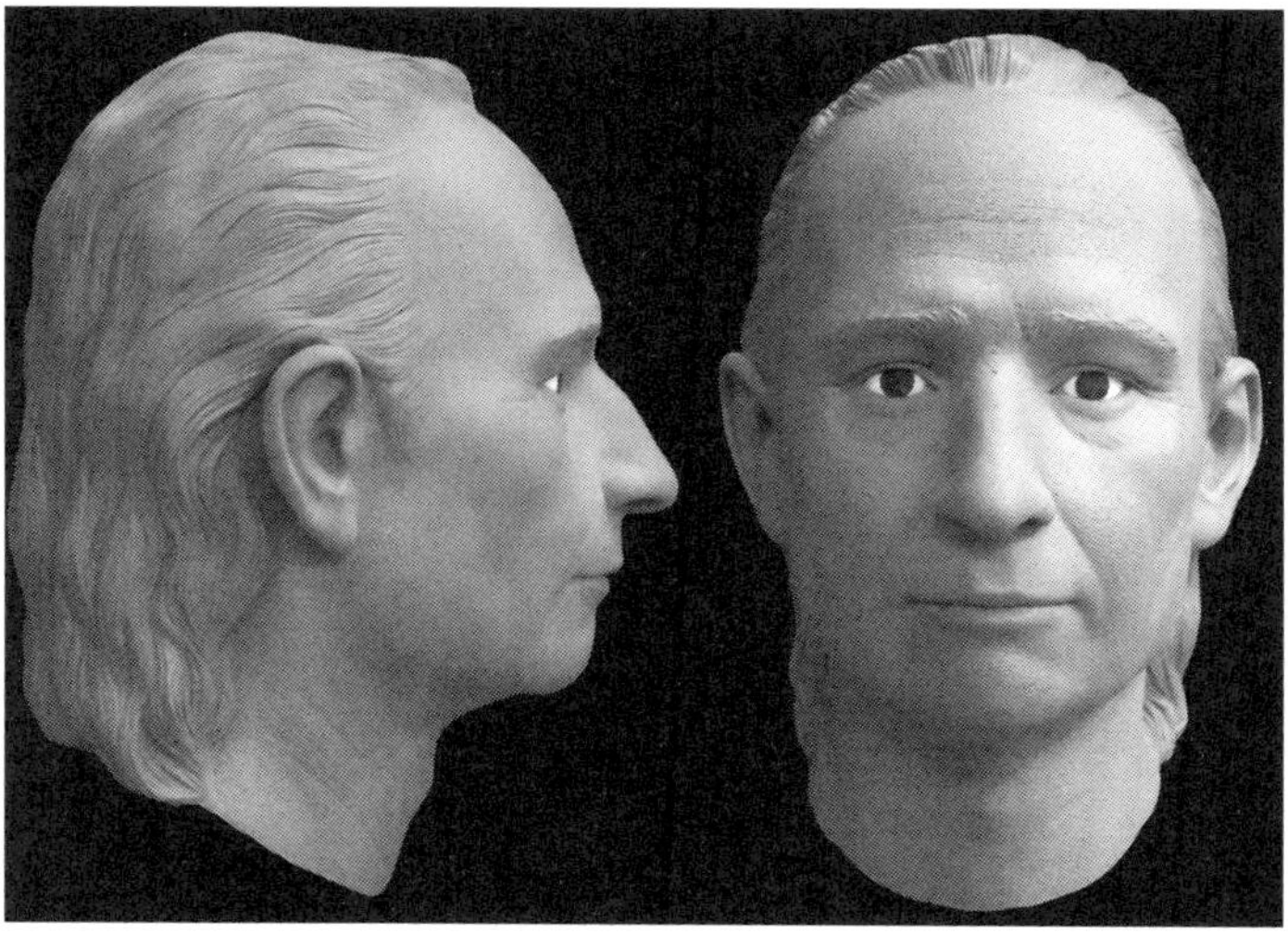

シドッティの複顔像（提供：国立科学博物館）

とった姿勢で丁寧に埋葬されていたという事実だった。

役人たちの自責の念がそうさせたのか、あるいは切支丹屋敷に住んでいた牢番たちが自発的にそうしたのか。むしろ、それより新井白石がそっと影から牢番にお金を握らせた可能性が高いと直感的に思った。尋問の際にキリスト教について学んだ学者であれば、葬法についても知識があったはずだ。

遠い国から命《いのち》をかけてやってきた神父の志《こころざし》に敬意を払い、その行為の尊さを後世の判断に託した白石の粋なはからいが感じられる。


国立科学博物館は文京区の依頼で、3Dプリンターで立体化された頭部の骨に肉付けしてシドッティ神父の顔を復元し、遺骨とともに展示した。

復顔された神父の顔は想像どおりの柔和な表情を宿していたが、長い苦悶の影は当然ながら見られなかった。何もなくローマで優秀な司祭として過ごしていれば、こういう穏やかな顔で一生を終えていたことだろう。どんなに最新の技術を駆使しても表現できないものがあり、それが人の生きざまという「物語」そのものであることを如実に現わしていた。

エピローグ　屋久島

十一月二十三日の祝日に、恋泊《こいどまり》のある小島集落では、屋久島町主催、小島区協力で「シドッティ神父上陸記念祭」が開かれる。規模はその時々によって多少異なるが、毎年三十人から四十人ほどの参加者が集う。

その数が極端に増えることもなければ、減ることもない。大っぴらに宣伝されるわけでもなく、どこからともなく近隣の住民が三々五々に集まってくる。全国からの巡礼者の一団が加わることもある。

午前十時頃にコンタリーニ神父亡き後、普段は閉じられたままのシドッティ記念教会の扉が開かれる。島の花崗岩で作られた上陸記念碑の前で、種子島あるいは鹿児島からこの日のために駆け付けた鹿児島教区の司祭が記念のスピーチをする。その後、歩いて五分の公民館に会場を移し、婦人会手作りの地元料理を皆でいただく。

「よかたんが。よかたんが。こっちさ、こ」

何事かと、ふと顔を出した隣村の衆にも、旅の衆にも、分け隔てなく食べ物が振る舞われ、焼酎が注がれる。

基本的には小さい集落の恒例行事として、つつましくもこぢんまりと営まれる祭りであることに変わりはない。

江戸時代を代表する学者、新井白石の名前は中学校の教科書に載っている。受験勉強を多少でもしたことのある人間ならば、「新井白石」という人の名前と『西洋紀聞』という書籍の名前は線で結ぶこともできる。だが、その人物の経歴や、その書物の内容まで知っている人は参加者の中にもあまりいない。

ましてや、この地に上陸したシドッティと白石の出逢いが、近代日本の夜明けの礎《いしずえ》となったこと、この小さな集落が偉大な著書に名を残していることにまで思いを巡らす人はごく僅かだ。

昔むかし、そのまたむかし。ひとりの異人が遥か彼方《かなた》の遠い国から海を越えてはるばるここにやってきた。百姓たちは家に連れ帰り精一杯のもてなしをして、ひとときの間、異人と共に過ごした。ただその時の記憶だけを偲《しの》んで、村人は秋の祝日、畑仕事の手を休めて集い、料理と酒を楽しむのだ。

岳参り、水神祭、稲供養に十三夜祭、一年中を通じて繰り返される他の行事と同じように、シドッティ記念祭も次の世代へ、そしてまたその次の世代へ粛々と継承されていくことであろう。

収穫の出来不出来、近所の噂話、天気の行方と、宴が深まるにつれて村人たちの話は尽きることを知らない。

「よかたんが、よかたんが」

その笑顔のなかに、いくつもの藤兵衛、喜右衛門、五次右衛門、安兵衛、五右衛門たちとその家族たちの面影があった。

●　●

現在、カトリック教会ではシドッティ神父を聖人としてして列福するための作業が進められている。本著『密行』は、現代の通詞《つうじ》の力でイタリア語とフランス語に翻訳され、それぞれミラノとパリで出版された。

私はと言えばあいかわらず屋久島に住み、マドンナ岳を毎日眺めて暮らしている。そして、数奇な事実に込められたものに思いを馳せ、そこから発せられるメッセージについて考え続けている。シドッティ神父の姿を追う私の旅は、三百年ぶりの邂逅《かいこう》を経て、今また新たな段階へと導かれていくのだろうか。

昨年のシドッティ上陸記念祭は参列者の数がいつもより、少し増えた。森の色に染まって緑の絹糸のように見える屋久島の雨が絶え間なく降り注ぎ、例年のごとく記念碑の花崗岩の面《おもて》を濡らしていた。

（完）

後　記

本書は、季刊『生命の島』（屋久島産業文化研究所㈲生命の島）二〇〇三年三月春号〜二〇〇九年冬終刊号）に連載したものを基にしたもので、二〇一〇年五月二十一日に㈱新人物往来社より刊行された『密行　最後の伴天連《ばてれん》シドッティ』に、さらに加筆修正した「増補版」です。

上梓するにあたり、貴重なご意見や資料をご提供いただき、また資料収集にご尽力いただいた方々にこの場を借りて御礼申し上げます。

日吉眞夫（季刊『生命の島』編集発行人　屋久島）
レンゾ・コンタリーニ神父（聖ザベリオ宣教会　屋久島）
P・G・マンニ神父（聖ザベリオ宣教会　大阪）
結城了悟神父（日本二十六聖人記念館　長崎）
溝部　脩司教（カトリック高松司教館　香川）
ジュセッペ・サンタマリア神父（聖ザベリオ宣教会　鹿児島）
コンプリ・ガエタノ神父（サルジオ神学院チマッティ資料館　東京）

マリオ・カンドゥチ神父（聖アントニオ修道院　東京）
細井保路神父（カトリック逗子教会　神奈川）
ルイジ・メネガッツォ神父（聖ザベリオ宣教会　ローマ）
ジアンカルロ・アンツァネッロ神父（聖ザベリオ宣教会　マドリード）
ティツィアノ・トソリーニ神父（聖ザベリオ宣教会　マニラ）
郡山健次郎司教ならびにカトリック鹿児島司教区の司祭・助祭の方々
栃尾泰英神父（屋久島カトリック教会　種子島）
パウロ・ファン・ミン・アン神父（大熊カトリック教会　奄美）
イサベッラ・チェッコピエリ（カサナテンセ図書館写本文庫　ローマ）
山下徳子（野田宇太郎文学資料館　福岡）
上智大学キリシタン文庫
山本秀雄（屋久島）／牧良平（屋久島）／岩川篤好（屋久島）／大迫秀世（鹿児島）／宮崎健（長崎）金澤康子（東京）／大迫龍平（東京）／小野香織（東京）／塔本邦彦（神奈川）／古川澄子（ミラノ）

（敬称略・順不同）

二〇一八年七月

古居智子

解説

アルド・トッリーニ　ヴェネツィア・カ・フォスカリ大学教授（古典日本語専門）

古居智子氏は米国に長く在住し当地で働いた後日本に帰国、九州南部の屋久島に居を定めました。そこでジャーナリスト・作家として、屋久島と関連したテーマに特段の関心を払いつつ活動を続けてきました。

二〇一〇年には『密行　最後の伴天連《ばてれん》　シドッティ』を記し、日本で最後のキリスト教宣教師となったジョヴァンニ・バッティスタ・シドッティ（一六六八－一七一四）の冒険と不運に満ちた歴史について語っています。シドッティはイタリア・パレルモ出身で一七〇八年に屋久島・恋泊《こいどまり》に上陸しました。著者はその上陸地点に住んでいます。

本著作はシドッティの上陸、逮捕、江戸への送還について、そして幽閉された切支丹《きりしたん》屋敷で一七一四年に不遇の中で命《いのち》が途絶えるまでを語っています。著者は多くの詳細なエピソードを交え、シドッティが日本文化において重要な人物となった出来事について説得力ある記述で語っています。一七〇九年十二月から翌年一月までの間、尋問に当たった政治家で儒学者の新井白石とシドッティ――。二人の間の対話は日本の地理学の発展に大きな衝撃を与えました。なぜならシドッティは白石に世界の地理についての多くの重要な知識を与えたからです。これらの新知識は『西洋紀聞』また『采覧異言』におさめられ、この二冊の本は世界の地理を学術的、科学的に扱った日本で最初の著作となりました。

古居氏の著作は、二〇一四年、東京の切支丹屋敷跡地からシドッティの遺骨が発見されたことで特段の重要性を持つに至りました。この発見によって多数の講演会や議論の機会が設けられ、シドッティの偉業についての研究に新たな弾みを与えることになりました。そしてまた、二〇一六年にはイタリアと日本の間で国交樹立一五〇周年を迎えたことからも関連の研究やイベントが活発になっています。

本著作の扱うテーマの重要性、特に今の時代における重要性に鑑み、古居氏の著作がシドッティの母国語であるイタリア語に訳され、この偉大な同胞についてまだほとんど知らないイタリアの読者に広く読まれ、知られていくことに、心より喜びを覚えます。

主な参考文献

新井白石・宮崎道生校注『新訂 西洋紀聞』東洋文庫 平凡社

新井白石・村松明校注『折たく柴の記』岩波文庫113 岩波書店

新井白石『大日本古記録 新井白石日記』上 東京大学史料編纂所 岩波書店

新井白石『大日本古記録 新井白石日記』下 東京大学史料編纂所 岩波書店

新井白石『新井白石全集 第三巻』今泉定介編輯 吉川半七

新井白石『新井白石全集 第五巻』市島謙吉編輯 吉川半七

ゲーテ 相良守峰訳『イタリア紀行 上中下』岩波文庫 岩波書店

寺尾佐樹子『シチリア島の物語 ゲーテが愛したイタリアの太陽』主婦の友社

寺尾佐樹子『シチリア島へ！南イタリアの楽園をめぐる旅』角川文庫 角川書店

牧野宣彦『ゲーテ『イタリア紀行』を旅する』集英社新書ヴィジュアル版 集英社

ジュゼッペ・クアトリーリオ 真野義人訳・解説／箕浦万里子共訳『シチリアの千年―アラブからブルボンまで』新評論

川勝平太『海から見た歴史 フローデル「地中海」を読む』藤原書店

弓削達『地中海世界とローマ帝国』世界歴史叢書 岩波書店

I・モンタネッリ 藤沢道郎訳『ローマの歴史』中公文庫 中央公論社

福井憲彦『近代ヨーロッパの覇権（興亡の世界史13）』講談社

ニック・ホアキン 宮本靖介監訳 橋本信彦・澤田公伸訳『物語 マニラの歴史』明石書店

フランシスコ・ザビエル 河野純徳訳『聖フランシスコ・ザビエル全書簡1－4』平凡社

ヴァリニャーノ 高橋裕史訳『東インド巡察記』平凡社

田中英道『支倉六右衛門と西欧使節』丸善

五野井隆史『ペトロ岐部カスイ』教文館

岩生成一『日本の歴史（14）鎖国』中公文庫 中央公論社

ロナルド・トビ『鎖国という外交（全集 日本の歴史第9巻）』小学館

増田義郎『日本人が世界史と衝突したとき』弓立社

大林太良『海の道 海の民』小学館

日髙旺『黒潮の文化誌』南方新社

永積洋子『朱印船』日本歴史学会 吉川弘文館

屋久町郷土誌編さん委員会『屋久町郷土誌 第1巻～3巻』屋久町教育委員会

上屋久町郷土誌編集委員会『上屋久町郷土誌』上屋久町教育委員会

下野敏見編『屋久町の民具 屋久町民俗文化財調査報告書（1）』屋久町教育委員会

下野敏見編『屋久島の民具 上屋久町民俗文化財調査報告書』上屋久町教育委員会

宮本常一『屋久島民俗誌 宮本常一著作集16』未来社

日下田紀三『屋久島の自然』八重岳書房

日下田紀三『世界遺産 屋久島』八重岳書房

今村英明『シドッチに関するオランダ側史料管見　江戸召喚後の潜入宣教師シドッチ』日蘭学会会誌第29巻第1号　日蘭学会

今村英明『ブラウ世界図の付箋について - 新井白石と商館長ラルデイン』日蘭学会会誌第32巻第1号　日蘭学会

小川早百合『欧文史料にみる宣教師シドッティ』キリスト教史学52号　キリスト教史学会

臼井信義『ころびばてれん岡本三右衛門の宗門書』日本歴史第36号　實教出版

高橋由貴彦『海からの星　最後の日本潜入者シドーティ』OLIVETTY SPAZIO

Renzo Contarini-Augusto Luca『L'ultimo Missionario』Itaria Press Edizioni srl Via Larga, 8-20122 Milano

印刷物史料（稿本）

『鹿児島県史料　旧記雑録　追録二』鹿児島県立図書館蔵

『通航一覧　巻之百八十九　南蛮意大里亜国　部二』鹿児島県立図書館蔵

『通航一覧　巻之百九十　南蛮意大里亜国　部三』鹿児島県立図書館蔵

『はるかなる　江戸・鹿児島の旅』鹿児島県歴史資料センター　黎明館

C・タシナリ『殉教者シドッティ』

『Sidotti in Manila(1704-1708)』Philippiniana Sacra Manila, Sep-Dec 1982 Vol.17 N.51

R.Tassinari『The End of padre Sidotti-Some New Discoveries』Monumenta Nipponica No.1. 1942

Padre Fr.Agostino di Madrid『Breve Relazione estratta da varie lettere per il Reverendissimo』Biblioteca Casanatense Miscellanea in 4 232 Corrispondente a Miscellanea 1488. アゴスティノ・デ・マドリード『教皇クレメンテ十一世より派遣されたシドッティ師のマニラより日本への往復航海記』イタリア語訳　1718年ローマ刊　カサナテンセ図書館文書写稿　上智大学キリシタン文庫蔵

古居智子（ふるい・ともこ）
大阪生まれ。北海道大学卒。国費留学生として米国マサチューセッツ州立大学に学ぶ。札幌でのフリーライター、雑誌編集者の経験を経て、1988年から米国ボストンを拠点にジャーナリストとして活躍。1994年屋久島恋泊に移住。2001年NPO法人屋久島エコ・フェスタを設立。環境保護活動に励みながら、日本と欧米の交流史や屋久島の歴史、文化、自然などをテーマに執筆活動を続けている。著書に『夢みる島「赤毛のアン」』（文藝春秋）、『屋久島 恋泊日記』（南日本新聞社）、『屋久島 島・ひと・昔語り』（南日本新聞開発センター）、『ウィルソンの屋久島—100年の記憶の旅路』（KTC中央出版）、『ウィルソンが見た鹿児島—プラント・ハンターの足跡を追って』（南方新社）、『ウィルソン 沖縄の旅 1917』（琉球新報社）など多数。　ホームページ http://www.t-furui.jp

---

増補版　**密行**　**最後の伴天連　シドッティ**

2018年 8月8日　第1版 第1刷発行

著　者　古居 智子
発行者　柳町 敬直
発行所　株式会社 敬文舎
〒160-0023　東京都新宿区西新宿 3-3-23
ファミール西新宿 405 号
電話　03-6302-0699（編集・販売）
URL　http://k-bun.co.jp
印刷・製本　中央精版印刷株式会社

造本には十分注意をしておりますが、万一、乱丁、落丁本などがございましたら、小社宛てにお送りください。送料小社負担にてお取替えいたします。

　Printed in Japan ISBN978-4-906822-78-2

参考文献

太田五雄編『自然ガイド屋久島　屋久杉の森と山と海』八重岳書房
家坂洋子『薩摩蔭絵巻　儒者泊如竹の生涯』八重岳書房
種子島家編纂・鮫島宗美訳述『種子島家譜』熊毛文学会
大石虎之助『種子島の歴史考』ぶどうの木出版
上原兼善『鎖国と藩貿易』八重岳書房
原口泉・永山修一・日隈正守・松尾千歳・皆村武一『鹿児島県の歴史（県史シリーズ46）』山川出版社
原口虎雄『鹿児島県の歴史』山川出版社
松下志朗・下野敏見編『鹿児島県の湊と薩南諸島（街道の日本史55）』吉川弘文館
中村明蔵『薩摩　民衆支配の構造　現代民衆意識の基層を探る』南方新社
NHK鹿児島放送局編『さつま今昔』つかさ書房
高向嘉昭『薩摩の豪商たち（かごしま文庫31）』春苑堂出版
豊増哲雄『古地図に見るかごしまの町（かごしま文庫30）』春苑堂出版
松田毅一『南蛮のバテレン』朝文社
松田毅一『天正遣欧使節』朝文社
松田毅一『南蛮巡礼』朝日新聞社
松田毅一『黄金のゴア盛衰記』中央公論社
松田毅一・古家久世『シドッチの日本潜入（探訪大航海時代の日本③キリシタンの悲劇）』小学館
松田毅一『近世初期の日本関係南蛮史料の研究』風間書房
松田毅一『在欧日本関係文書採訪録』養徳社
若桑みどり『クァトロ・ラガッツイ　天正少年使節と世界帝国』集英社
ザビエル渡来450周年記念シンポジウム委員会『薩摩と西欧文明　ザビエルそして洋学、留学生』鹿児島純心女子大学
ピーター・ミルワード　松本たま訳『ザビエルの見た日本』講談社
坊津町郷土誌編纂委員会『坊津町郷土誌上巻』坊津町
瀬野精一郎・新川登亀男・佐伯弘次・五野井隆史・小宮木代良『長崎県の歴史』山川出版社
長崎県高等学校教育研究会社会科部会『長崎県の歴史散歩』山川出版社
外山幹夫『長崎奉行　江戸幕府の耳と目』中公新書　中央公論社
盛岡美子『世界史の中の出島　日欧通交史上長崎が果たした役割』長崎文献社
片桐一男『出島　異文化交流の舞台』集英社新書　集英社
片桐一男『開かれた鎖国　長崎出島の人・物・情報』講談社現代新書　講談社
片桐一男『阿蘭陀通詞　今村源右衛門英生　外つ国の言葉をわがものとして』丸善ライブラリー　丸善
片桐一男『平成蘭学事始　江戸・長崎の日蘭交流史話』智書房
ヨーゼフ・クライナー編『ケンペルの見た日本』NHKブックス　日本放送出版協会
川崎桃太『フロイスの見た戦国日本』中央公論社
ベアトリス・M・ボダルト＝ベイリー＆デレク・マセレラ編
中直一・小林早百合訳『遥かなる目的地　ケンペルと徳川日本の出会い』大阪大学出版会

ケンペル　斎藤信訳『江戸参府旅行日記』東洋文庫　平凡社
小堀桂一郎『鎖国の思想　ケンペルの世界史的使命』中公新書　中央公論社
長崎市出島復元整備室監修『出島生活』長崎市広報課
東京大学史料編纂所編『日本関係海外史料オランダ商館長日記（1633年以降）』東京大学史料編纂所編東京大学出版会
西和夫編『長崎出島ルネサンス復原オランダ商館』戎光祥出版
吉永正春『九州のキリシタン大名』海鳥社
長野暹編『佐賀・島原と長崎街道（街道の日本史50）』吉川弘文館
藤沢周平『市塵』上下　講談社文庫　講談社
谷真介『江戸のキリシタン屋敷』女子パウロ会
高木一雄『江戸キリシタン山屋敷』聖母の騎士社
金子務『江戸人物科学史　もうひとつの文明開化を訪ねて』中公新書　中央公論新社
中嶋繁雄『物語　大江戸牢屋敷』文春新書　文藝春秋
助野健太郎編『切支丹風土記　別巻　研究編』宝文館
長與善郎『切支丹屋敷』大日本雄辯會講談社
窪田明治『切支丹屋敷物語』雄山閣出版
山本秀煌『江戸切支丹屋敷の史蹟』イデア書院
川村恒喜『史蹟切支丹屋敷研究』東京郷土研究所
岩井薫『新井白石と切支丹屋敷の夷人＝西洋紀聞による』一粒社
内山善一『稿本シドッチ神父と新井白石―切支丹屋敷の出会い』中央出版社
垣花秀武『奇会　新井白石とシドティ』講談社
谷恒生『新井白石・国家再建の鬼』学陽書房
宮崎道生『新井白石』吉川弘文館
宮崎道生『新井白石の洋学と海外知識』吉川弘文館
宮崎道生『新井白石の時代と世界』吉川弘文館
ケイト・W・ナカイ『新井白石の政治戦略　儒学と史論』東京大学出版会
川村博忠『近世日本の世界像』ぺりかん社
荒川紘『日本人の宇宙観　飛鳥から現代まで』紀伊国屋書店
大石慎三郎『徳川吉宗と江戸の改革』講談社学術文庫　講談社
ジョン・ゴス著　小林彰夫監訳『ブラウの世界地図―一七世紀の世界』同朋舎出版
倉地克直『江戸文化を読む』吉川弘文館
山内誠監修　市川寛明編『一目でわかる江戸時代』小学館
新人物往来社編『大江戸役人役職読本』新人物往来社
姉崎正治『切支丹宗門の迫害と潜伏』同文館
遠藤周作『切支丹時代　殉教と棄教の歴史』小学館ライブラリー　小学館
遠藤周作『キリシタン時代の知識人』日本経済新聞社
遠藤周作編『キリスト教ハンドブック』三省堂
遠藤周作『遠藤周作全集第10巻　カトリック作家の問題・宗教と文学』新潮社
遠藤周作『銃と十字架』中央公論社
遠藤周作『沈黙』新潮文庫　新潮社
レオン・パジェス　吉田小五郎訳『日本切支丹宗門史　上中下』岩波文庫　岩波書店

エドワード・ノーマン　月森左知訳『ローマ・カトリック教会の歴史』創元社

ルイス・カンズカ『光と希望　カトリックの教え解説』聖母文庫　聖母の騎士社

桑田秀延『キリスト教の人生論　神と人の出会い』講談社現代新書　講談社

フィリップ・レクリヴァン　鈴木宣明監修『イエズス会　世界宣教の旅』知の再発見双書53　創元社

高橋裕史『イエズス会の世界戦略』講談社選書メチエ　講談社

平川裕弘『マッテオ・リッチ伝1』ワイド版東洋文庫１４１　平凡社

永積昭『オランダ東インド会社』講談社学術文庫　講談社

ジャン・ピエール・トレル　渡邉義愛訳『カトリック神学入門』白水社

景山あき子他『カトリック信仰生活がわかる本』女子パウロ会

山田尚二『キリスト教伝来と鹿児島』斯文堂

J・B・デュロゼル　大岩誠・岡田徳一訳『カトリックの歴史』白水社

海老沢有道校注『長崎版　どちりな　きりしたん』岩波文庫　岩波書店

海老沢有道・H・チースリク・土井忠生・大塚光信『日本思想体系　キリシタン書・耶蘇書』岩波書店

松崎　實『鮮血遺書　外編』改造社

森一弘企画監修『日本の教会の宣教の光と影　キリシタン時代からの宣教の歴史を振り返る』サンパウロ

ジャック・プルースト　山本淳一訳『16‐18世紀ヨーロッパ像　日本というプリズムを通して見る』岩波書店

丸山眞男『丸山眞男講義録第六冊』日本政治思想史１９６６　東大出版会

主な雑誌論文

宮崎道生『新井白石』国文学 解釈と鑑賞第61巻10号　至文堂

宮崎道生『西洋紀聞の完成過程』文経論叢第4巻第3号　弘前大学人文学部

宮崎道生『西洋紀聞の成立』藝林第6巻第6号　藝林會

宮崎道生『新井白石のキリシタン観‐上下』日本歴史第92・93号2・3月号 日本歴史学会編　吉川弘文館

宮崎道生『新井白石と元禄時代』日本歴史３３１号　日本歴史学会編　吉川弘文館

宮崎道生『新井白石と文治政治』日本歴史３２０号　日本歴史学会編　吉川弘文館

宮崎道生『新井白石と蘭学』日本歴史２２４号　日本歴史学会編　吉川弘文館

宮崎道生『江戸時代における儒教の理解と変容—近代化・近代思想との関連において』國學院雑誌第84巻11号　國學院大學綜合企画部

宮崎道生「『外国之諸事情』について」史學雑誌第66編第4号　史學会

宮崎道生『新井白石日記』藝林第5巻第1号　藝林會

宮崎道生『ザビエルと新井白石』日本歴史２４８号　日本歴史学会編　吉川弘文館

内山善一『新井白石のキリシタン批判』世紀89号 世紀編集室
内山善一『親指聖母図と新井白石筆写サンタマリアの図』MUSEUM 88号 東京国立博物館
内山善一『シドッチの聖母像』世紀62号 世紀編集室
アルド・トリエ 渡辺広子訳『新井白石「西洋紀聞」のタネ本』知識第40号4月号 アートプロダクション・ノア「知識」出版部
道家弘一郎『新井白石「西洋紀聞」—自然神学の可能性について』聖心女子大学論叢第75集 聖心女子大学
片桐一男『新井白石とオランダ』季刊日本思想史第46号 日本思想史懇話会編 ぺりかん社
中川久定『新井白石によるキリスト教の紹介と反駁』思想８３５号 岩波書店
池田喜義『新井白石の西洋研究について』教育の研究14号 宮崎大学教育研究所
カンパナ・マウリツィオ『西洋紀聞—シドッティとの奇会によって飛躍した新井白石の洋学とその性格—』史泉第１０７号 関西大学史学・地理学会
邢永鳳『新井白石における西洋認識』東アジア研究３号 山口大学大学院東アジア研究科
石橋弘子『キリシタンと儒教に関する一考察』研究紀要第34号 聖園学園短期大学
野村兼太郎『日記を通じてみたる新井白石の家計』社會經濟史學 VOL.18 No.1 社会経済史学会 有斐閣
栗田元次『新井白石の著書に就いて』名古屋大学文学部研究論集通号５号 名古屋大学文学部

播磨定男『「新室手簡」より見たる晩年の新井白石』図書館学会年報通号22号 日本図書館情報学会
池田越子『ローマへ伝えられたシドッチ日本入国後の展開』日本歴史第30号 日本歴史学会編 吉川弘文館
カパッソ・カロリーナ『宣教師シドッティの研究』神戸女学院大学論集１４４号 神戸女学院大学研究所
『パレルモ 学園都市の光と影』『シチリアの秘密 第二章 パレルモ百科繚乱』芸術新潮57巻1号 新潮社
高山博『中世地中海世界とシチリア王国』西洋史学通号１７８ 日本西洋史学会
高山博『中世シチリアの三言語併存状況』言語27巻10号 大修館書店
横手義洋『パレルモの建築文化ー異種混合のたくましさ』星美学園短期大学日伊総合研究所報５ 星美学園短期大学日伊総合研究所
長谷川鉱平『白石とシドッチ』日本歴史第30号 日本歴史学会編 吉川弘文館
宮下満郎『シドッチの屋久島潜入について』鹿児島史学 39号
松田毅一『シドッティの屋久島潜入について』日本歴史２３８号 日本歴史学会編 吉川弘文館
松田毅一『南蛮人のみた日本と日本人』知識22号 彩文社
松田毅一『南蛮研究における暦日について』京都外国語大学研究論叢21号 京都外国語大学国際言語平和研究所
今村英明『潜入宣教師シドッチの長崎における尋問—主にオランダ商館長日誌を通してみた』日蘭学会会誌第25巻第1号 日蘭学会

参考文献

今村英明『シドッチに関するオランダ側史料管見　江戸召喚後の潜入宣教師シドッチ』日蘭学会会誌第29巻第1号　日蘭学会

今村英明『ブラウ世界図の付箋について - 新井白石と商館長ラルデイン』日蘭学会会誌第32巻第1号　日蘭学会

小川早百合『欧文史料にみる宣教師シドッティ』キリスト教史学52号　キリスト教史学会

臼井信義『ころびばてれん岡本三右衛門の宗門書』日本歴史第36号　實教出版

高橋由貴彦『海からの星　最後の日本潜入者シドーティ』OLIVETTY SPAZIO

Renzo Contarini-Augusto Luca『L'ultimo Missionario』Itaria Press Edizioni srl Via Larga, 8-20122 Milano

印刷物史料（稿本）

『鹿児島県史料　旧記雑録　追録二』鹿児島県立図書館蔵

『通航一覧　巻之百八十九　南蛮意大里亜国　部二』鹿児島県立図書館蔵

『通航一覧　巻之百九十　南蛮意大里亜国　部三』鹿児島県立図書館蔵

『はるかなる　江戸・鹿児島の旅』鹿児島県歴史資料センター　黎明館

C・タシナリ『殉教者シドッティ』

『Sidotti in Manila(1704-1708)』Philippiniana Sacra Manila, Sep-Dec 1982 Vol.17 N.51

R.Tassinari『The End of padre Sidotti-Some New Discoveries』Monumenta Nipponica No.1. 1942

Padre Fr.Agostino di Madrid『Breve Relazione estratta da varie lettere per il Reverendissimo』Biblioteca Casanatense Miscellanea in 4 232 Corrispondente a Miscellanea 1488. アゴスティノ・デ・マドリード『教皇クレメンテ十一世より派遣されたシドッティ師のマニラより日本への往復航海記』イタリア語訳　1718年ローマ刊

カサナテンセ図書館文書写稿　上智大学キリシタン文庫蔵

古居智子（ふるい・ともこ）
大阪生まれ。北海道大学卒。国費留学生として米国マサチューセッツ州立大学に学ぶ。札幌でのフリーライター、雑誌編集者の経験を経て、1988年から米国ボストンを拠点にジャーナリストとして活躍。1994年屋久島恋泊に移住。2001年NPO法人屋久島エコ・フェスタを設立。環境保護活動に励みながら、日本と欧米の交流史や屋久島の歴史、文化、自然などをテーマに執筆活動を続けている。著書に『夢みる島「赤毛のアン」』（文藝春秋）、『屋久島 恋泊日記』（南日本新聞社）、『屋久島 島・ひと・昔語り』（南日本新聞開発センター）、『ウィルソンの屋久島―100年の記憶の旅路』（KTC中央出版）、『ウィルソンが見た鹿児島―プラント・ハンターの足跡を追って』（南方新社）、『ウィルソン 沖縄の旅 1917』（琉球新報社）など多数。　ホームページ http://www.t-furui.jp

---

増補版　**密行**　**最後の伴天連　シドッティ**

2018年 8月8日　第1版 第1刷発行

著　者　古居 智子
発行者　柳町 敬直
発行所　株式会社 敬文舎
〒160-0023　東京都新宿区西新宿 3-3-23
ファミール西新宿 405 号
電話　03-6302-0699（編集・販売）
URL　http://k-bun.co.jp
印刷・製本　中央精版印刷株式会社

Printed in Japan ISBN978-4-906822-78-2